캐롤 거니에 대한 찬사

"몇 년 전에 캐롤 거니의 워크숍을 들었습니다. 그 워크숍으로 인해 어떻게 동물들과 관계를 맺을 수 있는지 알게 되었습니다. 이 훌륭하고 마음이 따뜻해지는 책은 당신에게 소통 기술을 가르쳐 줄 것이며 그로 인해 당신은 평생 감사하게 될 것입니다."

— 루이스 L. 헤이, 《치유—있는 그대로의 나를 사랑하라》 저자

"캐롤 거니는 동물들과 소통하는 기술을 가르칠 때 자기 자신을 확실히 표현한다. 나를 믿으라, 정말 된다! 캐롤의 하트토크 프로그램은 동물들과 소통하는 것 이상이다. 우리의 삶에서 동물들과의 관계를 확장하는 놀랍고 신기한 방법이다."

— 아서 미어스, 《Communicating with Animals》의 저자

"내가 캐롤 거니를 처음 만난 것은 약 10년 전으로, 그녀의 애니멀 커뮤니케이션 좌담회에 참석했을 때였다. 나는 크게 감명 받았다. 그녀에 대해 내가 느낀 인상은 '두 발을 땅에 디딘(뜬구름 잡는 사람이 아닌 현실적인)' 사람이라는 것이었고, 나는 그녀가 일에 접근하는 방식을 정말 좋아했다. 그녀의 능력을 좀 더 깊이 있게 테스트하기 위해서 나의 여덟 마리 애완동물들의 마음을 읽어 보도록 했고, 그녀는 성공적으로 해냈다.

그녀는 평범한 방법들로 알려질 수 없다는 것을 알았다. 나머지는 역사다. 나는 수많은 고객들을 그녀에게 소개했고, 그들은 결과에 행복해했다. 심오한 효과를 가진 캐롤의 방법을 경험하면서, 나는 털 달린, 깃털 달린, 비늘 달린 나의 반려동물들 그리고 지구상에 존재하는 다른 친구들과 나의 관계를 보았다. 그녀는 매우 특별한 여인이다!"

— 캐슬린 M. 카슨, 수의사

"[캐롤]은 아픈 말의 고통과 질병의 원인에 관해 '말의 입에서' 정확한 정보를 바로 얻어내는 능력을 가졌다. 전통 의학이나 대체 의학으로 낫지 않는 아픈 말이 있다면 나는 그녀의 능력을 통해 더 많은 정보를 얻으려고 캐롤에게 부탁할 것이다. 그녀가 알아낸 정보가 X레이나 혈액 검사보다 진단에 더 도움이 되는 경우가 자주 있다."

— 그랙 유가르테, 수의사

"이 책은 우리의 관심사가 같은 영혼들에게 우리의 접속을 더 깊게 하는 데 훌륭한 가능성을 제공한다. 캐롤의 프로그램은 우리의 보통의 인지를 넘어서는 접속 수준에서 접촉할 수 있도록 우리를 도와줄 수 있다."

-알렌 M. 쉔, 수의사, 《Kindred Spirits》의 저자, 대체의학 치료 수의학 연구소, 소장

"캐롤은 우리의 삶에서 동물들과의 소통하는 마술을 우리에게 알려 주는 멋진 일을 해냈다. 나는 특히 그녀가 이 책에 요약해 놓은 훈련들을 좋아한다. 이 훈련들은 독자에게 우리 주변에 있는 동물들을 알고 더 많이 이해하게 되는 새로운 길로 들어가는 문의 열쇠를 제공한다."

- 페이스 말로니, 베스트 프렌즈 동물보호소 소장

"캐롤은 나의 고객이 자신들의 동물 친구들과 소통하는 것을 돕는 통신뿐만 아니라 동물들이 우리 모두에게 말하는 음성을 내가 들을 수 있도록 도와주었다."

- 카렌 S. 마틴, 수의사

"수천 명 이상의 애완동물을 가진 사람들과 수의사들에게 애니멀 커뮤니케이션에 대한 인식을 확실히 [캐롤이 심어 주었다.] [그녀의] 능력은 많은 생명을 살릴 것이고, 애완동물을 가진 사람들에게 동물들을 도울 수 있는 최선의 결정을 내릴 수 있도록 동물에 대한 이해를 제공할 것이다."

- 로저 W. 발렌타인, 수의사

"캐롤이 가르치는 스타일은 간단하고 명확하고 구체적입니다. 그녀는 부드럽고 상냥한 영혼을 가진 능력 있는 선생님이며, 동물들을 격려하고, 사랑이 넘치는 환경에서 안전하게 소통하는 방법을 배우기 쉽게 해 줍니다. 그녀의 워크숍들은 믿기 어려울 정도로 다른 어떤 워크숍에서 기대했던 것보다 많은 것을 얻을 수 있어요. 정말 마음이 열리는 경험이었습니다."

- 린다 그레이, 미국의 유명 배우, 프로듀서, 감독

"캐롤 거니가 하는 작업은 사람들이 자신의 반려동물들과 접속하도록 도와 유대감을 강화하고 더 의미 있게 만드는 것이다."

- 알리스 빌라로보스(Alice Villalobos), 수의사

애니멀 커뮤니케이션

캐롤 거니 Carol Gurney 지음 | 한유미 옮김

THE LANGUAGE OF ANIMALS

아카데미북

애니멀 커뮤니케이션

지은이 캐롤 거니
옮긴이 한유미
펴낸이 양동현
펴낸곳 도서출판 아카데미북
　　　　 출판등록 제13-493호
　　　　 02832, 서울 성북구 동소문로13가길 27 아카데미하우스 2층
　　　　 전화 02-927-2345　팩스 02-927-3199

초판 1쇄 발행 2012년 1월 10일
초판 6쇄 발행 2018년 9월 5일

ISBN 978-89-5681-136-9 / 13570

The Language of Animals : 7Steps to Communicating with Animals
Copyright 2001 by Carol Gurney
All rights reserved.
Original English edition published by DELL, USA.
Korean translation rights arranged with BAROR INTERNATIONAL, Inc, USA
through PLS Agency, Seoul.
Korean translation rights 2012 by Academybook, Korea.

이 책의 한국어판 저작권은 PLS를 통한 원저작권자와의 독점 계약으로
도서출판 아카데미북에 있습니다.

* 잘못 만들어진 책은 구입한 곳에서 바꾸어 드립니다.

www.iacademybook.com

나의 사랑하는 동물들—솔레일, 탈라니, 더들리, 스쿠터, 조이보이, 제시—에게 이 책을 바친다. 이들은 나의 삶에 중요한 교훈을 주었다.

　나의 애니멀 커뮤니케이션 여정은 16년을 함께한 첫고양이 솔레일로부터 시작되었다. 우리의 관계를 통해, 나는 고양이들에 대한 진정한 이해와 동물의 실제 성격을 받아들이기 위한 중요한 레슨을 시작하게 되었다. 솔레일의 특별한 빛은 나로 하여금 이전에 열어본 적이 없었던 개념과 믿음에 대해 탐색하도록 인도했다.

　나의 말들, 더들리와 탈라니도 고맙다. 더들리는 정신력과 자신감을 가르쳐 주었다. 더들리는 삶에서 자신이 원하는 것이 무엇인지 알았고 그 꿈을 실현했다. 나와 8년 간 지냈던 탈라니는 사랑의 의미를 깨닫게 해 주었다. 탈라니를 만났을 때 나는 첫눈에 반했고, 그 아름다운 갈색 눈을 들여다보며 이전에 느낄 수 없었던 교감을 느꼈다. 그 변함없는 정신력과 기질, 현명함으로 인해 나는 개인적인 성장을 위한 여정을 시작할 수 있었다. 탈라니는 나의 마음의 문을 연 첫 번째 존재였다. 내가 만난 최고의 친구였고, 내 꿈—동물들과 솔직한 대화를 나누는 것—을 믿고 신뢰할 수 있는 용기를 주었다.

　나의 고양이 스쿠터는 지난 21년 간 나의 삶에서 화합의 조력자가 되었다. 내가 스쿠터가 갖고 있는 기초 지식을 가장 필요로 할 때 마술처럼 내 무릎에 나타났다. 바쁜 삶에서 그의 존재는 나에게 평화와 고요를 주었고 만족이 무엇인지 알게 해 주었다. 그의 현명함은 나에게는 물론 몇 년을 같이 한 수천 명의 학생들에게도 보석처럼 귀하고 깊이 있었다.

14세가 된 고양이 조이 보이에게도 고마움을 표한다. 우리는 그의 용기, 정신력, 자신감에 의지했다. 조이 보이는 기쁨의 화신이었고, 그 사랑스러움과 명랑함은 모든 이의 얼굴에 미소를 가져다주었다. 그는 사자 같은 품성으로, 내게 더 이상 소용이 없는 것들은 떠나가게 둠으로써 인생을 단순화하고 우선순위를 정하는 법을 가르쳐 주었다. 나는 이렇듯 많은 단계에서 나의 스승이 되었던 그의 용기와 정신력에 대해 감사한다.

나의 개 제시에게도 감사한다. 최근 9년 간 나의 인생에서 일과 놀이 요소들의 균형을 맞추려고 노력하면서 제시는 끝없는 인내력과 지속적인 사랑을 보여 주었다. 그녀의 귀중한 특성—자신의 마음을 열어 그녀의 경험들을 기꺼이 나누려는 마음과 열정—은 내 학생들이나 나에게 매우 귀중하다. 그녀의 상냥한 성격과 환영의 몸짓은 그녀가 만나고 가르친 사람들에게 어마어마한 편안함과 안락함을 주었다.

진심으로, 나는 수년 간 나의 동물들이 해 준 섬세한 치유에 대해 감사한다. 그들은 내게 집으로 돌아오는 길을 밝혀 주는 밝은 불빛이다. 이 책은 그들이 없었다면 결코 쐬어지지 못했을 것이다.

감사의 글

이 책을 쓰는 것은 발견의 여정이었으며, 길을 가는 내내, 나에게 많은 도움을 주고, 사랑스럽고 현명하고 재능이 많은 사람들의 지도를 받는 축복을 받았다. 나는 이 책이 만들어지는 것이 가능하도록 노력과 지지를 해 준 모든 사람들에게 감사의 마음을 우아하게 표현하고 싶다.

나의 최초의 행보는 나의 컨설턴트인 주디스 핀의 격려로 시작되었다. 그녀는 애정을 가지고 나를 책을 쓰는 과정으로 이끌고 안내해 주었다. 그녀는 내게 전문가로서의 직업의식을 갖고 친절하게 대해 주었다.

지금까지 이 책을 쓰는 것을 격려해 준 나의 조교 쉐리 데이비슨에게 감사한다. 그녀는 워크숍을 통해서 나의 작업을 직접 체험하여 알게 되면서, 열정을 다해 나를 나의 목표—모든 이와 함께 하트토크 프로그램 나누기—를 향해 나아가도록 만들었다.

그리고 이 책은 수많은 시간 동안 나의 준비 자료를 나와 함께 앉아서 분서하는 데 도움을 주셨던 쉐리의 어머니인 스텔라 데이비슨 여사의 도움 없이는 불가능했을 것이다. 내가 당신 없이 어디를 가겠어요, 스텔라?

나는 나의 대행자 조디 레인과, 반탐 델Bantam Dell처럼 저명한 출판사를 찾아 주고 이 프로젝트를 의좋게 해 나가는 그녀의 신속성에 감사한다.

나는 나의 조교 카렐 크리스토퍼와 그녀의 놀라운 인내력과 통찰력 그리고 변천하는 세월 동안 우리 모두에게 나누어 준 엄청난 사랑에 대해 감사한다. 그녀는 내게 즐거움을 알게 해 준 사랑스러운 영혼의 소유자로, 이 프로젝트의 완전함을 확실하게 하기 위해 지치지 않고 일했다. 그녀는 내게 의지가 되는 사람이었고, 어려운 시절에 마음으로 나와 소통해 주었다.

편집자, 제니 쇼트리지에게도 감사한다. 그녀는 어려운 스케줄 속에서도 환상적인 편집 작업을 통해 처음부터 마지막까지 책의 연속성을 이루어 냈다. 그녀의 편하고 정겨운 소통 방식은 일을 즐겁게 할 수 있게 했다. 반탐 델 출판사의 편집자인 다니엘 페레즈에게도 감사한다. 그녀는 나의 재능을 알아보고 믿어 주었다.

생각지 못했던 컴퓨터와의 커뮤니케이션 문제를 지도해 준 엘렌 노박의 엄청난 인내심과 지도 없이는 이 책은 완성되지 못했을 것이다. 나는 동물들과 커뮤니케이션하는 걸 더 많이 선호한다. 엘렌은 신의 축복이었다. 그녀 없이는 이 작업을 끝낼 수 없었을 것이다. 결코 다른 방법은 없었다.

《동물들과 소통하기(Communicating with Animals)》의 저자 아트 마이어스에게도 감사의 마음을 전한다. 그는 애니멀 커뮤니케이션에서 나온 수많은 성찰을 전 미국에 나누어 줌으로써 애니멀 커뮤니케이션 분야에 훌륭한 공헌을 해낸 사람이다.

리 테일러 영에게도 감사한다. 그녀는 자신의 동물에게 도움이 필요할 때 그 동물들과 소통할 기회를 제공해 주었다. 그 경험에서 그녀만의 커뮤니케이션 기술을 발전시키는 데 대한 흥미가 나타나게 했다. 나는 그녀에게 하트토크 프로그램을 소개하는 축복을 받았다. 그녀는 내게 훌륭한 롤 모델인데, 그 이유는 인생을 진실한 마음으로 살기 때문이다. 많은 사람들이 그녀의 강력한 영적인 정수, 그녀의 진실하고 고결한 감각과 모든 생물에 대한 연민을 인식하며 그녀의 인생 행로를 지나갔다. 당신이어서 고마워요, 리!

그리고 마지막으로 나는 나의 고객들과 그들의 동물들에게 감사한다. 그들의 이야기를 통해 인생을 나와 함께 나누고 이 책을 만들 수 있게 해 주어서 감사한다.

차례

감사의 글 7

추천사 15

들어가는 글 21

제1장
하트토크

1 마음으로부터 솔직하게 34
2 하트토크 프로그램 43

시작하기 48

7단계 하트토크 프로그램 – 준비 48

1단계 : 정지점을 찾아라 49

2단계 : 마음을 열어라 51

3단계 : 커뮤니케이션의 여러 가지 라인을 이해하라 56

4단계 : 연결 기술을 실험하라 61

5단계 : 집중하는 방법을 배워라 66

6단계 : 당신의 접속 스타일을 인식하라 70

7단계 : 당신의 텔레파시 근육을 훈련시켜라 73

3 동물에게 말 걸기 80

커뮤니케이션 준비하기 83

접속 시작하기 89

7단계 하트토크 프로그램 - 접속 만들기 93

1단계 : 평화로운 곳에서 동물과 함께 있으라 94

2단계 : 동물에게 당신과 함께 조용하게 있도록 부탁하라 94

3단계 : 당신의 정지점을 찾아라 94

4단계 : 동물에게 이 시간이 괜찮은지 물어보라 94

5단계 : 당신의 반려동물과 솔직한 대화를 나누어 보라 95

6단계 : 마음으로 묻고 싶었던 것을 질문하라 95

7단계 : 경청하고, 믿고, 즐겨라 96

원거리 접속하기 97

4 소통 결렬 극복하기 100

마음속 수다 102

열심히 시도하고 즉각적인 결과 바라기 106

당신의 느낌을 동물에게 투사하기 109

의심을 멈추고 자신의 능력을 믿기 114

설명을 요구하지 않는 것 116

당신의 텔레파시 능력을 높이고 강화시키는 훈련들 119

격려하는 수단 130

제2장
중요한 건 마음

5 인생에 있어서 동물의 의미 138

  반려동물 입양 결정하기 138
  동물을 선택하는 데 도움을 주는 텔레파시 사용하기 145
  당신의 집으로 새로운 동물을 데리고 오기 158
  당신 동물들의 삶을 향상시키기 162

6 문제 행동에 관한 해결책 찾기 179

  동물들은 왜 그렇게 행동했을까 180
  해법 찾기 182
  무엇이 잘못되었는지 동물들이 모르고 있을 때 194
  사람이 문제일 때 205

7 반려동물들과 함께 이사하기 216

  동물과 함께 안전하게 이사하기 221
  이사한 새 집에 반려동물 적응시키기 225

8 잃어버린 반려동물 찾기 231

  동물들이 길을 잃는 이유 233
  당신이 동물을 잃어버리고 찾으려고 한다면 239
  당신의 동물이 돌아오는 길을 찾을 수 있게 돕기 243

1단계 : 표지판이 반짝이도록 닦아라 245

2단계 : 원거리 접속을 하라 246

3단계 : 반려동물에게 구조의 손길이 도중에 있음을 이야기하라 247

4단계 : 반려동물이 어떻게, 왜 나갔는지 알아내라 248

5단계 : 반려동물이 현재 있는 주변 환경에 대해 물어보라 250

6단계 : 정보를 종합하라 252

7단계 : 실종된 동물을 지원하라 253

가혹한 질문 : 반려동물의 영혼이 아직 몸속에 머물러 있는가? 259

9 아프거나 다친 동물 위로하기 263

다친 곳 찾아내기 264

동물병원 방문하기 268

주요 치료법에 대해 결정하기 276

대체 의학 278

치료하는 애니멀 커뮤니케이터들 285

10 반려동물의 죽음 대면하기 288

동물들은 죽음을 어떻게 바라보는가 290

마음의 준비 294

동물에게 무지개 다리를 건너야 할 시간이 다가오고 있는지 판단하기 299

당신의 동물들과 준비하기 304

작별 인사 하기 308

슬픈 감정 추스르기 318

다른 반려동물 들이기 321

영혼계 323

제3장
마음의 교훈

11 사랑하는 법 배우기 336
사랑이 주는 교훈 336
동물들의 인식 342
거울의 역할을 하는 동물들 344
치유자로서의 동물들 352
우리에게 스승의 역할을 해 주는 동물들 362

참고문헌 & 추천 도서 387
리소스 389
국내 애견 장례업체 목록 391

추천사

내가 캐롤 거니를 처음 만난 것은 아름다운 페르시안 고양이 콴과 문제를 겪고 있을 때였다. 콴은 내 남자친구를 못마땅하게 여겨서 그의 옷에 오줌을 누는 것으로 감정을 표현했다. 나는 친구에게서 캐롤을 추천 받고 그녀와 상담하기 위해 전화를 걸었다.

첫 번째 미팅은 특이했다. 캐롤은 콴과 함께 조용히 앉아 있었다. 당시 콴은 잠을 자는 것처럼 보일 정도로 평안했다. 놀랍게도 캐롤은 콴과의 소통을 통해, 그녀로서는 전혀 알 리 없는 내용들을 정확하게 알아냈고, 문제의 해법을 찾도록 도와주었다. 나는 캐롤의 특별한 재능을 바로 알아보았고, 그녀로 인해 동물에 대한 인식과 소통에 대한 이해를 깊이 추구하기에 이르렀다.

어린 시절 이후, 동물과 함께했던 모든 관계는 내게 최우선이었다. 동물들은 나를 즐겁게 하고, 기쁘게 하고, 매혹시키고, 신비함에 빠져들게 했다. 무엇보다도 중요한 것은, 그들이 내 마음을 열어 주었다는 것이다. 나를 바라보거나 옆에 꼭 붙어 있어 주고, 나의 마음을 공감하며 걱정하고 있다는 표현을 소리 내어 해 주는 동물들 덕분에 암흑기에도 마음이 편안해지는 일이 자주 있었다. 엄청난 기쁨으로 가득한 시기가 와서 내가 행복감을 노래하게 되면, 아마도 동물들은 나와 함께 뛰어 줄 것이고, 내가 방 안을 돌아다니며 왈츠를 추자고 해도 기꺼이 받아줄 것이다. 동물들은 나의 삶에 숭고한 특성을 더해 주며, 나는 그들로 인해 존중과 축복을 받은 느낌이다. 캐롤과 작업을 같이 하고 하트토크 프로그램을 배우며 이 책《애니멀 커뮤니케이션》(원제는 The Language of Animals임-역주)을 읽은 뒤로 나와 동물들과의 관계는 더욱 돈독해졌다. 나는 동물과 사람이 일정 수준에서 소통할 수 있다는 것을 알고 있었지만 동물들의 직관의 깊이를 깨닫지는 못했다. 콴과 함께한 캐롤의 첫 번째 수업 이후 나는 고양이를 더 많이 존중하고 인식하기 시작했다. 이제 나는 얼마나 많은 동물들이 우리에게 그들만이 가지고 있는 지혜를 주고 있는지에 대해 이해하기 시작했다.

나는 캐롤과 그녀의 일에서 '직관'이라는 단어를 마음 깊은 곳에 새기게 되었다. '직관'은 동물들과의 소통에 관한 나의 자각에 종종 사용되는 말이다. 나의 젠틀맨 친구에 대한 사건 전까지도 나는 콴과 항상 '이야기'했다. 지금은 거기에 더해 나의 직관을 개방해 놓고 있다. 콴이 실제로 나를 이해하는 것은 직관이다. 이것은 나의 여정이 계속되도록 도와주었다. 당시에는 깨닫지 못했던 길을 찾도록 콴도 도와주었다. 그동안 나는 나만의 직관을 경험했다고 생각해 왔다. 하지만 콴은 실지로 내게, 심판하는 마음과 옹졸함을 거두고 자발적이고 겸손한 마음으로 다가가면 확실히 소통할 수 있다는 사실을 보여 주었다. 나는 라디오 주파수를 찾는 것처럼 콴의 주파수에 들어가는 것을 체험했다. 동물과 사람은 데이터 전송법이 다르지만,

순수한 소통이 이루어지는 주파수를 찾을 수 있는 공간이 있다.

캐롤은 첫 번째 만남 이후로 나와 나의 동물들과 많이 일했고, 그 모든 경험은 내게 놀라움을 주었다. 동물과 소통하는 나만의 직관적인 '정보 전달 체계'를 계발하는 것은 동물과의 관계가 내가 살아가는 데 있어 얼마나 더 크고 더 충만한 역할을 할 수 있는지에 대한 인식을 강화시켰다. 우리는 동물을 당연하게 받아들이고 있지만, 동물은 스승이나 의사가 될 수 있다. 나는 항상 나의 세상을 느리고 고요하게 만들 기회를 공유하는 고양이들(이후 내 가족에 사랑하는 고양이 럭키가 들어왔다.)에게서 지혜와 직관을 들을 수 있었다. 내가 책상에서 수많은 시간을 바쁘게 지냈다면, 럭키는 내 컴퓨터 키보드를 지나 걸어갈 것이고, 갑자기 내 앞에 나타나거나 내 펜을 발로 긁으면서 "이제 그만~"이라고 말할 것이다. 나는 항상 들었지만 완전히 솔직하지 못해서 그들의 충고를 따르지는 못했다. 우리 인간들이 자기 자신에게 줄 수 있는 가장 큰 선물은 동물들에게 귀를 기울이고 지금까지 배운 방식으로 동물을 한정시켜 생각하지 않는 것이다. 우리가 그 답례로 하던 일을 멈추고 동물의 이야기를 듣고 함께 이야기한다면 동물들은 풍부한 그들의 커뮤니케이션으로 우리에게 줄 수 있는 것을 한정하지 않는다.

치료사가 되어 주는 동물에 대한 이야기를 하자면, 내가 '입양한' 팔로미노종 짐수레 말 찰리가 좋겠다. 찰리는 디즈니랜드에서 20년간 아이들로 가득찬 수레를 끌던 말이다. 너무 늙어서 더 이상 그 일을 할 수 없게 되자 산타바바라 산악 지대에 있는 윈더미어 목장으로 보내졌다. 그곳에서 직원과 많은 방문객들이 그를 사랑으로 돌보았다. 나는 그를 돌보기 위해 그를 '입양하는' 것으로 동참했다.

불행하게도, 나는 아버지와 강한 감정적인 유대를 맺은 적이 없었다. 나 자신이 소중한 존재라거나, 감정적인 변화를 안정시켜 주는 안전한 느낌도 받은 적이 없었다. 찰리를 쓰다듬어 주기 위해 목장에 갔던 어느 날, 찰리에게서 크나 큰 선물을 받았기 때문에 여러분에 나 자신에 관한 이야기를 들려줄 수 있는 것이다. 찰리를 쓰다듬고 빗질을 해 줄 때, 찰리는 눈을 반쯤 감고 친절한 모습으로 하염없이 서 있었고, 나는 찰리에게서 심오하고 영구적인 인내심과 사랑이 발산됨을 느꼈다. 이 말이 20년 간 수레에 아이들을 태우고 다닌 것을 생각한다면 그리 놀라운 일이 아니겠지만 나는 나라는 존재의 중심에 들어온 이 따뜻하고 사랑스러운 에너지에 감동받았다. 갑자기 잃어버렸던 아버지의 특질을 찾아낸 것 같았다. 바로 이 순간에 나의 인생에서 나의 아버지에게 바랐던 모든 것들이 명백해졌다. 이전에는 이런 느낌을 경험해 보지 못했다. 찰리의 에너지는 나를 감쌌고 무조건적인 안정감과 사랑을 제공했으며, 그것을 명백히 알 수 있었다.

나는 찰리에게 기대어 서서 울었고, 말은 자기의 어깨에 기대어 우는 나를 잡아 주었다. 그것은 참으로 놀랍고 신선한 충격이었다. 찰리를 떠나 온 그날, 나는 두 팔로 그의 머리를 감싸 안아도 될지 물어보았고, 내 머리를 그의 머리에 부드럽게 대고는 마치 찰리가 내가 전혀 알지 못하는 아버지 같다고 속삭였다. 나는 찰리에게 이 아름다운 사랑의 선물을 준 데 대해 고마워하며, 영원히 나와 함께 할 것임을 상기시켰다.

나는 찰리가 더 이상 일어설 수 없던 그날까지 정신적으로 연결되어 있었다. 찰리가 죽던 그날, 목장에 있던 모든 말들이 주변으로 다가왔고, 찰리가 나에게 그랬던 것처럼 찰리를 위해 곁에 있었다. 찰리가 이승의 삶을 점잖게 떠나가고 있을 때 말들은 찰리를 둥글게 둘러쌌다. 참으로 현명하고 인내심 많았던 스승은 사랑과 치유라는 유산을 남겼다.

당신의 동물들과 더 깊은 유대를 기대한 적이 있다면 당신은 제자리를 찾아온 것이다. 이 책 《애니멀 커뮤니케이션》을 읽음으로써 말이다. 이 책에서 캐롤은 동물과 우리의 유대감을 더 많이 인식할 수 있게끔 일깨워 준다. 캐롤은 안내서를 주고, 실제적이고 하기 쉽고 자신감을 쌓을 수 있는 훈련들을 제공한다. 캐롤은 새 반려동물을 선택하는 것에서부터 반려동물의 죽음까지 애니멀 커뮤니케이션의 모든 기준이 되는 내용을 강의한다.

죽음과 임종에 관한 특별한 챕터는 이 고통스러운 과정의 모든 단계를 설명한다; 실용성 문제를 다루는 방법, 당신이 선택할 수 있는 것은 무엇인지, 동물들을 소중히 다루기 위해 임종하는 동안과 임종 이후에 무엇을 할 수 있는지, 물론 그 과정 내내 소통하는 방법 등. 그녀가 이 챕터에서 주는 선물은 그 상황에 압도되기보다 임종을 보는 동안 각각의 감정과 함께하는 기회다. 실제적인 충고, 계몽 정보와 이야기들은 마음을 움직여 눈물을 흘리게 만들 정도로 심오

할 것이다.

나는 동물에 관한 책들을 많이 구매했고, 그 책들을 사랑한다. 특히 《애니멀 커뮤니케이션》은 동물을 사랑하는 사람들이 자신의 동물들에 대한 사랑으로 해낼 수 있는 가장 간단한 방법, 그들이 이로움을 얻을 수 있는 가장 간단한 방법을 알려 주는 첫 번째 책이다. 전에는 누구도 이런 일을 해낸 적이 없음을 알고 있다.

나는 이 책의 모든 관점을 나의 동물과의 관계와 사람과의 관계에서 실행해 보았다. 각각의 훈련들, 모든 일화, 그녀가 가르쳤던 모든 수업은 모든 살아 있는 존재들과 우리의 관계를 풍성하게 하는 데 있어 모든 곳에 적용될 수 있다. 나는 《애니멀 커뮤니 케이션》이 살아가는 데 필요한 매뉴얼이라고 생각한다. 왜냐하면 이 책을 읽고 동물과 소통하게 됨으로써 우리 자신을 더 잘 알게 되고 더욱 사랑하게 되기 때문이다. 나는 신이 캐롤에게 특별한 재능을 주었다고 믿지만 캐롤은 당신에게 단순히 마음의 언어(우리가 소유한 직관)에 우리를 다시 소개시켜 줄 뿐이라고 말할 것이다.

이 책에서 읽고 배운 것처럼, 당신의 마음이 당신을 인도하게 하라.

리 테일러-영 Lee Taylor-Young, 배우

들어가는 글

처음 나에게 애니멀 커뮤니케이션의 세계를 소개해 준 사람은 자주 가던 동물병원의 수의사였다. 1980년 당시 나는 메이저급 광고 에이전시 임원으로 일하고 있었다. 고양이 솔레일이 갑자기 전용 화장실을 사용하지 않기에 수의사에게 데려갔다. 수의사는 신체적인 문제를 찾을 수 없다며, 감정적인 문제일 수도 있으니 애니멀 커뮤니케이터를 만나 보라고 했다. 주위 사람들의 조언을 구한 뒤 나는 저명한 애니멀 커뮤니케이터 페넬로페 스미스에게 전화를 했다.

그녀는 솔레일과 짧은 시간을 보내더니 곧 닥쳐 올 것 같은 나와 남편과의 별거에 대한 불안감으로 인해 스트레스 받고 있다는 사실을 알아냈다. 솔레일은 위로를 받았고 자기가 처한 상황에 대해 더 많이 이해할 수 있게 되었다. 페넬로페가 방문한 지 2,3일이 지나지 않아 고양이는 다시 전용 화장실을 사용했을 뿐만 아니라, 이전과는 확연히 달라져 자신만만한 자세를 취했다.

솔레일의 극적인 변화를 경험한 나는 페넬로페의 워크숍에 등록을 했는데, 거기서 큰 충격을 받았다. 다른 학생들은 동물들과 실제로 교감했지만 나는 교감이 되지 않았던 것이다. 그 장벽을 뚫지 못할 것 같았고, '내게 무슨 문제가 있나?'라는 생각만 계속 하게 되었다. 그 워크숍에서 많은 것을 배웠지만 나 자신에 대한 좌절감 또한 안고 떠나게 되었다.

워크숍 이후 애니멀 커뮤니케이션 실습은 시도조차 하지 않았다. 너무 두려웠다. 내가 애니멀 커뮤니케이션을 실제로 하고 있는지 아니면 하는 척만 하는지 인지하는 것에도 확신이 서지 않았다. 아직 나 자신에게서 뭔가 놀라울 만한 것을 발견하지 못했다; 세상 무엇보다도 더 하고 싶은 것이었지만 말이다. 하지만 그건 마치 판타지나 이룰 수 없는 꿈같이 느껴졌다—내가 절대로 할 수 없을 것 같은 무언가였다.

평생토록 나는 목표를 성취하기 위해 열심히 일하며 확고하게 살았다. 비서로 사회에 첫발을 내디뎠는데, 스스로 결정하고 집중하는 능력 덕분에 광고업계에서 성공적인 이력을 쌓았다. 나는 승진을 거듭했고, 수상 경력도 화려하고, 메이저급 회사의 고위층과 상대했다. 1983년 광고 에이전시에서 10년을 보낸 뒤 여성 최초로 부사장으로 승진했지만 충족감이 느껴지는 뭔가가 더 필요하다는 것을 느꼈다.

나는 사업 성장과 배치 전환을 다루는 회사들을 돕는 컨설턴트로 사업을 시작했다. 광고 에이전시의 물리적인 성장을 조심스럽게 두루 살펴보고 관리해 왔는데, 이런 내 경험이 다른 종류의 사업에도 도움이 되고, 사업 확장 과정 중에 종종 일어나는 위험과 실수로부터 안전을 지킬 수 있다는 것을 알았다. 나는 새로운 사업을 발전시켰을 뿐만 아니라 시장에서 완전히 새로운 개념을 개발해 냈다.

그 무렵, 선견지명이 있는 고객이 샬롯 포드래에 대해 이야기해 주었다. 샬롯은 말리부에 있는 자신의 목장에서 승마를 가르치는 사람이었다. 나는 승마를 매우 좋아했기 때문에 샬롯과 전화 연락을 취한 뒤 승마 강습을 받기 시작했다. 샬롯의 마구간에서 비범한 말 탈라니를 만났을 때 사업은 이제 막 일정 궤도에 진입하고 있었고, 탈라니 관리인은 탈라니를 팔려고 내놓은 상태였다. 나는 탈라니를 잃고 싶지 않았다. 시간과 에너지와 경제력을 오롯이 새 사업에 투자해야 했고 말을 구입해야 할 이유가 전혀 없었지만 그 무엇도 나를 막지 못했다. 나는 탈라니와 함께하라는 마음의 소리를 따라 평생 처음으로 말을 샀다.

나는 샬롯 포드래의 퍼플 힐 목장에 탈라니를 맡겨 두고 퇴근 후 저녁과 주말마다 목장에 갔다. 탈라니와 함께 보내는 시간은 애니멀 커뮤니케이션 워크숍에서 느꼈던 좌절의 경험에 대해 생각하게 했다. 나는 탈라니가 특별한 말이라는 것과, 탈라니와 내가 일정한 수준에서 각별하게 연결되어 있다는 걸 알았다. 나는 어떤 방법으로든 탈라니의 마음과 연결될 수 있기를 바라면서 함께 몇 시간이곤 앉아 시간을 보냈다. 그렇게 연결되기를 바라던 어느 날, 나는 탈라니의 생각을 들을 수 있게 되었고, 그 생각이 나의 것이 아님을 알았다. 나는 고객에게 투자하는 시간보다 더 많은 시간을 탈라니와 보내고 싶어 하는 나를 발견했다.

함께 고요한 시간을 보낸 지 몇 달이 지난 뒤에 나는 마침내 탈라니와 그냥 함께 '있는' 법을 깨우쳤다. 그것은 첫 번째 연결을 느껐을 때 이루어졌다. 워크숍에서 가졌던 경험과는 다르게, 약간의 흥분 다음에 거대한 사랑과 용인이 느껴졌다. 그것은 생각의 연결이 아닌, 영혼과 마음의 눈으로 들여다보는 것 같았다. 마음으로 연결되자 나는 가장 사랑하는 탈라니와 함께 성공적으로 소통하기 시작했다. 목장에 말을 맡겨 놓은 말 주인들은 나와 내 말의 각별한 관계를 보고 자신들도 말과 소통할 수 있도록 도와달라고 했다.

어느 날, 나는 한 고객에게 목장에서 탈라니와 함께 찍은 사진들을 보여 주었다. 그녀가 사진을 가리키며 말했다. "이게 바로 당신이군요." 그리고 나서 그녀는 회사에 어울리는 말끔한 차림새로 앉아 있는 나의 눈을 똑바로 쳐다보면서 말했다. "이건 당신이 아니에요." 그녀는 다시 사진을 보더니 말했다. "이곳이 당신이 속한 곳이군요." 나는 그녀의 말에 충격을 받았다. 사업을 하는 것이 행복했지만 그녀의 말을 경청했고 다시는 그 말에 대해 생각하지 않았다. 어느 정도 시간이 지나기 전까지는…….

사업을 시작한 지 3년째 되던 해 연말, 뭔가 지혜로운 말을 들을 만한 적기로 느껴져 영적인 상담가 샌다 프레이저와 상담을 했다. 마주앉자마자 샌다는 "당신이 다른 종과 소통하는 사람이란 걸 알게 되어 정말 기쁘네요."라고 말했다. 나는 처음엔 그냥 듣고 웃었다가 화들짝 놀랐다. 어떻게 그녀가 나의 판타지와 꿈을 알았을까? 전에 고객이 했던, "이게 바로 당신이군요. 이곳이 당신이 속한 곳이군요."라던 말이 다시 내게 돌아왔다. 돌연, 꿈을 실현하기로 결심하기 전까지는 그것은 단지 꿈이거나 판타지일뿐이라는 말이 이해가 되었다. 내가 진정으로 필요로 했던 것은 바로 내 삶을 향해 갈 수 있도록 스스로에게 허가를 해 주는 것이었다.

지난 3년 간, 사업은 대단한 성공을 거두었다. 내가 필요로 했던 것을 다 해냈다. 두말할 필요도 없이, 사람들은 내가 애니멀 커뮤니케이션 분야에 푹 빠져 그 사업도 크게 키울 것이라고 생각했다. 당시 애니멀 커뮤니케이션 분야에서 이름이 알려진 사람은 전 미국에서 단 3명뿐이었다. 나는 계속 앞으로 전진해야 할 시기라는 것을 알았다.

나는 사업을 정리했고, 탈라니와 고양이 세 마리도 같이 지낼 수 있는 시골 목장으로 이사했다. 그 다음 해에는 일하고 연구하고 발전시키고, 나의 새로운 경력이 어떻게 보일 것인지를 이해하는 데 모든 통찰력을 쏟아 부었다. 나는 내 자신에게 많은 질문을 했다; 이런 능력으로 무엇을 할 수 있을까? 이런 새롭고 색다른 경력을 어떻게 시작해야 할까? 이종 간의 소통자가 된다는 것은 실제로 무엇을 의미하는 것일까? 세상에 변화에 어떻게 일조할 수 있을까?

무엇보다 중요한 것은 내가 얼마나 많은 동물들과 애기할 수 있는가였다. 나는 그 한 해 동안 도움이 필요한 반려동물이 있는 사람들에게 무료로 시간을 제공했다. 그것은 나 자신에게 확신을 주기 위해서였으며, 또 내가 실제로 동물들과 접속할 수 있는지, 그것이 실제로 가능한지, 그리고 도움이 되는지를 확신히 하기 위해서였다.

이 기간 동안, 나는 놀랄 만한 발견을 했으며 인생의 목적을 찾았다. 반려동물들 및 그들의 반려인들과 함께 작업을 하면서, 나는 반려동물들이 우리 삶에서 차지하는 역할이라는 더 큰 그림을 그리기 시작했다. 나는 반려동물들을 우리의 거울로 보았다. 반려동물들은 우리가 갖고 있는 내부의 불균형을 반영하고 우리가 풀어 내지 못한 것들과 자양분 공급이나 치료가 필요한 것들을 종종 보여 주기 때문이었다. 사람들이 반려동물을 이해하도록 돕는 것이 내가 해야 할 일이었다. 즉, 필요한 치료가 이루어져야 한다는 것이다.

사람과 동물 모두에게 제공할 수 있는 '무엇'을 갖고 있다는 확신이 들자, 나는 비로소 그 무언가를 대중에게 '공개'하기로 하고 원격 상담 사업을 시작했다. 동물들과 그 방법으로 접속할 때 가장 편안했기 때문이었다. 능력이 검증되면서 가정 방문을 시작했고, 마침내 목장이나 다른 사람의 집에서 종일 상담까지 하게 되었다. 애니멀 커뮤니케이션 분야에서 몇 년을 보내고 나니 광고업계에서 이룬 것 이상의 성과가 이루어졌다. 특별한 사업에 대한 뉴스가 퍼지면서 신문과 잡지들은 나에 관한 기사를 실었고, TV에서는 나의 이야기를 방영했으며, 전국적인 단체들이 강의 요청을 하고 전국 순회 워크숍 기회를 주었다.

고객들은 동물들과 소통하는 방법을 배우는 데 엄청난 관심을 보였다. 고객들은 반려동물의 이야기를 듣고 싶어 했고, 나는 고객들을 가르치고 싶었다. 마침내 나는 애니멀 커뮤니케이션을 간단하게 단계별로 가르치는 실제적인 프로그램에 함께 참여하기로 결정했다. 처음 만나는 사람들까지 가르쳐야 하는 것이 두려웠지만, 내가 하는 소통과 접속이 마음에서 우러나온다는 것을 깨달았기에 마음과 마음이 연결되는 방법을 가르쳤다. 내 교수법이 진화해 가면서 워크숍의 구조도 진화했다.

나는 애니멀 커뮤니케이션 1일 워크숍 강습부터 시작했다. 처음에는 지역 주민들이 왔고, 그 뒤로는 전국 각지에서 고객들이 원했기에 2일 워크숍으로 해서 지방 순회 강습을 했다.

시간이 지나자, 고객들은 고급 과정 워크숍을 요청했다. 나는 반려동물과의 원거리 커뮤니케이션을 배우려는 사람들을 위한 고급 과정 워크숍을 개발했고, 반려동물의 건강을 돕는 방법을 원하는 사람들을 위한 바디 밸런싱 워크숍을 시작했다. 전문적인 애니멀 커뮤니케이션을 배우고자 하는 학생 수가 일정 수에 달하게 되어, 미국 최초로 종합 훈련 프로그램을 개발했다. 이 프로그램은 사람들에게 완벽한 커뮤니케이션 기술을 익힐 수 있는 체제를 제공하며, 문제 해결 기술, 죽음과 죽어 가는 과정, 죽은 동물들과의 소통, 잃어버린 동물 찾기, 민감한 상황을 다루는 법, 애니멀 커뮤니케이션 사업의 심리학적인 관점과 마케팅 기술 등을 포함하는 다양한 특성을 배울 수 있게 한다. 이 프로그램은 이 책에서 여러분이 읽을 수 있는 7단계 하트토크 프로그램(HeartTalk Program)으로 진화했다.

이제는 각계각층의 사람들이 내 워크숍에 참여하고 있다. 사육자, 조련사, 수의사, 카이로프랙터들은 물론 단순히 자신의 반려동물에 대해 좀 더 알고 싶어 하는 사람들이 도움을 요청하기도 한다. 내 고객 중에는 탐파 베이 다운즈 같은 대형 경마장, 패트릭 스튜워트, 린다 그레이, 레슬리 앤 워렌, 이 책의 서문을 써 준 리 테일러

영과 같은 유명한 배우들도 있다. 여러분도 물론 상담이나 훈련에 대해 내게 편하게 도움을 청할 수 있다.(이 책의 뒷부분에 있는 리소스 Resource 에서 내 정보를 알 수 있다.)

초기에 내가 도전에 직면했던 것처럼, 내 제자들도 유능한 애니멀 커뮤니케이터가 되기 위한 학습 과정에서 종종 힘들어 하기도 했다. (이것은 학습 과정에서 자연스러운 현상이다.) 미니애폴리스에 사는 낸시 샤피로도 그런 제자 가운데 한 명이었다. 그녀는 예전에 어떤 애니멀 커뮤니케이션 강좌를 들은 적이 있었는데, 내가 운영하는 워크숍에는 처음 왔다. 그녀는 동물들로부터 단편적인 정보만 얻을 수 있을 뿐 실체가 없다고 불만을 털어놓았다. 우리는 함께 이야기를 나누기 시작했고, 그녀는 자신이 동물들과 소통하려고 할 때 마음이 닫히는 것을 느낄 수 있었다. 그녀는 이 문제를 해결하기 위해 자신의 반려견 두 마리를 텔레파시로 초대하기로 결정하고서 마음의 양쪽 문을 지키는 수문장처럼 서 있는 것을 상상했다. 그렇게 하고 나자 그녀는 편안함과 안전함을 느꼈고, 함께 작업한 다음 동물에게서 정보의 자유로운 흐름을 즉시 받아 냈다. 낸시는 이제 전문적인 애니멀 커뮤니케이터로 활동하고 있다.

또 다른 학생인 밀워키에서 온 루시 로버츠는 내 워크숍에 와서 애니멀 커뮤니케이션에 대한 환영을 깨우쳤다. 그녀는 동물의 영혼에 한 번 접근하면 정보의 수문이 열린다고 들어 왔지만 그런 경험을 한 번도 한 적이 없었다. 그녀는 동물의 이야기를 듣기 위해 용기를 북돋웠다. (나는 하지 못했던 일이었다.) 루시는 마음을 안정시켰고, 다음 날 우리가 빠른 낱말 연상 퀴즈(여러분도 마찬가지로 배울 내용)라고 부르는 연습을 하자 최초의 텔레파시 접속을 느꼈다. 그 주의 마지막 날, 나는 그녀가 우는 것을 보고 놀랐다. 그 동안 잘해 왔기 때문이었다. 무엇이 잘못되었는지 물었을 때, 그녀는 "아니에요. 이건 기쁨의 눈물이에요! 내가 마침내 해냈어요!"라고 말했다.

애니멀 커뮤니케이션은 새로울 것도 아니고, 논쟁의 여지가 있는 것도 아니다. 질문은, "우리가 다른 종들과 소통이 가능해지기 시작했던 때가 언제인가?"가 아니라 "우리가 언제 그 일을 그만두었나?"이다. 최근 이 주제에 대한 흥미가 제기되기는 했지만 이미 타고난 사람들, 그러니까 자연의 모든 것과 동물의 혼령과 전체적인 화합을 이루는 미국 원주민이나 호주 원주민들을 생각해 보라. 아시시의 성 프란체스코(이탈리아의 수도사이며 프란체스코 수도회 창시자-역주)와 동물들 간의 접속을 생각해 보라. 페넬로페 스미스는 자신의 책 《동물들, 전체로 향해 가는 우리의 회귀(Animals: Our Return to Wholeness)》에서 말했다. "1987년 이후, 그 이전에는 동물의 발언권 인정이 일시 중지되었던 것처럼 지적인 존재들이 풀려났다."

애니멀 커뮤니케이션에 대한 대중의 인식이 성장하는 것과 마찬가지로 나의 하트토크 프로그램은 진화와 확장을 계속했다. 오디오 테이프와 비디오 테이프를 추가했고 이제 이 책도 추가했다. 다음은 무엇이 될지 상상만 할 뿐이다!

이 책을 읽고 실제로 훈련을 시작할 때 기억하라; 이것은 하룻밤

사이에 갑자기 당신에게 일어나는 것이 아니다. 이것은 새로운 언어를 배우는 것 또는 새로운 사업을 시작하는 것과 비슷하며, 시간, 결단력, 연습, 욕구, 헌신, 연민 그리고 더한 연민을 요한다. 내게는 이 일이 몇 년에 걸쳐 진화했다. 애니멀 커뮤니케이터가 되는 것은 내가 해 본 일 가운데 가장 힘들었다. 하지만 내가 하는 일은 이제 날마다 새롭다. 이 일은 끊임없이 이어지는 자아 발견 여행이다.

내가 할 수 있었다면 당신도 할 수 있다! 나는 내 워크숍에 참석했던 수천 명의 사람들에게 이야기하는 것이 행복했다. 연습을 필요로 하지만, 동물들과 접속할 수 없었던 사람은 한 명도 없었다. 동물들과 소통하는 법을 배우면서 많은 사람들이 각각의 개인적인 성장과 마찬가지로 자신들의 인간관계를 향상시키는 직관적인 감정 이입 기술도 새로이 발견했다. 우선 무엇보다도, 그들은 마음을 열고 자신의 동물들이 너무나 자유롭게 주는 사랑을 받아들였다는 것이다.

여러분이 여러분의 새로운 여행에서 즐거움과 성공을 누리기를 바란다!

캐롤을 애니멀 커뮤니케이션의 세계로 인도해 준 고양이 솔레일

탈라니와 함께 있는 캐롤.
하트토크 프로그램
마스터

제1장
하트토크

1
마음으로부터 솔직하게

우리가 아기였을 때는 동물을 우리와 다르지 않다고 느낀다. 동물들은 사랑과 관대한 마음으로 가득찬 그냥 크고 털이 많은 존재다. 우리는 우리가 언어로 소통하는 법을 배우기 전까지는 텔레파시로 소통하는 언어를 공유한다. 언어 소통이 되기 시작하면 우리는 동물과의 연결로부터 점점 더 멀어지게 된다.

텔레파시 소통은 심장의 고동과 같다—우리의 의식적인 자각 없이도 늘 우리에게 일어나는 일이기 때문이다. 숨 쉬는 것과 마찬가지로, 우리의 직관은 우리가 인정해 주거나 고마워하지 않아도 삶을 잘 꾸려 나간다. 하지만 우리의 신체를 유지하는 주기적인 호흡과 달리 우리의 숭고한 마음은 내면의 삶을 인식하고 확인하고 자양분을 주기 시작한 뒤에야 성장한다. 다른 성인들과 마찬가지로 우리의 이 부분은 휴지기에 놓여 있다. 우리의 천성 가운데 이런 불가사의하고 놀라운 부분을 기르기 위한 의식적인 노력을 하기 전까지는 말이다.

우리는 가끔씩 마음의 언어를 인지하는데 그것은 우리의 직감이다. 우리는 서로 텔레파시로 통한다; 우리는 반려동물들과 특정한 다른 사람들과 감정적으로 연결된다. 한 친구에 대한 생각으로 가득한 순간 바로 그 친구가 전화를 한다든지, 처음 만났는데도 한눈에 알아보거나 바로 친밀해지는 것을 경험한다거나, 다른 사람이 어떤 말을 하기 전에 그 말이 무엇일지 종종 아는 경우 말이다. 아마도 여러분이나 다른 사람이 이런 연결을 한 번 이상씩은 경험한 적 있다는 것을 알고 있을 것이다. 우리는 이런 일들을 우연의 일치 정도로 여겨 버리곤 한다―다른 이에 대한 생각, 초감각적인 지각, 우연한 일, 상식적인 또는 단순한 연민 정도.

여러분을 나와 함께하는 여행으로 초대한다. 그 여행은 어디에선가 비롯된 것으로부터 우리가 갖는 생각과 느낌들을 구별하는 방법을 배울 수 있는 이해력을 탐험하는 여정이다. 우리는 다른 이들의 생각과 느낌을 항상 짚어 내고는 그들을 오해한다. 마음 지능은 지각 능력이 있는 모든 존재와 나눌 수 있기 때문이다. 우리는 우리의 오감을 넘어서는 언어를 이용할 수 있다. 우리가 어린아이처럼 놀거나 어린 시절 소통에 자연 발생적으로 사용하기도 했던 것 말이다.

크리스 그리스컴은 《감정의 치유(The Healing of Emotion)》라는 자신의 책에서 이렇게 쓰고 있다.

우리가 나무나 식물 또는 새 · 말 · 개 · 고양이 같은 다른 동물에 집중할 때 우리가 그들과 소통하는 언어는 마음의 언어다. 즉 보편적이란 뜻은 의식의 모든 형태는 서로 소통할 수 있다는 뜻이다.

행복하게도, 우리의 내면의 삶에 영양분을 공급해 주는 영혼과 마음의 언어를 인지하고, 입증하고, 발전시키는 법을 배울 수 있다; 이 지구를 공유하고 있는 모든 생명체와 교신할 수 있는 방법들을 인지하는 법을 배울 수 있는 것이다. 그들이 우리에게 많은 것을 이야기해 준다!

그간 살아 있는 존재(사람 또는 다른 생물)에게서 받았던 모든 통신 중에서 가장 비통했던 이야기는 '스타'라는 말에게서 들은 것이다. 그의 보호자는 만성적으로 굳어 있는 스타의 목 근육을 좀 봐 달라고 했다. 내가 목을 쓰다듬고 손을 부드럽게 올리자 스타는 매우 강한 에너지를 발산했는데 그 에너지는 마구간에서 일하고 있던 목부들의 주의를 끌 정도로 명백했다. 스타의 맥박이 힘차게 뛰면서 내게 말을 하는 걸 느낄 수 있었다. 스타는 감정의 홍수 속에 있었는데, 그 감정은 새로운 보호자가 자신의 생명을 구해 주었다고 믿고 깊이 고마워하는 감정이었다. 전 주인과 함께 했을 때의 스타는 주인에게 마구 다뤄지던 장애물 경주마로, 그의 젊음이 사라지는 것과 마찬가지로 그의 에너지가 사라지기 시작했다. 주인의 밑에서 일하는 사람들이 자신을 두고 경매에서 좋은 값으로 팔리지 않으면 도살장으로 끌려가게 될 것이라고 말하는 소리를 듣고 스타는 공포에 질렸다. 잠들기가 무서웠고, 언제 자신을 끌고 갈지 모를, 목장에 드나드는 트럭 소리에 매일 밤낮으로 귀를 기울였다. 스트레스와 공포에 짓눌려 긴장한 상태로 항상 바깥에 귀를 기울이다 보니 목이 굳어 버린 것이다. 스타는 아직 강하고 생기에 넘쳐 있었다. 죽을 준비가 되지 않았던 것이다. 그 당시 몇 명의 목부들이 말에게서 발산되는 삶에 대한 강한 열망의 느낌에 끌려 모두 일손을 떼고 다가가 보았다는 이야기가 있었다.

스타는 자신의 새 인생은 마장마술 트레이닝을 받으면서 시작되었다고 말했다. 마장 마술은 발레 같은 형태의 승마로 말과 사람이 밀접하게 연결되어 말과 사람이 동작을 일치시키면서 우아한 춤동작을 완성하는 것이다. 그 작업은 능력을 시험 받는 것 같기도 했지만 심리적으로 안정이 되었고, 무엇보다도 기수와 함께 몸을 움직일 때 기수와 마음을 잘 맞추는 것을 좋아했다. 그는 그런 친밀한 관계, 그런 화합은 전혀 느껴 본 적이 없었다. 스타는 자신이 그녀를 얼마나 사랑하는지 그녀가 알기를 바랐고, 그녀가 자신에게 살 수 있는 기회를 준 것과, 그녀에게서 느꼈던 친밀감과 애정의 엄청난 선물 두 가지 모두 감사하다는 걸 알리고 싶어 했다.

하지만 새로운 환경에서조차도 잠을 잘 수가 없었다. 스타는 자신의 새 주인인 그녀가 자신이 고마워하는 마음과 사랑의 깊이를 알 리 없으며, 어느 날 그녀 또한 자기를 다른 곳으로 보낼지도 모른다는 생각에 공포에 떨어야 했다.

나는 그의 진심 어린 고백에 눈물을 참을 수 없었다. 보고 있던 목부들에서도 눈물이 보였다. 스타와의 연결이 끊이지 않기를 바랐기 때문에 나는 목부 중 한 명에게 스타의 보호자를 데려와 달라고 부탁했다. 스타의 주인은 스타의 마음을 알 수는 없었지만 스타의 마음이 혼란스럽다는 것은 느낄 수 있었다고 했다. 나는 주인에게 두 눈을 감고 심호흡을 몇 번 하도록 한 뒤 스타와 소통해 보라고 했다. 드디어 그녀는 스타의 감정 그리고 엄청난 헌신과 감사의 마음의 깊이에 막힘 없이 다가갔다. 스타를 쓰다듬어 주면서 끔찍한 트럭 소리에 귀 기울이며 공포에 떨면서 기다리는 일은 다시 생기지 않을 것이라고 약속했다. 그녀는 스타에게 그녀의 보호와 사랑 하에 있는 영구적인 가정을 갖게 되었다는 사실을 확신시켜 주었다.

나는 스타에게 뭐 다른 것이 필요한지 물었다. 대답은 간단했다. "자고 싶어요."

우리는 스타의 마구간에서 스타와 함께 있어 주었다. 목부들을 비롯한 우리 모두는 스타가 부드럽고 평화롭게 누워 자면서 마침내 너무나 필요로 했던 휴식을 취하는 것을 놀라움에 가득차 지켜보았다.

매일 일어나는 이 같은 기적들은 이 책을 통해 애니멀 커뮤니케이션의 재능을 사람들과 나눌 수 있게 만들었다. 우리의 삶에 존재하는 동물들은 끊임없이 우리에게 '이야기'하지만 우리가 듣는 방법을 배우기 전까지는 명확한 메시지를 모두 놓치고 만다―컴퓨터 키보드 위를 털썩거리면서 일을 못 하게 하는 고양이, 문 옆에서 목줄을 물고 서 있는 개 또는 우리가 지친 하루를 보낸 것을 감지하고 코를 비비거나 핥아서 위로해 주는 동물들. 동시에 우리는 동물들에게 우리를 이해할 수 있도록 하기 위해서 소리치거나 꼭 껴안아 주거나 찰싹 때리거나 하는 것보다 훨씬 알아듣기 어려운 어휘로 동물들을 압박한다. 이런 제한적인 표현들은 주거 침입, 동물이 아픈지를 확인하거나, 새로운 집으로 이사를 가서 새 환경에 적응시키거나, 적은 양의 단어나 행동들보다 높은 수준의 명확한 표현을 요구하는 뭔가 다른 메시지를 전하는 것 같은 문제에 관한 충돌을 해결하려는 사람들에게 방해가 된다. 뿐만 아니라 우리의 삶에서 가장 사랑스럽고 만족스러운 관계들 중 몇몇이 될 수도 있는 일에 완전히 참여하려는 우리를 방해한다.

애니멀 커뮤니케이션은 요술을 부리는 것이 아니다; 영매의 능력을 포함하지 않는다는 말이다. 텔레파시라는 용어로 협박하지 말라. 애니멀 커뮤니케이션이 의미하는 모든 것은 이미 우리가 갖고 있던 직감을 사용하는 강화된 능력이라는 것이다—우리가 어린 시절 알고 있었던 언어를 회복하는 것이다. 지금도 우리는 사람이 벅적거리는 파티장에서 친구를 한눈에 알아볼 수 있고, 그 친구가 얼마나 지루함에서 구출되기를 바라고 있는지도 느낄 수 있다. 부모님이 그랬던 것처럼 우리는 우리의 아기들과 직감적으로 소통하며, 문이 닫혀 있는 다른 방에 아이가 있더라도 아기가 우리를 필요로 하고 있다는 느낌을 자주 받는다. 그것은 숨 쉬는 것처럼 자연스러운 일이며, 심장이 뛰는 것처럼 자동으로 이루어지는 일이다. 나는 이런 일을 '마음으로 하는 대화(heart to heart)'라고 부르는데, 나는 이 우주적인 언어를 과거 14년 넘게 6천 명 가까이 되는 사람들에게 가르쳐 왔다.

사람들은 커뮤니케이터로 태어난다; 우리는 우리의 의사를 전달하는 언어 기술을 획득하기 전까지 기다려야 할 필요가 없다. 우리는 구어로 말하기 전에 자각을 한다. 이런 종류의 소통은 부모와 유아에만 제한되지 않는다. 이런 일은 동물들 간에 또는 동물과 사람들 간에도 일어나는데, 그 시기는 감정 이입이 맺어질 때 즉 마음이 연결되었을 때다.

무언의 소통은 항상 조용하고 조심스럽게, 그리고 매우 미묘하게 일어나므로, 의식적인 생각과 감정의 지속적인 소음은 우리의 주의를 요하는 동안에는 자주 느낄 수 없다. 하지만 직감은 그 미묘함 때문에 실제와 다르지는 않다. 우리는 우리의 마음이 말하는 것을 듣기 위해 말이 필요하지 않다.

우리는 우리에게 의식 세계의 정신보다 더 많은 것이 있다는 사실을 깨달아야만 한다. 우리는 동물들처럼 물리적이고, 정신적이고, 감정적이고, 영적인 존재다. 우리는 말로 하는 언어와 우리의 의식(意識)에 의존하게 되어 있으므로, 우리를 우리의 전체적인 자아, 직관적인 자아, 수용적이고 감정적인 자아와의 연결에서 분리한다. 우리의 의식은 우리에게 가장 크게 말한다; 사실 의식은 하루 종일 우리에게 소리를 질러대고 있고 직관의 미묘한 신호를 몰아내고 있다. 직관은 근육과 비슷해서 훈련이 필요하다. 그리고 근육과 비슷하게 직관력은 발달하는 데 시간이 걸리고 몇 년이 걸리기도 한다. 닐 도널드 월시는 《신과의 대화 : 비범한 대화(Conversations with God: An Uncommon Dialogue, Book 3)》에서 적절히 기록하고 있다.

영적인 '근육'을 발달시키려면 훈련을 해야 한다. 근육을 사용하라. 매일. 바로 지금도 근육은 존재한다. 하지만 크기가 작을뿐이다. 힘도 약하다. 충분히 활용되지 않았다. 그러므로 여러분은 이따금 직관적인 '성공'을 이따금 얻을 것이지만, 그 성공에 의거해 행동하지 않을 것이다. 어떤 일에 대해 '직감'할 것이지만 여러분은 그것을 무시할 것이다. 여러분은 꿈이나 '영감'을 가지겠지만 여러분은 그것을 간과할 것이고 거의 주의를 기울이지 않을 것이다.

동물들과 소통하려면, 여러분은 그 근육을 단련시킬 필요가 있다. 그래서 내가 만든 것이 하트토크 프로그램이다.

이 책의 제1부는 하트토크 프로그램을 설명해 주는 설명서의 몫을 담당하는데 동물들과 연결하는 실제 단계별 과정을 2개의 섹션으로 나누어 설명하고 있다. 첫 번째 섹션은 여러분의 멘탈 에너지에 집중할 수 있도록 돕는 7단계의 준비 과정을 가르친다. 여러분이 자신의 생각에 집중하고 명확하게 하는 것을 돕기 위한 과정이다. 우리는 연결을 만드는, 쉽게 터득하는 기술을 훑어볼 것이고, 여러분의 타고난 감정 이입/직관적인 능력을 강화하는 3가지 강력한 지도 훈련을 실행해 볼 것이다. 두 번째 섹션은 여러분의 삶의 일부였던 동물 가운데 누구에게든 손을 내미는 과정을 시작하기 위해 7단계를 제공한다. 당신은 당신의 동물에게 표현하고 싶었던 생각·아이디어·느낌을 텔레파시로 공유하게 될 것이고, 당신에게 하는 그들의 답변을 이해하는 법을 배우게 될 것이다.

제2부 〈중요한 건 마음〉은 이런 커뮤니케이션 기술을 실제 상황에 적용한다. 나는 당신의 가족의 일원으로 동물을 받아들이는 큰 변화, 동물을 길들이는 어려움, 동물들 간의 공격적인 행동과 같은 일상적인 문제에 대한 솔루션을 토론하고 제공할 것이다. 당신은 당신의 동물들이 이사에 성공적으로 적응하는 방법, 동물을 잃어버렸을 때 그들을 찾는 방법, 아프고 다친 동물들을 편안하게 해 주는 방법 그리고 가장 중요한, 그들이 무지개 다리를 건널 때(죽음)를 아는 방법과 잘 가라는 인사를 하는 방법에 대해 배우게 될 것이다.

제3부 〈마음의 교훈〉은 우리에게 가르침을 준 동물들을 보여 줄 것이다. 그들은 자신들의 행동을 통해 우리의 행동을 반영함으로써 우리가 우리 자신에 대해 배우도록 돕는다. 그들은 우리에게 자연계에 다시 연결되는 법을 가르친다. 그리고 가장 중요한 레슨 가운데 하나는 우리 자신을 사랑하는 방법을 배우는 것인데, 그 방법은 바로 동물들이 우리를 사랑하는 방법으로 무조건적인 사랑이다.

나의 바람은 이 책을 읽음으로써 당신이 가장 사랑하는 반려동물과의 깊은 연결을 경험하는 것뿐만 아니라 모든 생명체와 자연 환경 그리고 일반적인 삶에 대한 새로 발견한 경의를 경험하는 것이다.

이제 우리의 모험을 시작해 보자!

#
하트토크 프로그램

먼 옛날부터 사람들은 마음의 언어에 관해 언급해 왔다—지성의 언어나 감성의 언어가 아닌 마음의 언어. 이렇게 상상해 보자. 각각의 사람들을 하나의 바퀴로 보고, 우리를 구성하는 정신적·감정적·영적·물리적 요소들은 바퀴의 살로 보는 것이다. 바퀴의 중심에는 이 모든 구성 요소들을 통합시키는 우리의 마음이 있다. 마음은 우리의 물리적·감정적·정신적·영적인 삶의 기초이자 중심핵이다—우리의 정수이다. 나는 나의 프로그램을 '하트토크'라고 부르는데, 그 이유는 동물과의 소통에서 내가 그 중심에 접근하여 나 자신의 모든 면을 사용하기 때문이다.

여기에는 내가 어떻게 동물과 연결되는 경험을 했는지에 관한 이야기가 있다. 첫 번째, 나는 동물에 대한 나의 주의를 집중한다.(정신적인). 나는 내 마음속에서 격한 느낌을 받고(물리적인), 따뜻함과 사랑으로 가득함을 느낀다(감정적인). 그것은 마치 내 마음의 문이

(영적으로) 열리기 시작한 것처럼, 문이 열리면 나는 같은 방법으로 동물들과 내가 연결되었음을 느꼈다. 우리는 연결되었다, 마음과 마음으로.

마음이 연결된 뒤에는 좀 더 구체적인 양 방향 통신들은 느낌과 생각을 통해서 또는 방법과 이유를 알지 못해도 무언가를 그냥 이해하는 상태를 통해 이루어질 수 있다. 하지만 소통이 시작된 지점은 마음이 열린 지점이다—나 자신을 수용하는 상태가 만들어진 지점.

나는 이 방법을 생각해 냈고, 이 방법은 너무나 자연스럽게 내게 다가왔는데, 내가 가르친 수천 명의 사람들에게 효과가 있는 듯하다. 왜냐하면 하트토크 프로그램은 마음과 영혼의 연결을 수반하기 때문이다. 하트토크 프로그램은 우리가 의식적으로 행동하기를 멈추고, 급하게 돌진하지 않고 천천히 하도록 한다면, 수용적이고 열린 상태에 놓이게 할 것이다. 그런 상태는 생각하고 있거나 무얼 하고 있는 것이 아닌 그냥 '있는(being)' 상태이다. 여러분이 하트토크 프로그램을 배울 때, 이 프로그램을 연마하기 위해 시도할 것은 그냥 아무 생각 없이 그냥 있는 것이다.

기억하라, 당신의 마음은 모든 것을 수용한다. 당신의 마음은 어떤 평가도, 비판도 담지 않는다. 이것이 중심이고 당신이 어떤 사람인지 말해 주는 핵이다. 이런 언어는 이른바 직관이라는 것으로 의사 소통의 강력한 형태다.

우리는 사람들을 처음 만날 때, 우리는 그들과 어느 수준까지 의사 소통을 할 수 있는지 결정한다. 안전하다는 생각이 들지 않으면 우리는 신중하고 지적인 수준에 머무르면서 감정을 나누려 하지는 않을 것이다. 그러나 마음이 열려 있고 우리가 어떤 사람인지 진심으로 흥미를 느끼며, 평가나 비판을 하지 않는 사람을 만나면 우리는 집처럼 편안하게 느낀다. 우리는 동시에 우리가 어떤 사람인지에 관한 모든 면, 즉 감정적·지적인·신체적·정신적인 면을 공유하기 시작한다. 우리가 이렇게 행동하는 것은 그들이 자기 자신을 열어 안전하고 매혹적인 공간을 우리에게 하트 레벨로 제공하기 때문이다.

우리가 동물들에게 마음을 여는 것은 그들에게 그들 자신의 모든 면을 표현할 수 있도록 해 주는 것이다. 우리는 동물들과 지적인 대화를 경험할 수도 있을 것이다. 좀 더 깊은 수준의 의사 소통과 믿음을 얻기 위해서 그들은 우리와 함께하는 것을 안전하게 느껴야 할 필요가 있다. 우리가 우리만의 느낌을 믿고 우리가 어떤 사람인지에 관한 모든 것을 받아들인다면 '열린 마음'은 모든 생명체에게 엄청난 친밀감을 만들어 주는 분위기를 창출한다.

우리 모두 바쁘게 살아가느라 그냥 '있는' 법을 모두 잊어버렸다. 일반적으로 우리 사회는 성공의 등급을 매길 때 직업으로 따지지 우리의 본질은 중요하게 생각하지 않는다. 더욱이, 우리는 수용하기보다는 정보를 표명하는 데 더 익숙하다. 텔레파시로 소통하는 방법을 배울 때, 우리는 동물에게 말하는 것은 줄이고 그들이 말을 더 듣는 데 집중한다. 이 프로그램의 핵심은 수용성으로, 마음으로 듣기 위해 우리의 인식을 물리적·정신적·감정적·영적인 모든 수준에서 확장하는 것을 말한다. 경청은 추론이 아니라 직감의 기초다.

　일반적으로, 오늘날의 사회에서 우리는 의식의 세계를 직감의 세계보다 훨씬 많이 분석하고 의식의 세계가 직감보다 우위에 있다고 생각하는 의식을 인정하고 있다. 즉 우리가 이성과 논리를 믿는 이유는 이성과 논리가 좀 더 친근하며 사회적으로 보기에 좀 더 가치가 있으므로 편안하기 때문이다. 그러나 이성과 논리는 한정적이다. 매번 우리는 마음이 우리에게 하려는 말을 무시하고 우리는 우리 자신과 다른 이들과의 관계를 한정한다. 행동에 옮기거나 반응하거나 앞으로 나아가야 하는 것을 느낄 때 스스로 한계선을 긋는다. 하지만 우리 중심에 존재하면서 그냥 마음 가는 대로 있음으로써 우리는 우리 자신의 균형을 맞추는 법을 배울 수 있다.

　당신은 천천히 속도를 늦추는 방법을 찾게 될 것이고 그냥 있는 것은 동물들과 당신의 관계를 향상시키는 것뿐만 아니라 당신의 인생 전체를 더 높은 경지에 올려놓게 될 것이다. 당신은 기를 모아 자신에게 집중하는 방법을 다시 배우게 될 것이다.

　애리조나주 메사에 사는 고객 팸은 위와 같이 삶의 속도를 늦추도록 그녀를 도와준 동물과의 경험이 있었다. 회계사였던 그녀는 매우 밝고 사교적인 성격을 갖고 있었다. 시끄러운 음악을 좋아했고, 매우 큰 목소리로 이야기했으며, 급하게 행동했다.

　토끼들이 주제로 등장했던 워크숍 날, 최근 토끼 두 마리를 갖게 된 팸에게 경험을 말해 달라고 했다.

그녀는 토끼들이 자신의 인생을 어떻게 바꿔 놓았는지에 관한 놀라운 이야기를 들려주었다. 그녀는 살아오면서 자신이 영혼을 갖고 있다는 인식을 한 적이 거의 없었다고 했다. 그런데 최근에 치료를 받는 동안, 자신도 영혼을 갖고 있다는 것을 실감하게 되었고, 그것은 개인적인 성장 과정에서 중요한 발전을 맞이했다. 그 순간에 그녀는 토끼를 한두 마리 갖고 싶다는 강한 충동을 느꼈다. 그녀는 이전에는 결코 흥미를 가진 적이 없었다.

회계사인 그녀는 색깔, 크기, 품종 등 자신이 어떤 종류의 토끼를 원하는지 철저하게 조사했다. 조사를 끝낸 뒤 두 마리의 토끼를 샀고, 인생은 더 좋은 쪽으로 극적으로 바뀌었다. 그녀는 토끼들이 필요로 하는 것과 예민함을 고려하기 시작했고, 모든 소리를 조용하게 낼 필요가 있음을 깨달았다.—자신의 목소리, 집 안을 돌아다니는 방법, 자신이 연주하는 음악—토끼들은 그녀가 크게 내는 소음들과 급한 행동에 심한 공포감을 느꼈기 때문이었다.

행동을 천천히 하게 됨에 따라 그녀는 자신의 심신을 극적으로 차분하게 만들 수 있었고, 표현하는 방법 전체가 달라졌다. 그녀는 인생 최초로 조용히 집중하고 있는 자신을 느낄 수 있었다. 자신의 영혼—그녀의 마음의 중심—을 발견했던 것은 흥미로운 일로, 그녀는 자신의 인생에서 필요로 했던 것을 인식할 수 있었다. 그녀가 토끼들이 필요하다고 결정했던 현명한 순간에 그들이 없었다면 팬은 아직도 시속 150마일(약 240km)로 움직이고 있었을 것이다.

시작하기

이제 하트토크 프로그램의 첫 번째 부분을 배울 준비가 되었다. 이런 7단계는 동물들과 여러분의 커뮤니케이션을 위해 준비될 것이다. 7단계는 명상과 훈련, 몇 가지의 연결 테크닉을 포함한다. 이들은 당신이 천천히 행동하고, 집중하고, 마음을 열고, 자신의 생각 과정을 명확하게 보이고 확장하도록 돕기 위해 디자인되었다. 당신은 타고난 직감적인 능력들이 당신이 텔레파시로 소통이 가능한 시점에 도달하게 발전시키는 방법을 배우게 될 것이다. 당신은 동물들뿐만 아니라 당신 자신에게로 연결되는 법을 배움으로써 애니멀 커뮤니케이션에 열린 마음, 자신감, 즐거움과 함께 접근하여 가장 많은 혜택을 보게 될 것이다.

7단계 하트토크 프로그램 – 준비

1단계 : 정지점을 찾아라.

2단계 : 마음을 열어라.

3단계 : 커뮤니케이션의 여러 가지 라인을 이해하라.

4단계 : 연결 기술을 실험하라.

5단계 : 집중하는 방법을 배워라.

6단계 : 당신의 연결 스타일을 인식하라.

7단계 : 당신의 텔레파시 근육을 훈련시켜라. 또는 텔레파시 능력을 향상시켜라.

1단계 : 정지점을 찾아라

당신의 직감을 개발하는 데 가장 중요한 첫 번째 단계는 정신적·육체적 긴장을 푸는 법을 배우는 것이다. 우리의 신체가 긴장하고 있고 마음이 많은 생각으로 인해 늘 바쁘다면 우리의 경청 능력은 철저하게 줄어든다. 자신에게 집중하고, 완전히 자신이 주목하는 것에 집중하기 위해서는 '고요해지는' 것이 필요하다. 집중을 방해하는 일상의 생각들의 혼란함을 없애고 컨트롤하기 위해.

나는 고요해지는 것이 얼마나 매력적인 것인지 깨달았다. 인간들은 하루에 약 4만 가지 생각을 생성한다고 한다. 그것은 바로 수많은 생각과 혼잣말이다. 당신의 정신을 전화라고 상상해 보라(음성 메시지, 바로 그것이다!). 대부분의 시간 동안 우리의 전화선은 통화중이다. 누구와 연락하려면 전화를 끊고, 우리가 처리하는 생각의 수를 줄이고 수용적인 태도로 경청할 준비를 해야 한다. 우리는 다른 사람들과 커뮤니케이션하기 위한 라인을 열 필요가 있다. 긴장을 풀어 주고 집중할 수 있도록 요가·태극권·명상 등의 기술이 도움을 줄 수 있다. 이 가운데 명상이 가장 쉬운데 그 이유는 특별한 훈련 과정이 필요하지 않기 때문이다. 나는 워크숍에서 사람들에게 매일 명상할 것을 권유한다.

명상 시작하기

첫 번째 명상을 시도할 때 당신은 약간의 동요를 느낄 것이다. 우리는 우리의 의식 세계를 이용할 때 편안함을 느끼는데, 실제로 이런 느려진 느낌은 어떤 사람들에게는 불편함을 안겨 준다. 정신에 고요함이 깃들일 때 우리는 안절부절못하고, 긴장할 수 있고, 고요함에 저항할 수도 있다. 우리는 고요함으로부터 도망함으로써 다시 바빠지게 되고 자신이 산만해지도록 둘지도 모른다. 이런 저항은 고요함에서 벗어남으로써 우리의 느낌을 유지하도록 한다.

자기 자신이나 다른 사람들에게 마음을 열기 위해 당신은 맨 먼저 감정의 범위를 기꺼이 체험해야 한다. 명상이 낯설고 불편하다면 그냥 앉아서 자신의 숨소리를 들을 수 있도록 하라. 그뿐이다. 그렇게 5분에서 10분 정도만 있어 보라. 아니면 종이 몇 장에다 5분에서 10분 간 그림을 그려 보라. 특정한 것이 아닌, 그냥 손 가는 대로 자유로운 방식으로 그려 보라. 크레용이든 붓이든 펜이든 연필이든 상관없이 어디에서든 무엇이든 간에 바라는 대로 그려 보라. 그것은 몸과 마음이 아무것도 하지 않는 느낌이 어떤 것인지 알게 해 줄 것이다. 자신에게 약간의 휴식 기간을 허락하는 것은 중요한 일로, 그 덕분에 당신의 몸과 마음이 쉴 수 있게 되고 영혼이 깨어 있게 될 것이다.

명상은 우리에게 내면의 자신의 소리에 귀를 기울일 수 있는 능력을 준다. 명상은 그 모든 것이—우리와 함께 어디에서 시작되었는지다. 우리는 우리 자신에 대해서 얼마나 잘 알고 있는가? 우리는 우리의 몸이 우리와 커뮤니케이션을 하기 위해 노력할 때 그 이야기를 들을 수 있을까? 우리는 우리의 감정적인 필요성을 인지하고 있을까? 우리의 영적인 필요성은? 우리는 우리 자신과 접촉해야 할 것이 더 많이 있는데 좀 더 쉬운 커뮤니케이션은 남들과 하는 것이 될 것이다.

집에 혼자 있고 신경 쓰일 것이 없는 공간에서 편안한 의자에 앉아 평안한 환경을 만들어 내어 명상을 시작해 보라. 원한다면 양초를 켜거나 아름다움과 향기를 제공하는 약간의 꽃을 주변에 둘 수도 있다. 자신만의 특별한 환경을 만들어 보라.

이런 휴식 시간에 마음이 편안해질 때, 이에 덧붙여서 간단한 호흡법을 연습해 보라. 눈을 감고 심호흡을 한다. 숨을 쉴 때, 당신의 몸 어느 곳에 긴장이 느껴지는지 마음으로 스캔해 보라. 숨을 들이마실 때 호흡을 긴장이 느껴지는 곳에 보내는 데 집중해 보라. 숨을 내쉴 때는 모든 긴장을 풀어 공중에 내보내도록 하라. 점진적으로 당신의 몸은 사랑과 수용의 감정으로 가득차게 될 것이다. 이런 과정에 점차 익숙해지면서 당신은 이런 고요함의 섬을 갈망하는 자신을 발견하게 될 것이다. 시간이 지나면서 당신은 5분이었던 명상 시간을 늘리게 되고, 매일 명상으로 인한 혜택을 충분히 느낌으로써 결국에는 30~60분 정도 명상을 하게 될 것이다.

2단계 : 마음을 열어라

명상이라곤 단 한 번도 해 본 적이 없었는데, 이번에 조용히 5분을 보냈다면 정말 축하한다. 명상은 당신이 지녀 왔던 습관과 라이프스타일을 고요한 시간에 편입시키고 변화시키는 극적인 도전이다. 가능한 범위에서 명상 시간을 늘려라. 이것은 당신의 인생이며 당신은 사랑받을 자격이 있다—특히 당신 자신에게서, 그것도 철철 넘치도록…….

정지점을 찾아내는 법을 익히게 되면, 당신은 긴장을 깊이 이완시키는 훈련과 강력한 안내를 받은 명상을 통해 마음을 여는 연습을 할 준비가 된다. 여성들은 자신을 위한 시간을 찾는 데 어려움을 겪는데, 그 이유는 가족들을 돌보느라 너무 바쁘기 때문이다. 이 시간은 새로운 여행을 하기 위해 승선할 시간이며, 당신 자신에게 자양분을 제공하고 감사해야 할 때다. 모든 워크숍에서 나는 이것이 우리가 시작할 지점이라고 가르친다. 나의 워크숍 참가자 가운데 수년간 명상을 해 왔던 사람들은 그동안 경험한 것 중에서 최고의 명상이었다고 말한다.

이번 섹션 전체를 읽어 녹음하고 싶어 할지도 모르겠다. 그러면 눈을 감고 앉아서 자신의 마음을 자유롭게 두고 따라할 수 있을 것이다. 자신의 목소리를 녹음하는 것이 불편하게 느껴진다면 목소리 좋은 친구에게 부탁하여 녹음해 보라. 녹음하는 것이 싫다면 이 책의 모든 훈련 과정이 들어 있는 오디오 테이프와 비디오 테이프를 주문할 수도 있다.

명상을 시작하기 전에, 명상에 도움이 되고 자양분을 제공해 주는 환경과 더불어 고요한 환경을 선택하고 편안한 의자에 앉아라.

이완과 명상
이 훈련은 당신의 신체를 이완시키고, 정신을 고요하게 해 주며, 마음을 여는 것을 도울 것이다.

다음 명상은 정보에 대한 당신의 감각을 계발하고, 당신의 사랑과 연민이 있는 마음을 찾아낼 수 있도록 하기 위해 디자인되었다. 이 명상에서 가장 중요한 것은 그 사랑으로 당신 자신을 감싸 안는 것이다. 당신은 이 책에서 훈련법을 읽고 실행하는 동안 이 명상을 자주 사용하게 될 것이며, 이 훈련법은 당신이 동물들과 텔레파시를 통할 때마다 자신을 조용하게 만드는 훌륭한 도구가 될 것이다. 명상은 당신이 얼마나 훌륭하고 멋진가를 깨닫게 해 주고, 동물들이 당신을 무조건적인 사랑으로 본다는 것을 알게 해 준다.

♥ 눈을 감고, 바닥에 발을 평평하게 놓고, 심호흡을 몇 번 하라. 매 호흡마다 자신의 몸에 어떤 긴장이 느껴지는지 스캔한다. 숨을 내쉬되, 긴장이 느껴지는 곳에 숨을 한 번에 한 곳씩 불어넣어 긴장이 풀리도록 한다.(약 30초 간 그대로 있으시오.)

♥ 당신의 발바닥에서 자라나는 뿌리가 있다고 상상하라. 이 뿌리는 매우 오래되고 현명한 나무에서 나온 것으로, 지구에 깊이 박혀 있다. 뿌리들은 당신이 지구에 연결되어 꼬박 하루 동안 박혀 있도록 도와줄 것이다. (약 30초 간 그대로 있으시오.)

♥ 이제는 당신의 머리 위에 경이로운 하얀 빛이 있다고 상상해 보라. 이 빛은 최고의 영적 수준에서 나타나는 빛이다. 자신의 정수리에 두 개의 문이 있다고 상상하고 이 문이 천천히 열리도록 하라. 두 개의 문이 열리면 하얀 빛이 당신의 몸으로 부드럽게 술술 들어와

발목과 앞꿈치와 발가락까지 쭉 내려오도록 하라. (약 15초 간 그대로 있으시오.)

♥ 그 빛이 떠오르도록 하여 양쪽 장딴지에 가득하도록 한 다음 무릎까지 쭉 올라오도록 하라. 이 과정은 숨쉴 때마다 반복해야 한다. 당신의 신체는 점점 더 이완되고, 정신은 점점 더 고요해진다.(약 15초 간 그대로 있으시오.)

♥ 그 빛이 계속 떠오르도록 하여 허벅지와 엉덩이와 골반 부분을 가득 채우게 하고 허리까지 쭉 올라오도록 하라. 오늘과 내일 그리고 어제의 생각들을 모두 날려 보내라.(약 15초 간 그대로 있으시오.)

♥ 그 빛이 계속 떠오르도록 하여 배와 가슴, 심장, 등을 가득 채우도록 하라. 당신의 몸 안에 있는 모든 세포, 모든 원자, 모든 분자가 이 빛에 의해 성장하고 지지되도록 하라.(약 15초 간 그대로 있으시오.)

♥ 그 빛이 팔을 거쳐 손목, 손바닥, 손가락까지 흐르도록 하라. 손에서 온기나 열기 또는 가벼운 간지럼이 느껴질 수 있다. 팔에서 빛을 다시 끌어올려 양쪽 어깨와 목 부분까지 끌어올릴 때 그 빛을 느껴 보라. 이 과정을 숨쉴 때마다 해야 한다. 당신의 신체는 점점 더 이완되고 당신의 정신은 점점 더 고요해진다.(약 15초 간 그대로 있으시오.)

♥ 그 빛이 당신의 턱, 입 그리고 양쪽 귀로 올라오도록 하고 당신의 몸에 있는 모든 근육이 이완되도록 하면서 그 빛을 계속 느껴라. 이제 코와 뺨, 눈, 그리고 이마와 두개골 전체에도 그 빛이 가득 차도록 하라.(약 15초 간 그대로 있으시오.)

♥ 생각과 걱정을 모두 날려 버리니 얼마나 놀라운가! 이제 당신 자신을 바깥으로 확장시켜서 가능한 한 크게 키워 보라.(약 15초 간 그대로 있으시오.)

♥ 이 장소로부터, 당신을 위해 평화와 평온함을 나타내는 환경으로 인도하는 길을 따라 걸어가는 자신을 보라. 이것은 산일 수도, 초원일 수도, 숲일 수도, 바다일 수도 있다. 당신이 그 공간을 걷고 있을 때 발 밑에 흐르는 리듬을 느껴 보라.(약 20초 간 그대로 있으시오.)

♥ 당신의 몸이 따뜻해질 때 태양을 느끼고 당신의 얼굴에 닿는 바람을 느껴 보라.(약 20초 간 그대로 있으시오.)

♥ 당신을 둘러싼 흙냄새와 향기를 맡아 보라.(약 20초 간 그대로 있으시오.)

♥ 당신을 둘러싼 모든 컬러와 아름다움을 보라. 지금 보고 있는 이것이 당신 내면의 아름다움의 순수한 반영이라는 것을 알라.(약 20초 간 그대로 있으시오.)

♥ 이제 그 길을 계속 걸어가라. 계속 걸어가면서 당신은 저 앞에 있는 웅장한 폭포를 본다. 폭포는 강인함과 부드러움을 동시에 느끼게 한다.(약 15초 간 그대로 있으시오.)

♥ 당신이 폭포 아래로 가까이 가면 폭포가 당신을 감싸 안고 도와주도록 두라. 자신을 깊게 더 깊게 빠져 들어가게 하여 마음의 중심에 이르도록 하라.(약 15초 간 그대로 있으시오.)

♥ 사랑과 연민으로 가득한 당신 마음의 장소를 찾아라. 이제 당신은 다시 실제 자신의 집으로 돌아오도록 한다. 어떤 것을 느꼈는가?

자신의 위대함과 아름다움을 느껴 보라. 이것은 동물들이 항상 보고 느끼는 당신의 일부다. 동물들이 당신에게 느끼는 사랑을 스스로도 느껴 보라.(약 5~7초 간 그대로 있으시오.)

♥ 명상이 끝났다고 느껴지면 그 폭포 아래에서 가뿐히 걸어나와 그 길을 따라 계속 걸어가라. 그 길을 따라 걸어갈 때 당신 주변에 있을 것 같은 동물이나 당신에게 자신을 알리고 싶어 하는 동물들을 알아 보라. 그들이 누구일지 둘러보라.(약 1분 간 그대로 있으시오.)

♥ 심호흡을 몇 번 하라. 매 호흡은 당신 스스로 신체와 실제 환경을 인식하도록 돕는다는 것을 인지하라.(약 20초 간 그대로 있으시오.)

♥ 명상이 끝나고 편안하게 느껴지면 눈을 떠라.

이 훈련을 하고 나면 대부분의 사람들은 이완된 느낌을 받으며 평화롭고 평온한 감정을 깊이 느끼게 된다. 이곳이 바로 우리가 동물들과 사람들과 함께 소통하는 공간 즉 우리 마음의 중심이다. 많은 사람들이 날마다 이러한 명상을 한다. 그 이유는, 집중함으로써 사랑이 가득한 곳에서 하루를 시작할 수 있고, 이완하는 데 도움이 되고, 자신의 동물들과 함께 앉아 있을 때 집중할 수 있기 때문이다. 명상이 당신을 기쁘게 하는 만큼 자주 명상하게 될 것이다.

3단계 : 커뮤니케이션의 여러 가지 라인을 이해하라

이제 당신은 모든 커뮤니케이션의 기초—그냥 있는 것—를 배웠으므로 실제로 동물들과 소통하는 방법에 대해 생각하기 시작할 수 있다. 우리는 커뮤니케이션을 배울 준비가 되었다. 다음 두 단계는 정보가 어떻게 교환되는지와, 당신이 다양한 방법 가운데 몇 가지 방법을 선택하여 확실히 실험해 보도록 돕기 위해 디자인되었다. 당신은 자신만의 커뮤니케이션 스타일의 감각 이면에서 실제로 무슨 일이 일어나는지 알게 될 것이다. 우리는 종종 이런 일들을 자연스럽게 하게 되어 우리가 그런 일을 어떻게 했는지에 관한 생각을 멈추기 어려울 때도 있다.

우리는 어떻게 매일 우리의 생각을 수없이 많은 비언어적인 메시지로 내보내어 상대방을 이해시킬까? 이런 과정은 이미 이런 암시와 암호의 복잡한 전체 표준을 이해하도록 프로그램된 사람들과 소통할 때는 거의 자동적으로 이루어지는 것으로 보인다. 하지만 이런 암시와 암호들은 우주적인 언어인 직감으로는 거의 알려져 있지 않다. 동물들과 커뮤니케이션을 하려면 이런 자동적인 과정을 좀 더 작고 쉽게 인식할 수 있는 단계로 나누는 것이 도움이 된다. 스페인식 오믈렛을 먹어 본 적 없는 사람에게 그것을 어떻게 설명해야 할지 상상해 보라. 당신이 달걀·후추·치즈 등의 요리 재료에 대해 이야기하지 않는 한 설명하기 어렵지만, 재료를 말하면 서로 잘 알아들을 것이다. 당신은 당신의 생각을 동물에게(또는 역으로) 보낼 때 이와 같은 방법으로 생각의 재료들을 분리한 뒤 '재료별'로 나누어 전송하는 데 집중하기 시작할 것이다.

생각들 | 당신은 항상 당신의 동물들로부터 생각을 전달 받지만

그 생각들을 알아차리지 못했을 것이다. 예를 들어, 자신의 개가 문을 긁기 전에 나가고 싶어 한다거나, 저녁 시간이 아닌데도 개가 벌써 밥을 먹을 준비가 되었다거나, 기분이 좋지 않다는 것 등을 알지 못한다. 당신의 생각을 항상 당신의 동물들에게 보내는데 그들이 진짜 듣고 그들이 그 생각에 따르는 것을 의식적으로 알아차리지 못했을 것이다.

당신이 자신의 개를 가구에서 내려오도록 훈련시킬 때 하는 생각에 대해 숙고해 보라. 그 생각은 당신이 "내려와!" 하는 명령을 하면 개가 받아들이기를 원하는 것이다. 하지만 당신이 그렇게 말할 때 생각도 하고 있다. '내가 등을 보이자마자 저놈은 소파로 바로 점프해서 올라갈 거야. 장담해.' 영락없이 개는 당신이 생각한 대로 행동하는데, 그 이유는 당신이 개에게 혼합 메시지를 던졌기 때문이다. "내려와."란 말과 함께 그보다 더 강력한, 개의 몸이 소파에 착지하는 마음속 이미지를 같이 보냈기 때문이다. 당신은 원하는 메시지들을 보내는 법을 배울 텐데, 한 번에 하나씩 명확한 생각에 자신의 정신을 집중하는 훈련을 하게 될 것이란 점을 알아 두라.

감정들 | 당신은 게다가 동물들의 느낌과 감정도 전달 받는다. 당신이 집을 떠날 때나 휴가를 갈 때의 슬픔, 주변의 까다로운 사람으로 인한 불편함이나 동물병원에 갈 때 받는 불안감을 감지할 수도 있다. 그러므로 당신이 동물에게 감정을 전달하려면, 동물에게서 성공적으로 그 메시지를 받으려면 그런 감정들을 명확하게 느낄 필요

가 있다.

예를 들어, 당신의 개가 자전거 타는 사람이나 조깅하는 사람을 쫓아가는 것이 당신에게 얼마나 힘들게 느껴지는지 개에게 알리고 싶다면, 당신은 당황스러움과 걱정스러움을 강하게 발산해야 한다. 당신을 자극하는 개의 행동에 대한 당신의 감정을 느끼도록 했을 때, 개는 보통 그 못마땅한 습관을 줄이게 될 것이다. 개가 당신의 고통을 감지하면 그 감정이 개를 괴롭게 할 것이기 때문이다.

이미지와 사진들 ǀ 당신은 동물에게서 이미지들을 받을 수도 있다. 산책하러 원하는 개의 목줄 이미지가 떠오르거나, 목 마른 개의 물그릇이 떠오를 수도 있다. 당신의 자동차 이미지가 마음에 반짝 나타난다면 당신의 개가 장거리 자동차 여행을 원하고 있을지도 모른다. 당신이 키우는 고양이가 단짝 친구와 같이 놀고 싶어 하지만 당신이 새 동네로 이사해서 놀 수 없을 때 고양이의 단짝 친구 이미지가 떠오를 수도 있다. 이런 것들은 당신만의 상상에서 비롯된 이미지가 아니라 당신의 동물들이 보내는 이미지들이다. 동물들은 자신들이 할 수 있는 방법으로 우리를 이해시키려고 한다.

예를 들어, 강아지에게 배변 훈련을 시킬 때 이미지로 소통하려면, 당신은 개가 드나드는 문을 밀고 나가는 이미지, 바깥으로 뛰어나가는 이미지, 쭈그려 앉는 이미지, 편안해진 이미지를 상상할 수 있다. 이런 전체적인 과정의 이미지를 보내면, 개는 당신이 기대하는 바가 무엇인지 훨씬 더 잘 이해할 것이다.

신체적인 감각들 | 당신은 동물들로부터 신체적인 감각을 전달 받을 수도 있다. 갑작스런 두통이 순식간에 왔다 간다면 당신의 개가 두통을 앓고 있을 가능성이 매우 큰데, 그 이유는 당신이 그것을 감지해 낼 만큼 예민하기 때문이다. 갑작스런 복통이 왔다가 몇 초 안에 사라졌다면 당신이 키우는 고양이가 복부에 통증을 느껴서 안정되기를 원하기 때문일지도 모른다.

당신이 신체적인 감각을 통한 메시지를 보내기를 원한다면, 그 느낌을 당신의 신체로 가져오는 법과, 동물들에게 그 느낌을 보내는 법을 배울 것이다. 예를 들어, 당신이 겁에 질린 동물에게 안정감을 보내기를 원할 때 당신은 동물의 태도에서 안정감과 편안함을 느낄 때까지 심호흡을 할 수 있다. 당신 자신이 평화로워지는 모델을 설정함으로써, 동물은 그 느낌을 감지하고 침착해지기 시작한다.

영적인 | 당신은 동물들의 생각을 통해 정신적인 커뮤니케이션을, 그들의 감정과 이미지를 통해 감정적인 커뮤니케이션을, 그들의 신체 감각을 통해서 신체적인 커뮤니케이션을 받을 수 있는 방법을 알고 있다. 또한 당신은 영적인 수준에서 동물들과 커뮤니케이션을 할 수 있다. 이런 커뮤니케이션은 위에서 말한 어떤 방법을 통해서도 이루어질 수 있지만, 그 내용은 동물들이 하고 싶어 하거나 먹고 싶어 하는 것 같은 일상적인 것보다 좀 더 심오하고 영적인 성격을 띠는 것들일 것이다. 동물들은 우리와 함께 삶에 관한 지혜와 성찰, 놀라운 발견들을 나누고 싶어 할지도 모른다.

당신이 매우 영적인 것을 지향하고 그에 집중한다면 영적인 대화를 하게 될 것이다. 사람과 동물 사이에 교환될 수 있는 소통의 깊이와 가능성을 알라.

당신은 정보를 보내는 동안, 당신의 사고(思考) 과정을 설명하고 정보를 받기 위해 침묵이 필요하다는 것을 알 수 있을 것이다. 당신이 사고하는 과정들을 설명하는 것은 당신이 동물들로부터 이미 받은 메시지를 스스로 좀 더 이해할 수 있도록 해 준다. 이 과정은 당신이 보내고 싶어 하는 메시지들을 전달 가능성을 높이고 인식 가능성을 높인 형태로 나누는 데도 도움을 준다.

4단계 : 연결 기술을 실험하라

앞서 설명했던 연결 기술을 실습하면서 커뮤니케이션의 '재료'를 사용하게 될 것이다. 여러 재료(기술) 가운데서 다른 이들보다 특히 당신에게 좀 더 자연스럽게 느껴질 수 있는 것이 있을 수 있으므로 당신만의 스타일에 맞는 기술을 찾는 실험을 해야 한다.

당신이 예술가이거나 창조적인 분야에서 일하는 사람이라면 다음의 창조적-시각화 기술이 적합할 수 있는데 그 이유는 당신이 세상을 보는 방법이 이미지들이기 때문이다. 당신이 자신의 느낌에 더 편안해하는 사람이라면 다음에 기술되어 있는 게슈탈트 요법이 당신의 인성에 잘 맞을 것이다. 어떤 것이 당신에게 가장 적합한지 알아보라. 이런 과정은 직관적인 커뮤니케이션을 매우 즐겁게 해 준다. 당신은 선택할 수 있다.

창조적인 시각화

동물들은 우리가 이해하기를 바라는 개념, 감정 또는 감각을 나타내는 이미지들을 우리에게 꽤 자주 보낸다. 우리는 그와 같은 시각화를 이용하여 그들에게 효과적으로 다가갈 수 있다. 예를 들어, 당신이 동물에게 가장 좋아하는 음식이 무언지를 물어보고 싶다고 가정하자. 당신은 영화 스크린처럼 당신의 마음을 동물의 빈 밥그릇을 투사하는 것으로 시작할 수 있다. 그런 뒤에 연습으로 밥그릇에 특정 종류의 음식이 나타난 것처럼 마음으로 볼 수 있다. 처음에 당신은 온통 밥그릇만 생각할지 모르지만 당신의 개는 당신과 소통하고 싶은 것이다. 이런 종류의 창조적인 시각화는 당신과 동물 간에 왔다갔다하는 슬라이드 쇼와 같다. 마음에서 이미지를 보내고, 어떤 이미지가 올지 기다리는 것이다. 처음 시도했을 때 이미지를 보는 데 문제가 있다면, 다른 새로운 기술들처럼 창조적인 시각화 기술도 연습이 필요하다는 사실을 기억하라.

나의 대다수 학생들에게 이 기술은 숨 쉬는 것처럼 자연스럽게 느껴지는 듯했지만 나에게는 하나의 도전이었다. 나는 의식을 사용하는 것을 멈출 수 없었다. 나는 똑같은 컬러의 밥그릇이나 똑같은 사이즈의 밥그릇을 떠올리지 못한 것은 아닌지 염려했다—너무나 자연스럽게 이미지를 마음속에 그려 낼 수 있는 방법이 없어 보였다. 시각화가 이전보다 쉬워진 시점은 내가 동물에게 생각을 표현할 경우 내 무의식이 자동으로 생각을 이미지로 찍어 내 준다는 것을 인식했을 때부터였다. 나는 실제로 이미지를 스스로 그려 내지 않았다. 이제는 텔레파시로 좀 더 능숙하고 편안하게 하고 있으며, 긴장하지 않을 만큼 성장했고, 감정과 생각을 이해시킬 때 요점을 강조하기 위해 이미지들을 장난스럽게 사용할 수도 있게 되었다.

캘리포니아 주, 산타 바바라에서 온 나의 고객 스캇은 자신의 비글종 개 버나드가 코요테와 맞서는 것을 목격한 뒤 공황 상태에 빠져 전화를 했다. 그는 버나드에게 뛰어가며 목청이 터져라 소리를 질렀지만 버나드는 전형적인 비글종의 고집으로 돌아오기를 거부했다. 결국 버나드를 구해 내긴 했지만 스캇은 그때의 일은 생각만 해도 공포스러웠다. 그는 버나드가 코요테 소굴에 가까이 가지 않도록 경고하는 방법을 내게 물어 왔다.

버나드를 납득시키는 것은 쉽지 않았다. 의지가 강한 버나드는 이전에 자기가 맞섰던 말이나 염소, 커다란 개보다 코요테가 훨씬 더 위험하다는 것을 이해하지 못했다. 마침내 나는 시각화 기술을 사용하기로 하고, 내 마음속에 커다란 코요테가 입을 벌리고 버나드의 몸을 물려고 하는 이미지를 그려 냈다. 결국 버나드는 고집불통으로 거부하는 대신 "와~" 하는 놀라움의 소리를 들려주었다. 다음 날, 스캇은 버나드가 코요테 소굴 쪽 방향으로는 가지도 않는다고 알려 왔다.

간단한 이번 예를 통해 당신만의 시각화 기술을 발전시키는 데 도움이 되도록 연습을 시도해 보라. 당신이 앉아 있는 방 저편의 특정한 공간으로부터 튀어오는 공을 상상해 보라. 실제로 그 공을 볼 수 있다고 믿을 때까지 연습을 계속하라. 숙달이 되면 방의 다른 공간들에 다른 물체들의 마음속 이미지를 보내보도록 하라. 시간이 좀 걸릴 수도 있지만 연습을 하다 보면 실제로 조절할 수 있는 감각이 발달될 것이다.

게슈탈트 기술

게슈탈트 요법은 심리 치료 요법으로 만들어진 것으로, 당신이 역할극을 통해 다른 사람의 관점으로 본 현실을 재창조하고 이해할 수 있게 도와준다. 예를 들어 당신이 어머니와 문제가 있다면 게슈탈트 요법사는 당신의 어머니가 방의 특정한 의자에 앉아 있는 것처럼 생각해 보라고 할 것이다. 당신은 어머니를 마주보고서 당신이 느끼는 감정에 대해서 말할 것이다. 그런 뒤에 당신은 역할을 바꾸어, 어머니가 앉아 있다고 상상했던 그 의자에 앉아, 어린이였던 당신에게 어머니의 입장이 되어 말을 한다. 이 기술은, 소통에 있어서, 마음에서 우러나는 방법으로 다른 사람의 역할을 맡음으로써 그 사람의 눈을 통해 사건을 인식하고 해석하며 감정 이입하게끔 유도한다.

나의 작업에서 이 기술은 당신이 동물이 되어 보는 경험을 돕는데 사용한다. 신발을 신고 서서, 당신은 동물에게 질문을 한 뒤에 역할을 바꿔서 동물의 관점에서 대답한다. 게슈탈트는 동물과 접속해 보려는 초기 시도에서 문제가 있는 사람들에게 특히 유용한 기술이다. 이런 사람들이 그 동물이 되어 보기를 시도했을 때, 종종 자신에 대해 잊어버리고 자아 인식을 상실함으로써 소통의 길에 들어서게 된다.

나는 거위와 접속을 명확하게 할 수 없었을 때 이 기술을 사용했다. 이 요법으로는 첫 번째 시도였으므로 어떤 경험을 하게 될지 확신은 없었다. 처음에 나는 거위 깃털의 부드러운 느낌, 빠른 심장 박동, 몸을 숙이는 느낌을 받았다. 신체적으로 거위가 되는 것에 익숙해진 뒤에 거위의 생각과 느낌에 접속할 수 있었다. 거위는 누군가가 자신에게 인사를 하기 위해 또는 자신을 알기 위해 시간을 내 주는 것에 완전히 감동했다. 거위는 그 누구도 자신에게 접속해 보거나 자신을 이해해 보려고 시도한 적이 없었다고 했다.

이 훈련을 시도해 보라. 당신의 동물과 함께 조용한 방에 앉아 동물이 되는 것이 어떤 것인지 그냥 느껴 보라. 동물의 크기와 무게를 상상해 보고, 털이 있다는 것은 어떤 느낌일지 상상해 보라. 그는 무엇을 좋아하고 왜 좋아할까? 무엇이 그를 그렇게 행동하게 만들까? 자신을 동물의 위치에 놓음으로써 감정 이입과 직관적인 소통의 길에 놓이게 될 것이다.

내 학생들 대부분이 기술들이 특히 소통의 시작에 중요하다는 것을 알았다. 다른 새로운 시도들처럼 우리 모두는 어디에선가 시작을 해야 할 필요가 있다. 그들 가운데 다수는 자기만의 커뮤니케이션 스타일들을 찾는 데 매진한다. 다시 한 번 말하지만, 가장 중요한 것은 당신 자신에게 효과적인 방법을 찾아내는 것이다. 우리는 처음 시작할 때 다른 사람들과 자신을 비교하는 경향이 있다. 어떤 사람은 워크숍에서 옆 사람이 동물에게서 이미지를 받았다는 사실을 부러워한다. 하지만 또 다른 사람은 동물에게서 느낌을 전송 받은 사람을 부러워한다. 당신에게 동물과의 접속이 이루어져서 그런 일이 일어났다는 사실 자체만 행복하게 느껴라. 당신은 지금 엄청난 성장의 중간쯤에 와 있다는 것을 알았으니 얼마나 흥분되는가! 이것은 시작일 뿐이다.

5단계 : 집중하는 방법을 배워라
이제 일종의 모의 연습을 통해 당신의 전송 능력을 사용할 준비가 되었다. 나는 모든 연습에서 시종일관 마음가짐을 밝게 하라고 격려한다. 당신이 어렵게 시도할수록 연습은 힘겨워지기 때문이다. 즐겁게 하라. 할 수 있다고, 힘들이지 않고 쉽게 소통이 될 것이라고 믿으라.

다음은 상상의 동물들에게 정보를 전달하는 연습이다. 그 다음에는 수용의 모드로 들어가서 그 정보가 다시 당신에게 돌아오도록 한다. 내가 처음 이 연습을 했을 때 나는 나를 사랑해 준 개에게 깊은 감사의 마음을 보내는 것을 상상했다. 그것은 나에게 매우 효과적이었다.

보내고 받는 연습
소통을 시도하는 것 없이 이 연습을 통해 첫 번째 마음 읽기로 시작하라. 그런 다음 실제로 실행하기 위해, 안내 받은 훈련으로 넘어가

라. 텔레파시를 마음으로 보내는 연습을 하기 위해, 느낌(즐거운, 사랑, 놀람)이나 생각('함께 놀자', '넌 정말 아름다워', '뼈다귀 장난감 찾아와') 또는 이미지(나무, 빨간공, 공원)를 선택할 것이다.

맨 먼저, 당신은 발치에 개 한 마리가 앉아 있는 것처럼 상상한 다음 그 개에게 느낌을 보낸다. 개에게 느낌이 전달됐다는 확신을 가져라. 바라던 바 그대로 거기에 존재하는 느낌이 필요로 하는 전부다. 그런 뒤에, 그 개가 당신의 느낌을 받아 얼마나 행복한지 상상하고, 그 느낌이 별다른 노력 없이 당신에게 돌아오는 것을 허용하라. 바라던 바 그대로 그 느낌이 돌아오는 것이 이 과정에서 요구되는 전부다. 이 과정은 정보를 텔레파시를 통해 주고받는 것이 어떤 것인지를 느끼게 해 줄 것이다.

이런 연습은 당신이 집중할 수 있게 한다. 당신이 실제로 동물과 소통하려 할 때, 그 동물이 방 안 어디에 있기만 하면 그에 집중할 것이다. 당신이 스프링어 스패니얼종 버피와 소통하기를 바라는데 다른 개 두 마리가 같은 공간에 있다고 가정하자. 버피와 당신과의 접속을 확실히 하기 위해, 그리고 세 마리의 개에게서 동시에 메시지를 받지 않기 위해 당신은 오로지 버피에게만 의식적으로 주의를 집중해야 할 필요가 있을 것이다. 특정한 동물에게 집중하지 않고 질문한다면 누가 당신에게 답하는지 모를 것이다. 세 마리 모두 당신과 소통하기를 바랄 것이므로, 처음에는 한 번에 한 동물하고만 이야기하는 것이 좋겠다. 하지만 그것이 불가능하다면, 당신의 동물들에게 순서가 있다고 알려 주고, 누구와 먼저 시작할지 알려 주라.

다음으로, 당신은 당신이 접속하고 싶어하는 고양이가 테이블에 누워 있다고 상상한다. 당신은 고양이에게 생각을 보낸다. 그 고양이가 당신의 생각을 받고 얼마나 행복한지 상상하고, 그 뒤에 그 생각이 당신에게 돌아오는 것을 상상한다.

마지막으로, 당신이 접속하고자 하는 새가 천장에 있다고 생각하고 이미지를 보낸다. 그런 뒤에 다시 새가 이미지를 받고 기뻐하는 것을 상상하고 그 이미지가 당신에게 돌아오도록 한다.

이제 시작해 보자. 전 과정에 대한 기록이 필요하다면, 의자에 등을 깊숙이 대고 앉아 긴장을 풀고 훈련 과정을 따라하는 자신을 녹화하거나, 나의 사무실에서 오디오 테이프나 비디오 테이프를 주문할 수 있다.

♥ 눈을 감고 몇 번의 심호흡을 한다. 이때 매 호흡마다 당신의 모든 사랑과 지혜가 존재하는 당신의 마음이 있는 곳을 찾는다. 이제 당신이 함께하고 싶은 느낌에 집중하고, 이 느낌이 마음의 중심에 있도록 하라. 그 느낌을 할 수 있는 한 최대로 느끼고 인지하라.(약 30초 간 그대로 있으시오.)

♥ 당신의 상상 속의 개가 당신 앞에 있는 느낌을 갖도록 하라. 거기에 느낌이 있기를 바라는 것이 여기에서 필요한 전부다. 그냥 그 개가 그 느낌을 받은 것으로 상상하라.(약 30초 간 그대로 있으시오.)

♥ 이제 그 개가 당신의 감정을 받고 또 당신에게 연결되어 감정을 느끼면서 얼마나 행복한지를 상상해 보라. 그의 행복감을 느꼈을 때

그 느낌이 당신에게 돌아오도록 하고, 마음의 중심에 그것이 머물게 하라. 당신이 바라는 대로 돌아오는 것이 여기서 요구되는 전부다. 잡아당기거나 고군분투할 필요는 없다. 그 느낌이 당신의 마음 중심에 다시 한 번 머무는 것을 알라.(약 30초 간 그대로 있으시오.)

♥ 당신이 보내려는 생각에 집중하고 그 생각을 당신의 마음 중심에 머물도록 하라. 당신이 준비 되었을 때 고양이가 쉬고 있다고 생각하는 방 안의 테이블로 생각이 가도록 하라. 고양이가 그 생각을 받아들이는 것을 시각화하라. 여기서 필요한 것은 그것이 전부다.(약 30초 간 그대로 있으시오.)

♥ 당신의 생각을 받고 당신과의 접속을 감지한 고양이가 얼마나 행복해할지 상상해 보라. 당신이 행복함을 감지했을 때 그 생각이 당신에게로 돌아오도록 하라. 그 생각이 당신에게 돌아와서 당신의 마음 중심에 머물도록 하라. 그저 그 생각이 돌아오는 것을 시각화하라.(약 30초 간 그대로 있으시오.)

♥ 이제 당신이 보내려는 이미지에 집중하고 그 이미지를 당신의 마음 중심에 머물도록 하라. 그런 다음 당신이 접속하기를 바라는 새가 있다고 상상하는 천장으로 그 이미지가 가도록 하라.(약 30초 간 그대로 있으시오.)

♥ 그 새가 당신과 접속되었을 때의 느낌과 당신의 이미지를 받았을 때 느낀 새의 행복감을 느껴 보라. 그 이미지가 당신에게 돌아오도록 하고 다시 한 번 그 이미지가 당신 마음의 중심에 머물도록 하라. 그냥 거기에 있다고 시각화하라.(약 30초 간 그대로 있으시오.)

이 훈련은 당신이 특정한 지역이나 위치에 주의를 집중시키는 방법을 배우는 데 도움을 준다. 이 훈련은 당신이 생각을 여러 다른 방향으로 분산되게 하기보다 에너지를 집중시키게 하는 법을 가르쳐 준다. 이 훈련은 또한 당신이 느낌이나 생각, 이미지를 보내고 받는 행위를 시작할 수 있도록 한다.

훈련이 어렵다고 느끼면 어려움이 어디에 있었는지 스스로에게 물어보라. 당신은 받는 것보다 보내는 것이 더 쉬웠는가? 그 반대인가? 종종 이 훈련은 당신의 언어 커뮤니케이션 스타일 어디에 문제가 있는지 알려 줄 것이다. 예를 들어, 정보를 돌려받는 데 어려움이 있다면 사람들의 말을 듣는 데 어려움이 있음을 짐작해 볼 수 있다. 정보를 보내는 데 어려움이 있다면, 사람들에게 자신을 표현하는 데 어려움이 있음을 짐작해 볼 수 있다. 해법은 경청하고 소통하는 기술을 발달시키는 훈련을 하는 것이다. 이 훈련이 매우 편안하고 쉽게 느껴질 때까지 계속하라. 연습하면 완벽해진다.

6단계 : 당신의 접속 스타일을 인식하라

앞서 한 훈련에서 당신은 다양한 방법으로 정보를 보내는 것을 경험했다. 잠깐 동안 그것에 대해 생각해 보라. 느낌보다 그림을 보내는 것이 더 쉬웠는가? 또는 그림은 떠내려 보내고 이미지에 대한 생각을 더 많이 보내지는 않았는가? 물체의 실제 이미지보다는 물체와 관련된 느낌을 보내는 것이 더 쉬웠는가? 이런 훈련 과정 전체에서 당신에게 일어났던 일이 어땠는지 계속 생각함으로써 자기만의 스타일에 익숙해질 수 있다. 장면들 뒤에 당신에게 무슨 일이 일어났는지 알아내라. 당신이 어떻게 소통했는지를 자각한다면 당신의 텔레파시 커뮤니케이션을 믿고 더 많이 편안해질 것이다.

우리는 누구나 다 자신이 가장 편하게 느끼는 스타일로 소통하는 경향이 있다. 특히 우리가 우리의 직관적인 근육을 처음으로 움직이기 시작할 때 그렇다.

만일 당신이 언어를 우선시하는 사람이라면, 동물로부터 몇 개의 단어나 문장을 받을지 모른다. 동물의 생각이나 개념이 매우 빠르게 당신의 마음에 갑자기 떠올랐다가 떠나갈 때 당신은 그 생각과 개념을 단어들로 전환할지 모른다.

당신이 감정을 매우 편안하게 생각한다면, 동물들로부터 많은 느낌을 얻어 낼 것이다. 당신은 동물들의 감정들을 감지할 것이다.

당신이 시각적인 사람, 창조적이고 예술적인 사람이라면, 당신은 스냅 사진이나 연속 이미지로 세상을 경험할지 모른다. 그것이 당신의 초기 애니멀 커뮤니케이션을 인식하고 전송할 방법이 될 가능성이 크다. 당신은 정신적인 이미지들을 받게 될 것이다.

당신이 약품을 다루거나 치료를 하는 사람이라면 당신은 맨 먼저 동물의 신체적인 불균형을 감지할 것이다. 왜냐하면 이것이 당신에게 가장 익숙한 정보의 종류이기 때문이다. 당신은 동물의 신체 가운데 특정한 부분을 짚어 내거나, 당신이 몸에 잠깐 동안 울려 퍼진 감각에 의해 동물의 불균형을 찾아낼 수 있다. 동물과 대면했을 때 몇 초 간 나타나는 허리 통증, 잠깐 스쳐가는 불쾌감 등은 동물의 상태에 관한 직관적인 감지이기도 하다. 당신은 동물의 신체에서 상태가 좋지 않은 부분이 어디인지 감지할 것이다.

당신이 영적인 탐험을 많이 한 사람이라면 의식적인 사고를 넘어선 수준에서 통찰력을 경험하게 될지 모른다. 우리 사람들은 영적인 지식에 대항하지만, 우리보다 자연에 더 일치해 살아가는 동물들은 그렇지 않다. 그리고 동물들은 이성적인 사고에 의해 주의가 분산되지 않고 영적인 것이 자연스럽게 다가온다. 당신은 영적인 수준에서 정보를 받게 될 것이다.

당신이 동물들과의 소통을 어떤 방법으로 하는지는 궁극적으로 아무 문제가 없으며 누군가의 방법이 다른 누군가의 방법보다 좋다거나 더 정확하다거나 하지는 않다. 당신의 본능에 따르라. 가장 강력한 직관적인 기술을 인식하고 믿음으로써 당신만의 스타일을 발전시켜라. 때가 되고 연습하다 보면 대부분의 사람들은 자신이 직감의 새로운 길을 열고 있다는 것을 안다. 그들은 몇 번째 레벨에서 커뮤니케이션을 받고 전송하기 시작하거나 동시에 4개의 채널(정신적 · 감정적 · 신체적 · 영적)을 통해서 시작한다.

이제 당신은 실질적인 소통을 시도할 준비가 되었고, 당신의 텔레파시 능력이 어떻게 작동하는지에 대한 평가 정보를 받을 준비가 되었다. 다음 단계에서 당신은 사람 파트너와의 메시지 교환을 연습할 것이고, 당신이 얼마나 잘하는지 보여 줄 평가 정보와 확인을 받을 것이다. 기억하라, 당신의 과제는 이렇게 하는 것이다.

- 생각을 명확하게 마음속에 그려라. 집중하라; 마음이 산만해지지

않도록 하라.
- 감정을 느껴라. 당신이 감정을 전달할 수 있게 되기 전에 당신의 정신, 마음과 신체에 그 감정을 가져와야 할 필요가 있다.
- 이미지를 시각화하라. 보내려는 메시지를 당신의 마음속에서 슬라이드쇼에 나오는 스냅 사진들의 연속물처럼 상상해 보라.
- 신체 감각을 느껴라. 당신이 감정을 전달할 수 있는 것과 마찬가지로 동물의 신체 감각을 당신의 신체로 불러들임으로써 파악할 수 있다.

7단계 : 당신의 텔레파시 근육을 훈련시켜라

사람들은 다른 사람들과 직관적으로 소통하는 방법을 처음 배울 때 안전의 문제가 있을 수 있다. 아무도 속마음이 다른 누구에게 읽혀지기를 바라지 않고, 다른 사람이 무슨 생각을 하는지 알 필요도 없다. 이 다음 훈련은 느낌, 생각, 이미지들을 다른 사람들에게 컬러를 이용해서 보내는 연습을 할 수 있게 할 것이다. 나는 이것을 다른 사람으로부터 정보를 주고받고, 커뮤니케이션을 간단한 개념으로 줄이는 훌륭한 방법으로 개발했다. 왜냐하면 우리는 너무나 많은 방법으로 컬러를 경험한다—보고, 감지하고, 느끼는 것을 통해—우리의 직관력을 움직이는 쉽고 효과적인 방법이고 실질적인 확신-강화제이다. 애니멀 커뮤니케이터 페넬로페 스미스는 그것을 아주 마음에 들어 하며 자신의 워크숍에서 사용할 수 있는지 물었다.

컬러 파트너 훈련

이런 훈련을 하려면, 파트너를 찾아라—파트너로는 이 책을 읽는 누군가나 당신이 아는 동물을 사랑하는 누군가가 좋겠다. 그런 다음 훈련을 시도하기 전에 먼저 훈련 과정을 통독하라.

　여러분 각자는 한 가지 컬러를 주고받는 경험을 할 것이다. 당신과 파트너는 시작하기 전에 무슨 컬러로 훈련할 것인지 알아야 할 것이다. 그 이유는 이번 훈련의 요점은 당신의 파트너가 보내는 컬러가 무엇인지 추측하는 데 있는 것이 아니기 때문이다. 대신 이것은 완전한 텔레파시 훈련으로서, 당신의 직관적인 커뮤니케이션 기술의 다양한 측면을 개발시키기 위해, 컬러에 대한 느낌, 이미지, 생각들을 보내고 받게 될 것이다.

　당신이 보내는 사람으로서 할 일은 최선을 다해서 당신 마음의 중심에서 컬러를 느끼는 것이다. 그 느낌은 부드러운가 편안한가, 차갑거나 반짝거리는가? 그런 다음 선택한 컬러의 명암과 농담을 시각화하라—밝은가, 어두운가? 그 뒤에 당신이 그 컬러로 연상한 이미지와 생각이 무엇이었는지를 생각하라.—아기 담요, 휴일, 특정한 식물과 같은. 각각의 컬러를 마음에 그리기 위해 에너지를 더 많이 가져오면 더 강력한 커뮤니케이션이 될 것이다. 마음에서 컬러를 불러오는 데 모든 감각을 사용하라. 이 훈련은 아주 잘될 것이다. 그 이유는 당신은 매우 다양한 수준인 느낌, 이미지, 사고 그리고 어떤 신체적인 감각에서 텔레파시를 경험하게 되기 때문이다. 이제 당신은 다른 사람에게 정보를 보내는 것으로 인해 이전의 보내고 받는(집중) 훈련에서 배웠던 것을 적용할 기회를 갖게 된 것이다.

수신자로서 당신의 일은 긴장이 풀린 상태에서 그 컬러를 자신이 받을 수 있도록 허용하는 일일 것이다. 당신의 파트너가 그 컬러를 계획적으로 보내기 전에 느꼈던 것, 마음속으로 그려 냈던 것, 생각해 냈던 것에 대한 감상까지도 받을지 모른다. 그런 지각들은 당신의 파트너의 것이기보다는 그 컬러에 대한 당신만의 지각일 수도 있다. 당신은 이 훈련의 마지막 과정에서 송신자와 함께 당신의 감상을 얘기할 때 알아 낼 수 있을 것이다.

이 훈련을 그룹으로 하는 중이라면, 당신은 파트너가 아닌 다른 사람으로부터 생각을 짚어 낼지도 모른다. 몇 년 전 워크숍에서 한 여성이 자신의 파트너가 보내지 않은 이미지들을 보고 있었다. 그녀는 자신이 실패했다고 느꼈다. 그런데 점심 휴식 시간에 수업 시간 비디오를 녹화하던 한 남자와 이야기하다가 자신이 받은 이미지가 그의 것이었음을 알아냈다. 다른 사람의 느낌이나 생각을 가려내는 일은 보기 드문 일은 아니다. 우리의 언어를 생각해 보라; 우리는 종종 다른 사람의 말을 엿듣게 된다. 친구와 식당에 앉아서 그녀의 최근 모험에 대해 얘기하고 있는 중간에 갑자기 뒷자리에 앉은 커플의 격론에 주파수가 맞춰지기도 할 것이다. 직관력을 한번 연마하기만 하면 당신은 텔레파시를 통해 그와 비슷한 일을 경험하게 될지 모른다. 그 소리는 그냥 구어로 들리는데, 당신이 원한다면 그 소리에 주파수를 맞출 수도 있을 것이다.

이런 경험들로 당신 자신을 격려하라. 그러면 당신의 마음을 차분히 가라앉힐 수 있게 되고 재미를 느끼게 될 것이다. 훈련을 시작하려면 편안한 의자 마주보는 의자 두 개를 약 30cm 간격으로 떨어뜨린 뒤에 각각 앉는다. 누가 먼저 수신자가 되고 송신자가 될지 정하고, 각자 집중한 뒤 시작한다.

♥ 평평한 바닥에 발을 놓고 눈을 감아라. 매우 오래되고 현명한 나무에서 뿌리가 자라나서 땅속 깊숙이 퍼져 나가는 것을 상상해 보라. 이 뿌리들은 당신이 땅과 연결되도록 도와줄 것이고 전체 훈련 과정 내내 탄탄한 기반을 갖게 해 줄 것이다.(약 30초 간 그대로 있으시오.)

♥ 심호흡을 몇 번 하라. 그리고 매 호흡마다 당신의 사랑 모두가 존재하는 당신의 마음이 있는 곳을 당신 자신이 찾도록 하라. 잠깐 멈추고, 아주 불가사의하고 사랑 가득한 하얀 빛이 당신의 마음으로부터 뻗어 나오도록 하라. 당신의 파트너를 이 빛으로 감싸 안아서 지지와 격려를 보내라. 이 훈련은 안전과 즐거움을 많이 가져다 주는 것임을 명심하라.(약 30초 간 그대로 있으시오.)

♥ 당신의 파트너와 함께 이 훈련을 하기 위해 논리적인 정신은 옆에 잠시 내려놓고 이 텔레파시 능력을 이미 당신이 갖고 있다고 침착하게 다시 확신하라. 자신에게 이것은 시험이 아니라 당신이 경험해 보려고 선택한 그냥 연습이라는 것을 명심하라. 당신 마음의 중심에 집중하도록 하라. 송신자라면 당신의 마음 중심에 분홍색을 느껴 보도록 하라. 그 컬러가 당신에게는 어떤 느낌인지 알아 내라. 명

암과 농담도 의식하고 거기에 존재하는 어떤 이미지나 생각들도 의식하라. 수신자라면 안정을 즐길 수 있도록 하라.(약 5분 간 그대로 있으시오.)

♥ 수신자일 때는 마음의 문을 활짝 열도록 하라. 송신자라면 이 분홍색을 당신의 마음 중심에서 파트너의 마음 중심으로 흘려 보내도록 하라. 그리고 수신자라면, 자신이 이 분홍색을 자신이 느낄 수 있도록 하라. 컬러의 명암과 농담, 거기에 존재하는 이미지나 생각들도 인식하라.(약 5분 간 그대로 있으시오.)

♥ 연습이 끝난 것을 느끼면 눈을 뜨고 당신이 필요한 만큼 시간을 가져라. 서두를 필요가 없다.(약 20초 간 그대로 있으시오.)

♥ 이제 서로 각자의 메모를 비교할 시간이다. 수신자라면 당신의 파트너에게 당신이 경험한 것을 세세하게 이야기하라. 그리고 송신자라면 가능한 모든 부분에서 당신의 파트너를 평가하라. 비슷한 점을 찾아보고 당신 자신에게 너무 비판적이지 마라. 당신은 이런 기본 원칙들로 성장해 간다. 당신이 하나의 이미지나 하나의 느낌 또는 컬러의 농담만 맞고 다른 면들은 모두 다 틀렸다 해도 너무 걱정하지 말라. 당신이 받지 못했던 것은 빼고 당신이 받았던 것에만 집중하라. 여기에서 당신의 기술을 향상시키기 위해서 당신이 필요로 하는 것은 훈련과 인내심 그리고 자신을 매우 사랑하는 것이다.(5~7분 간 정보를 교환하라.)

이번 훈련의 이 단계가 한번 완성되면 당신이 얼마나 성공적으로 해낼 수 있는지 알게 될 것이다. 역할을 바꿔 다시 시작해 보라. 송신자는 수신자가 되고 수신자는 송신자가 되라.

♥ 다시 눈을 감고, 심호흡을 몇 번 하라. 매 호흡마다 당신의 모든 사랑이 존재하는 마음이 있는 곳을 찾도록 하라. 잠깐 멈추고 아주 불가사의하고 사랑 가득한 하얀 빛이 당신의 마음으로부터 뻗어 나오도록 하라. 당신의 파트너를 이 빛으로 감싸 안아서 당신이 이미 습득한 방법에 대한 이해와 함께 지지와 격려를 보내라.

♥ 송신자라면 당신의 마음 중심에서 초록색을 느끼도록 하라. 명암과 농담을 인식하고, 거기에 있는 이미지나 생각들을 인식하라. 수신자라면 안정을 즐길 수 있도록 하라.(약 5분 간 그대로 있으시오.)

♥ 연습이 끝난 것을 느끼면 눈을 뜨고 당신이 필요한 만큼의 시간을 가져라. 서두를 필요가 없다.(약 20초 간 그대로 있으시오.)

♥ 이제 서로 각자의 메모를 비교할 시간이다. 수신자라면 당신의 파트너에게 당신이 경험한 것을 세세하게 이야기하여 공유하라. 그리고 송신자라면 가능한 모든 부분에서 당신의 파트너를 평가하라.

당신의 파트너와 함께 당신이 받은 모든 것을 공유했는지 확실히 하라. 그러면 당신의 경험을 상대가 평가할 기회를 가질 수 있다. 그 정보가 아무리 평범하고 하찮더라도 그것은 아주 정확할 수도 있고, 당신의 파트너에게 완벽한 감각을 만들어 줄 수도 있다. 훈련에서 실패했다고 느낀다면, 생각을 조절하기 위해 너무 힘겹게 노력한 것은 아닌지 자신에게 물어보라. 일반적으로, 우리는 의식적으로 너무 많은 힘을 쓰는데, 우리의 다른 면을 사용하려고 할 때 느끼는 공포와 불안은 우리 자신을 제어할 수 없게 한다. 우리는 안전함을 느끼기 위해 직관적인 과정들을 닫아 버린다. 나는 당신이 긴장을 풀고 계속 시도하라고 격려하는 바다. 당신 자신을 상상력이 풍부하고 놀기 좋아하는 자신에게 한동안 넘겨 주고, 훈련이 끝났을 때는 논리적인 모드로 돌아가는 것을 당연히 선택할 수 있음을 알라.

이런 훈련들을 실행할 기회를 찾아보라. 훈련들은 재미있고 활기를 띠게 한다. 파티에서 제스처 게임을 하는 대신, 이런 '컬러 게임'을 제안해 보라. 배우자, 자녀, 이웃, 친구들과 함께 실행해 보고 파랑이나 보라 같은 다른 컬러로도 실험해 보라. 그러면 당신의 경험과 성공의 정도가 상대에 따라 다를 수 있다는 사실을 인식할 것이다. 어떤 한 사람과 더 강하게 접속하는 것은 자연스러운 일이다. 모든 이들은 단어의 사용 없이 실제로 서로 소통한다는 것에 대해 놀라움을 갖고 자신들의 성공에 거의 항상 기뻐한다.

이런 훈련들은 당신이 스스로 텔레파시 커뮤니케이션을 경험하는 것을 돕도록 디자인되었다. 이 모든 훈련 단계들은 당신이 동물들과의 커뮤니케이션을 준비하는 데 필요하다. 또한 동물뿐만 아니라 사람들과도 커뮤케이션을 얼마나 잘할 수 있는지 보여 준다.

다음 장은 이런 모든 훈련과 실습이 쌓인 것으로, 동물과 함께 친밀하게 마음과 마음으로 접속할 기회를 강화시키는 계기가 될 것이다.

3
동물에게 말 걸기

애니멀 커뮤니케이션 워크숍 입문 과정에서 우리는 시범 케이스로 나의 개 제시를 이용해서 그룹으로 동물들에게 다가가는 것으로 시작한다. 그룹에 속한 모든 사람들이 제시에게 "네가 가장 좋아하는 활동이 무언지 우리와 공유해 줄래?" 하고 제시가 어떤 것들에 대해 어떤 감정을 갖는지를 공유하게 해 달라고 묻는다. 그런 다음 우리 각자는 직감으로 알 수 있었던 반응들을 공유한다.

그러면 우리는 실제로 동물에게 질문을 어떻게 했을까? 그것은 당신이 상상하는 것보다 더 쉽다. 우리는 그 생각—"네가 가장 좋아하는 활동이 무언지 우리와 공유해 줄래?"—을 방해 받지 않고 명확히 마음에 그냥 떠올린다. 마음으로부터 제시에게 전달되기를 바라는 의문이나 질문을 하도록 내버려두어라—컬러를 이용한 파트너 훈련에서 파트너의 마음 중심으로 컬러를 보냈던 것처럼. 그런 다음 우리는 그냥 제시로부터 정보가 돌아오기를 기다린다.

우리는 다양한 방법으로 메시지를 받을 것이다—제시가 뛰어다니거나 수영하는 그림, 제시가 얼마나 해변을 사랑하는지에 대한 생각, 또는 워크숍에서 사람들을 가르치는 데 자부심을 느끼는 것. 한 명은 제시로부터 다섯 개의 활동 목록을 받았을지 모르고, 어떤 사람들은 한 가지만 짚어 냈을지 모른다. 제시는 우리에게 자신이 좋아하는 행동 모든 것을 공유해 주는 것으로 대답했고 우리는 우리가 허용한 것을 받았다.

이 훈련의 핵심은 우리의 인간관계에서와 마찬가지로 그런 정도의 응답은 아주 자연스러운 것임을 보여 주는 것이다. 우리는 우리가 타인에게 끌렸던 부분, 타인에게 이야기한 부분, 우리가 듣고 싶어 했던 부분 중에서 항상 선택한다. 당신이 남편과 크게 싸웠다는 이야기를 친구인 메리에게 털어놓기로 마음 먹었을 때, 때마침 다른 친구인 수지가 안부 전화를 했다면 당신은 "그냥 잘 지내."라고 말할지 모른다. 그와 마찬가지로 당신은 동물들에게도 선택적일 것이다. 이 시점에서 중요한 것은, 접속이라는 행위이지 정보의 질이나 다른 누가 좀 더 다른 상세한 내용을 받았다는 사실이 아니다. 우리는 저마다 유일무이한 존재로서, 나름대로의 방식으로 주어진 동물들과 소통한다.

동물 또한 성격 면에서 그 같은 다양함을 갖고 있다. 예를 들어, 어떤 동물은 방어적이고 수줍어하며 집 안에 혼자 틀어박혀 있기 좋아하는 반면, 어떤 동물은 정말 말이 많기도 하다. 예전에 정말 할 말이 많은 토끼와 얘기한 적이 있는데, 그때는 내가 "다음 날 계속하면 안 될까?"라고 물어야 할 정도였다. 그때 나는 정말 지쳐 버렸다!

우리가 우리 모국어로 말하지 못하는 외국인을 만났을 때를 떠올려 보라. 우리는 그 외국인이 말도 못하고 소통도 하지 못할 거라고 생각하지 않는다. 단지 그의 말을 이해할 수 없다고 인식할 뿐이다. 그와 커뮤니케이션을 원한다면 그의 모국어를 배우거나 통역자를 대동해야 한다는 것을 알고 있다. 동물들도 마찬가지다. 그들을 이해하려면 그들의 언어를 알아야 한다. 그런데 운이 좋게도 우리가 이 일을 하기 위해 새로운 언어를 배울 필요는 없다; 단지 우리가 타고난 언어인 직관을 되찾기만 하면 된다.

동물들에게 마음을 터놓기 시작할 때, 우리는 그들을 감정적·물리적·정신적·영적인 존재로 인식하는 능력을 갖게 된다. 동물들의 정신 작용은 우리와 다름에도 불구하고, 그들은 우리의 감정 범위 전체를 경험한다. 비탄, 슬픔, 즐거움, 혼란, 좌절, 분노, 실망, 공포 그리고 사랑을 경험한다. 동물들이 사고와 인지 면에서 좀 다른 이유는 두뇌와 신체가 다르기 때문이다. 하지만 그것이 그들이 생각하거나 감정을 느끼지 못한다는 의미가 아니다. 코끼리들은 동료의 죽음에 슬퍼하며 시체를 매장하고, 개들은 우리가 퇴근해서 돌아올 때 즐거움과 행복감을 느끼며 그 증거로 꼬리를 흔든다. 나는 동물들의 감정이 우리의 감정보다 훨씬 더 강력하다고 믿는다. 그 이유는, 그들은 순간에 집중하며 우리가 일상생활에서 그렇듯이 정신적으로 산만하지 않기 때문이다. 그러므로 당신이 훈련해 나가면서 이런 기술에 점점 더 능숙해지면 나중에는 사람들과 이야기하는 것보다 '동물들과 이야기하는' 것이 더 쉽다는 것을 알게 될 것이다.

커뮤니케이션 준비하기

이제까지 했던 당신의 작업은 이 순간을 위해 준비한 것이다. 그러므로 확신을 가져라! 자신을 깎아 내리는 공포, 높은 기대감, 자아비판, 지나친 분석을 하지 마라. 성공은 접속을 달성하는 것이 아니라 경험하는 것이다. 당신이 마음이 열려 있고 수용적이라기보다 소심하고 자의식이 강한 사람이라면 곧바로 접속되지는 않을 것이다. 이제 당신의 비평가적인 마인드는 벽장 속에 넣어 두고 가능한 감각을 확장시킬 때다. 당신은 경이로운 모험의 배에 오르려는 순간에 있다.

처음에는 당신이 알지 못하는 동물과의 소통에 첫발을 내딛는 것이 도움이 될 것이다. 당신과 너무나 친숙한 동물들과 소통한다면 당신의 동물들에 대해 기존에 알거나 생각했던 내용과 당신의 동물들이 당신에게 이야기하는 것을 구분하기가 힘들 수도 있기 때문이다. 당신이 모르는 습관을 갖고 있는 동물과 함께한다면 그 동물에게 간단한 질문을 몇 가지 하고 나서 그 동물의 보호자에게 정답이 맞는지 점검할 수 있다. 이것은 자신감을 증진시키는 데 큰 도움이 될 것이다. 당신이 올바른 길에 올랐다는 확신을 주게 될 것이다.

당신이 당신의 동물들과 함께 소통할 때 이런 종류의 확인을 하려면 동물과 방에 들어간 뒤 눈을 감아라. 동물과 접속한 뒤 무엇을 보고 있는지 질문하라. 그에게서 설명을 받고 눈을 뜬 뒤에 그가 본 것과 당신 눈을 통해 본 것과 일치하는 것이 있는지 확인하라. 이것은 당신의 동물들과 소통할 때 괜찮은 초급 테스트다. 이 테스트는 당신이 받은 다른 응답을 믿을 수 있는지에 대한 확신을 제공해 줄 것이다.

자신감을 가져라. 또한 커뮤니케이션에서 당신의 첫 번째 노력에 대해 현실적이 되어라. 당신이 처음 동물들과 소통할 때는 케이블을 꽂지 않은 구형 TV를 보는 느낌일 것이다. 화면은 지글거리고, 전파 방해로 소리도 들리지 않는다. 이런 것이 초기에 예상되는 일들이다. 몇 개의 채널이 잡힐 때까지 안테나(당신의 직관력)를 조정해야 할 필요가 있다. 그런 뒤에 당신의 기술을 계속 시도하고 연마하여 모든 채널을 다 잡을 수 있을 때까지 채널을 추가해 나가야 할 것이다. 마치 케이블 선을 설치한 것처럼 선명하고 명확하게 보이게끔 말이다.

나는 고객을 대신해서 고양이에게 무엇을 하는 것을 좋아하는지 물어본 적이 있다. 처음에 흔들리는 느낌을 받았는데, 주파수를 고정하고 나니 흔들의자 이미지가 매우 느리게 나타나더니 초점을 맞출 수 있을 정도로 명확해졌다. 마침내 나는 흔들의자에 앉은 고양이를 보았다. 그 고양이는 그런 움직임을 느끼는 것을 좋아했다. 하지만 그 이미지가 아주 느리게 움직이는 것을 관찰해야 했으므로 나는 그 어느 때보다도 인내심을 가져야만 했다.

텔레파시 커뮤니케이션은 감정, 신체적인 감각, 생각, 이미지 등

여러 가지 방법으로 일어난다. 무한 가짓수이다. 어떤 사람들은 단어나 소리를 듣는다고 하고, 어떤 이들은 냄새를 맡는다고 하고, 어떤 이들은 배고픔이나 메스꺼움을 경험하며, 또 어떤 이들은 심장의 강력한 박동을 통해서 동물의 공포나 흥분을 감지한다고 말한다. 어떤 이들은 자신의 눈물을 통해 동물의 슬픔을 공감한다고 한다. 그리고 어떤 사람들은 애니멀 커뮤니케이션을 "그냥 안다."고 말한다. 자연스럽게 아는 것이다. 종종 커뮤니케이션은 너무 빨리 일어나서 우리가 어떻게 정보를 받았는지 잠깐 멈춰 생각해야 할 필요가 있다. 나는 텔레파시 커뮤니케이션이 일어나는 속도와 같은 비율로 말로 소통할 수 있는 방법이 없다는 것을 느끼곤 한다. 그 속도는 전광석화 같다.

과정을 믿어라

사람들은 어떤 일에 대한 '육감'이 있다고 말하곤 한한다. 이 여섯 번째 감정은 실제로 존재한다; 원시 시대 사람들은 육감에 의존해 살아남았다. 당신도 자신만의 육감을 느낀 적이 있을 것이다. 육감을 믿었든 믿지 않았든 간에 말이다. 그런 일은 숨 쉬는 것처럼 자연스럽다.

텔레파시 커뮤니케이션이 이루어질 때, 우리는 우리가 상상했던 것을 생각할 수 있으며, "마치 혼잣말하는 느낌이야."라고 말할 수 있다. 메시지들은 이해하기 어려울 수도 있고, 너무나 빨리 도착해서 놓쳐 버리기도 한다. 이 때문에 우리가 동물에게서 감지하고 느끼고 본 첫 번째 응답은 통역 없이 믿기가 어려워진다.

우리는 직관을 인지하고 감정과 구분하기 시작할 때, 수용적인 자세로써 우리가 받은 정보—모호한 것이라도—를 확인하는 것이 중요하다. '그냥 내 상상' 또는 '그냥 느낌'으로 감추고 설명하지 않는 것은 바람직하지 않다.

당신이 식당에 가서 무엇을 주문할지 당장 결정했을 때 어떤 일이 일어났는가. 그 메뉴가 그냥 떠오른 것이다. 만일 당신이 메뉴를 계속 보았다면 선택하기 힘들어지고, 한참 고민한 뒤에 색다른 것을 주문하게 될 것이다. 그런 뒤에 당신이 처음에 선택했던 음식이 다른 사람 앞에 놓인 것을 보고는 "내가 먹고 싶었던 게 저건데! 내 것보다 엄청 맛있게 보여."라고 말할 것이다. 결국 당신은 결정을 고심하느라 당신의 직감이 주문하라고 했던, 진짜로 원했던 음식을 먹지 못하게 된다.

우리들 중 많은 사람들이 진정으로 원하는 것이 무엇인지 고심하는 오래된 마인드 세트(mind-set)를 갖고 있다. 하지만 식당 예에서처럼—그리고 동물들과의 접속에서— 우리가 이 일을 할 때의 핵심은 올바른 응답이 아니라 최초의 응답을 받는 것이다. 이것을 믿어라!

믿음은 애니멀 커뮤니케이션에서 엄청나게 중요하다. 당신은 커뮤니케이션 과정이 정말 자연스럽게 별다른 노력 없이도 이루어지는지 깨달을 때 자기 자신을 더 믿게 될 것이다.

이것을 시도하라; 어떤 사람이 깍지를 꽉 끼고 있다고 상상해 보라. 이렇게 닫힌 손은 감수성이 예민하지 않고 동물들과 텔레파시를 나눌 가능성을 열고 있지 않다는 표현이다. 이런 사람에게는 어떤 동물이 자신의 생각을 전달하여 커뮤니케이션을 시도하려고 해도, 그 생각들이 들어갈 수 있는 공간이 어디에도 없다. (손가락을 풀고 수용적으로 되지 않으면 말이다.)

이제 당신 자신을 감수성이 뛰어나고, 동물들에게 마음이 열려 있고, 왼손의 손가락을 쫙 펼쳐 열고 있는 사람으로 상상하라. 당신의 오른손이 동물의 생각을 나타내기 위해 쫙 펼치는 것을 상상해 보라. 동물이 당신의 오른손 손가락들로부터 자신의 생각을 보낼 때, 그 생각들은 왼손 손가락 사이 열린 공간으로 들어온다. 오른손 손가락들은 왼손 손가락들과 연동한다. 이 두 손은 하나가 된다. 바꾸어 말하면, 동물의 의식은 그 순간 당신의 의식이 되고; 그 순간 동물의 생각들은 당신의 생각이 된다. 동물의 생각들을 당신이 인지하고 있다기보다 당신이 말을 지어 내거나 혼잣말을 하는 느낌을 받기 때문이다.

당신이 동물로부터 받은 것을 기꺼이 인정하라. 그것이 이해가 안 되는 내용일지라도 말이다. 나의 친한 친구 세리 데이빗슨이 초보 애니멀 커뮤니케이터였을 때, 그녀는 이 법칙에 대해 매우 간단하지만 영감을 주는 확신을 받을 만큼의 행운이 충분했다. 어느 날 한 마리의 개에게 말을 걸었을 때, 그녀는 빨간색만을 볼 수 있었다. 그녀는 동물과 접속되었다고 믿지 않았지만, 개의 주인에게 빨간색을 얘기했을 때 주인은 그것이 의미하는 바를 정확히 알았다. 자신의 강아지가 집에서 가장 좋아하는 방에 빨간 양탄자가 깔려 있다는 것이다. 확인 결과가 정말 놀랍다!

당신은 이미 당신의 동물들에게서 텔레파시를 듣고 있다. 당신이 의식적으로 텔레파시를 받으려고만 하지 않으면 된다. 텔레파시는 실제로 일어나며, 오래 걸릴 수도 있다는 것을 믿고 인내심을 가져라. 당신은 다만 결과를 확인하는 것이 좀 더 필요할 뿐이다.

하루는 캘리포니아 주 산타 로사 밸리의 한 목장에서 승마장 입구에 서 있었다. 그 목장의 소유주 클라우디아는 말을 훈련시키는 트레이너를 두고 있었다. 그녀는 자신보다 트레이너가 말을 더 효율적으로 훈련시킬 수 있을 거라고 생각했다. 나는 그 말이 내 앞을 지나가며 보낸 텔레파시를 감지했다. "왜 이 사람이 나를 타고 있지? 나는 나의 사람(주인)을 태우기를 바라는데 말이야." 나는 그에게 답했다. "내가 너의 사람에게 대신 말해 줄까?"

트레이너가 승마를 마친 뒤에 클라우디아와 대화를 했다. 클라우디아가 말했다. "캐롤, 당신도 알다시피 내 말을 타는 데 왜 트레이너가 필요한지 모르겠어요. 내가 직접 타도 충분히 될 것 같은데요."

나는 그녀를 보고 웃으며 말했다. "클라우디아, 지금 당신은 그 생각이 스스로 생각한 거라고 여기죠?" 그녀는 모호한 표정으로 나를 쳐다보았다. "어떻게 다른 누구의 생각일 수가 있나요?"

"당신의 말이 당신에게 그 생각을 보냈어요. 말은 당신이 자기를 타고 다니기를 바라요. 그게 바로 지금 그 말이 내게 한 말이에요."

그녀는 숨을 들이마셔야만 했다. "하지만 나는 그렇게 말한 게 그 말이었는지 몰랐어요. 나만의 생각이라고 여겼는데……. 항상 나에게는 그렇게 다가오는 것 같아요. 마구간 통로를 지나갈 때면 말의 기분이 어떤지를 알 수 있어요. 나는 그냥 알죠."

나는 그녀가 텔레파시라는 것을 인지하지 못한 채 동물들과 텔레파시를 나누었음을 확신시켜 주었다. 그녀는 동물들이 필요로 하는 것에 대해 세밀하며 마음이 열려 있었다. 그런데도 그녀는 그런 생각들이 그들에게서 나온다는 것을 눈치 챌 수는 없었던 것이다.

'실제로'(만져지는 것이 아닐지라도) 무슨 일이 일어나고 있는지를 믿으려면 소통하기 위해 진정으로 소망하고, 훈련을 많이 하며, 결과 확인을 꾸준히 하라. 결국 당신은 동물의 생각, 느낌, 감각적인 경험과 당신 자신의 생각을 구분할 것이다. 그럴 때까지 긴장을 풀어라. 우리는 이 여행의 승객이지 운전사가 아니라는 사실을 명심하라. 우리는 동물이 우리를 데려가고 싶어 하는 곳으로 갈 것이다.

접속 시작하기

동물과 소통을 시도하기 전에, 동물이 흥미를 느끼고 준비가 되었는지 예의와 존중을 갖추고 묻는다. 나는 동물에게 "나와 소통해 줄 거니?" 혹시 동물이 자기만의 생각으로 바쁘거나 소통할 기분이 아닐 수도 있다. 동물들이 내가 원하는 시간에 자동적으로 예약될 것이라고 생각하지 않는다.

텍사스 주 갈란드에 사는 지니 타운센드는 저먼 셰퍼드들을 기른다. 어느 날 점심식사 때, 지니는 저먼 셰퍼드 수컷과 원거리 커뮤니케이션을 훈련해 보았다고 했다. 그녀는 그 개와 접속한 것을 물리적으로 느낄 수 있었는데, "나중에, 나중에. 난 바빠."라는 소리만 계속 들려 왔다고 한다. 몇 분이 지난 뒤 자신이 메시지를 명확하게 받은 것 같지 않게 느껴져서 그 개와 다시 접속하여 확인했더니 좀전과 같은 말이 들려왔다. 지니는 내게 자신의 능력에 대해 물었다. 왜 그 개가 자신과 소통하기를 싫어하는지 이해할 수 없었기 때문이다. 집에 돌아와서 보니 암컷이 발정이 나 있었다. 그때서야 수컷의 "나중에, 나중에. 난 바빠."라는 메시지가 명확하게 이해되었다!

동물들에게서 환영의 반응을 받게 되면, 무슨 말을 해야 할지 또 어떻게 시작해야 할지 잘 모를 것이다. 나는 항상 초보자들에게 확인할 수 있는 질문으로 시작하라고 추천한다. 그럼으로써 초보자들은 자신들이 받는 정보를 믿는 법을 배울 수 있다. 그리고 간단히 하라. 당신이 동물의 응답을 분별하는 법을 배우게 되면, 인생의 의미에 대해 말해 주는 동물들에게 압도당할지 모른다!

당신의 커뮤니케이션에 대해 경의를 표하라. 동물에게 지나친 요구와 인터뷰 스타일의 일반적인 질문("당신이 가장 좋아하는 활동은 무엇입니까?" "당신은 어떤 음식을 좋아하십니까?")을 퍼붓기보다는 상냥하고 개인적인 방법으로 명확하게 말하는 것("네가 좋아하는 활동이 뭔지 내게 말해 줄래?" "네가 좋아하는 음식이 뭔지 내게도 알려 줄 수 있어?")이 좀 더 우아한 방법이다.

어떤 사람들은, 질문에는 '정답'이 뒤따라야 한다고 생각한다. 이런 생각은 그들을 논리적이고 의식적인 정신에 가둬 둔다. 그 시점부터 그들은 마음의 소리를 듣는 대신 상황을 분석하기 시작한다. 냉담해지고, 정보를 받아들이는 자신들을 막고 있는 '정답'을 얻는 문제로 고심한다. 상냥한 질문으로 접근한다는 것은 그 소통이 좀 더 자유롭고 마음이 더욱 열린 상태이며, 폭 넓은 소통에 초대되었다는 것을 암시한다.

동물과 첫 번째 커뮤니케이션을 시도하기 전에 다음과 같이 대답이 간단하게 나올 만한 질문 목록을 적어 보라.

- 나와 소통해 줄 거니?
- 네가 가장 좋아하는 음식이 뭔지 들려줘.
- 네가 가장 좋아하는 활동이 뭔지 내게 말해 줘.
- 네가 싫어하는 것들이 뭔지 내게 들려줘.
- 너의 가장 친한 친구가 누군지 말해 줘.
- 네가 집에서 가장 좋아하는 곳이 어딘지 알고 싶어.
- 우리 가족 중 각각의 동물들과 관계가 어떤지 한 번에 하나씩 내게 알려 줄래?
- 네 집은 어떻게 생겼는지 말해 줘.
- 나는 네 건강이 어떤지 알고 싶어.
- 개(또는 고양이, 말, 새)로 살아가는 것은 어떤 것인지 들려줘.
- 네 환경 중에 바꿨으면 하는 게 있으면 무엇이든지 말해 줘.

- 너의 사람과 함께하는 인생에서 너의 목표가 무언지 알고 싶어.
- 내게 말하고 싶은 게 있으면 무엇이든 내게 들려줘.
- 너의 사람(주인)에게 말하고 싶은 게 있으면 알려 줘.
- 너의 사람(주인)이 너를 위해 할 수 있는 무언가가 또 있으면 말해 줘.
- 네 나이를 내게 알려 줘.
- 내가 알았으면 하는 너의 과거에 대해 무엇이든 들려줘.

어떤 사람들은 질문을 소리 내어 크게 해도 되는지 궁금해 한다. 물론 그렇게 하는 것이 편하다면 그래도 된다. 그러나 나는 마음속에 보내고 싶은 생각을 조용히 떠올리고 내 마음에서 동물의 마음으로 보내는 것을 더 좋아한다. 당신이 소리 내어 크게 말하든 아니든, 보내고 받는 정보는 내적인 메시지다.

접촉하기

축하한다! 당신은 당신의 동물과 함께 다음 7가지 단계를 적용하여 당신의 첫 번째 커뮤니케이션을 시도할 준비가 되었다. 당신이 이제 경험할 것은 새롭거나 이상한 것이 아니라는 점을 인지하라. 이런 일은 당신의 인생에서 일상적으로 일어나는 것이다. 이제부터 당신은 좀 더 나은 인식을 갖고 의식적으로 소통을 경험하게 될 것이다. 이것을 옳고 그름이 없고 판정이나 비판이 없는 곳에서 하는 멋진 경험(모험)으로 접근하라. 이곳은 벽장 속에 우리의 자아를 두고 온 곳이고, 우리에게 어떤 일이 가능한지 감각을 확장시키는 곳이다.

소통에서 당신의 첫 번째 시도에 관한 기대치를 현실적으로 내려놓아라. 당신의 방식과 습관을 바꾸는 데는 시간이 걸린다. 무엇보다도 자신을 사랑하고 인내심을 가져라. 우리는 종종 같은 언어를 쓰는 다른 사람들을 이해하는 데도 정말 애를 많이 쓴다. 동물과의 소통은 우리가 잊어버린 외국어를 다시 연습하는 것과 비슷하다는 것을 기억하라. 다시 말하기 편하고 유창해지기까지는 시간이 걸릴 것이다. 명상을 수행하고 자신에 대해 더 알고 자신을 사랑하는 데 더 많은 시간을 투자하면, 모든 존재, 즉 네 발 달린 짐승, 두 발 달린 짐승, 날개 달린 짐승, 지느러미 달린 짐승과 더 쉽게 소통할 수 있게 될 것이다. 그러니 당신의 동물과 함께 한 단계 한 단계씩 과정을 시작해 보자.

7단계 하트토크 프로그램 – 접속 만들기

1단계 : 평화로운 곳에서 동물과 함께 있으라.

2단계 : 동물에게 당신과 함께 조용하게 있도록 부탁하라.

3단계 : 당신의 정지점을 찾아라.

4단계 : 동물에게 이 시간이 괜찮은지 물어보라.

5단계 : 당신의 반려동물과 솔직한 대화를 나누어 보라.

6단계 : 마음으로 묻고 싶었던 것을 질문하라.

7단계 : 경청하고, 믿고, 즐겨라.

1단계 : 평화로운 곳에서 동물과 함께 있으라

시작하기 가장 좋은 시간은 아침에 잠에서 깬 직후인데, 이 시간은 당신이 '움직이는' 모드가 아니라 아직 '그냥 있는' 모드에 속해 있기 때문이다. 당신이 집에 있다면 평온함을 느끼고 긴장을 풀 수 있을 만한 명상을 위해 준비한 방으로 동물을 데려오라.

2단계 : 동물에게 당신과 함께 조용하게 있도록 부탁하라

방 안에 산만해질 만한 장난감이나 다른 동물들은 없도록 하고 TV나 라디오는 끄도록 하라. 부드운 말과 스킨십으로 동물을 안정시켜라. 당신의 동물과 눈을 맞출 필요는 없지만 동물이 당신을 의식하고 있으며 편안한지는 확인할 필요는 있다.

3단계 : 당신의 정지점을 찾아라

눈을 감고 당신의 심신이 정지점에 도달할 때까지 2장에서 배운 호흡 훈련을 해 보라. 당신의 마음이 수용적이고 경청하는 상태가 되도록, 2장에서 했던 명상 훈련 테이프를 틀어 놓는 것이 도움이 될 수도 있다.

4단계 : 동물에게 이 시간이 괜찮은지 물어보라

당신이 조용해지고 자신에게 집중할 때 동물에게 "나와 소통하고 싶니?"라고 묻는 것으로 당신 자신을 확장하라. 보통은 환영의 반응을 받게 될 것이다. 당신은 동물이 머리를 아래위로 흔드는 것을 보는 상상을 할 수도 있고 열정으로 가득찬 자신을 발견하게 될 수도 있다. 동물이 긍정적인 쪽으로 대답했다고 느꼈다면 그것을 믿어라.

5단계 : 당신의 반려동물과 솔직한 대화를 나누어 보라
동물에게 마음의 문을 활짝 열어라. 2장에서 파트너와 같이 훈련할 때 컬러의 특성을 느꼈듯이—동물의 부드러움, 동물의 명암과 농담, 동물로 인해 떠오르는 어떤 이미지들, 그 동물이 당신을 얼마나 평안하게 느끼도록 했는지—동물의 본질을 경험하도록 하라. 당신과 동물의 마음과 영혼의 연결 지점에 레이저 광선이 있다고 상상해 보라. 그 동물은 어떻게 느끼고 있는가? '호기심 많은', '인정 많은', '탐험가', '선생님', '치료사' 같은 설명이나 감정, 다른 생각들이 떠오를지 모른다. 당신이 받은 모든 느낌이나 감상들은 이 특별한 동물의 관점일 것이다. 당신은 그의 본질에 주파수를 맞추게 될 것이다.

6단계 : 마음으로 묻고 싶었던 것을 질문하라
마음과 마음으로 연결되면 감정을 공유하기 위해 동물을 초대하라. 동물이 마음을 열고 말하도록 하거나, 질문 목록을 준비하여 한 번에 하나씩 질문하라. 명확하게 간단하게 생각하고, 당신의 마음에서 동물의 마음으로 그 생각이 흘러가고 있다고 상상하라. 당신의 파트너(사람) 마음에 컬러를 전해 줬던 것처럼. 당신이 원한다면 그 생각이 부드럽고 사랑스러운 한 줄기 빛 또는 둘을 접속시켜 주는 전깃줄에 의해 운송된다고 상상할 수 있다. 아니면 그냥 동물에게 그 생각이 가도록 허용하라. 그리고 그 생각이 당신의 마음과 동물의 마음을 연결하는 에너지 흐름을 통해 그에게 도착할 것임을 믿어라.

7단계 : 경청하고, 믿고, 즐겨라
동물에게 생각을 보낸 다음 동물에게서 응답을 받으려면 수용적이고 긴장이 풀린 모드가 될 때까지 인내심을 갖고 기다려라. 당신이 시각에 민감한 사람이라면 동물의 메시지가 이미지로 다가갈 것이고, 당신이 신체에 민감한 사람이라면 신체적 감각으로 다가갈 것이고, 당신이 감정에 민감한 사람이라면 느낌으로 다가갈 것이다. 아니면 간단한 인식이나 생각을 받게 될지도 모른다. 응답에 고마워하라. 어떤 방법으로든 응답은 들어온다. 당신이 소통을 경험할 때, 동물이 참여하는 것에 대해 고마워하는 것이 상대를 존중하는 일이다. 예를 들면, "내게 이야기를 들려줘서 고마워."

당신이 준비했던 주제 목록에 충실해야만 한다고 느끼지 말라. 그저 그 동물이 어떤 동물인지 알기 위해 즉흥적이고 모험적으로 되라. 그 동물은 당신이 인류와 동물 사이를 연결하려는 노력을 자신과 함께하는 것에 대해 고마워할 것이다. 믿고 즐겨라!

바로 그것이다! 당신은 지금 동물 친구와 함께 텔레파시 커뮤니케이션을 경험했다. 이 얼마나 훌륭하고 만족스러운 성과인가! 이제 훈련을 계속하라. 어떤 언어든 유창하게 말하려면 연습이 필요하다. 어떤 사람들에게는 몇 시간이면 되기도 하지만 어떤 사람들에게는 몇 개월 또는 몇 년이 걸리기도 한다.

원거리 접속하기

당신과 같은 방에 있는 동물들과 편안한 소통을 한 번 느꼈다면, 당신은 다른 먼 곳에 있는 동물들과 연습함으로써 능력을 확장시킬 수 있다. 원거리 커뮤니케이션은 빨리 이루어지고 때로는 더 정확하기도 한데, 그 이유는 오해의 소지가 되는 신체 언어 같은 물리적인 혼란 요인들이 없기 때문이다. 다른 사람의 동물과 접속할 때는 그 주인이 그 동물과 소통하는 것을 모르는 시간대를 선택하라. 그렇게 하면 그 동물의 메시지를 압도할 수 있는 주인의 생각과 영향에 의해 산만해지는 것을 피할 수 있다.

처음에는 원거리 커뮤니케이션이 가능하다는 것을 믿기 어렵다. 오직 경험해야 믿게 된다. 누구나 한 번쯤은 직감에 관한 일화를 들은 적이 잇을 것이다. 사업 차 출장을 떠난 한 여성이 갑자기 집으로 돌아가야 할 만한 긴급 상황이 생겼음을 느낀다. 집으로 전화했더니 유모가 그렇지 않아도 연락하려던 참이었다면서 아기가 갑작스런 고열에 시달리고 있다고 한다. 오래 전에 알았던 사람이 갑자기 생각났는데 뜬금없이 그 다음 날 그 사람이 전화를 걸어 왔다. 이런 일들은 항상 일어나고 있고, 우리는 그것들을 정상으로 받아들인다.

세상 어디에 있는 동물과도 소통할 수 있다는 것을 인지하라. 라디오 전파를 생각해 보라. 우리는 라디오 전파가 존재한다는 것을 믿지만 그것을 보거나 만질 수는 없다. 햄 통신 운영자는 이런 전파들, 한층 더해 특정한 전파들을 잡기 위해 자신의 기기를 미세하게 조정하기도 한다.

    전파 운영자들이 시그널을 구분할 수 있는 것처럼 우리도 동물들의 에너지에 주파수를 맞춤으로써 서로 다른 존재 간의 차이를 구분할 수 있다. 지문처럼, 두 존재의 에너지는 같을 수 없다. 우리 모두는 일정한 '주파수'에 따라 반응한다. 그러므로 내가 92.4 주파수에 있다면 나의 개 제시는 107.5에 가 있을 수도 있다. 우리는 동물의 특정 주파수에 우리의 주파수를 맞춰야 할 필요가 있다. 우리는 몇 가지 중요한 사실들을 먼저 수집함으로써 주파수를 맞출 수 있다;

- 동물의 이름과 주소, 그의 사람(주인)
- 그 동물의 신체적인 특징을 다 채워 넣어라.
  - 성별
  - 종류
  - 나이
  - 크기와 대략의 몸무게
  - 몸통 색, 털의 길이와 형태(단모, 중모, 장모, 곱슬, 직모)
  - 눈동자의 색깔
  - 눈에 띄는 특징

    어떤 사람은 동물의 사진을 이용하는 편이 더 쉽다고 하지만 경험해 가면서 당신 자신에게 가장 적합한 방식을 찾아야 한다. 이 모든 정보와 함께, 이런 특징에 들어맞고 이 위치에 살고 있는 동물과 접속하기를 바라는 당신의 의지를 방송하라. 이때 당신의 의지는 완전히 명확해야 한다.

방에 있는 동물과 소통할 때와 똑같은 단계를 거쳐라; 긴장을 풀고, 정지점을 찾고, 동물에게 마음의 중심을 연 뒤에 그 동물에게 레이저 광선이 닿는다고 상상하고 접속을 기다린다. 나는 최초로 원거리 애니멀 커뮤니케이션을 연습할 때 마음속으로 그 동물과의 접속을 바라는 나의 의지를 세 번 확언했다. "나는 수지와 소통하고 싶어." 집중하는 데 문제가 있다면 이 방법을 시도해 보라.

원거리 커뮤니케이션은 다른 텔레파시 접속과 매우 비슷하다. 다른 것은 없다. 원거리 커뮤니케이션이 이루어지면 당신의 마음에 가벼운 느낌이 전해질 것이다. 당신은 동물에게 "너 거기 있니?"라고 물을 수 있다. 그 동물이 답을 하면 자신을 소개하고, 왜 소통하고 싶어 했는지 이유를 설명한 뒤에 소통을 계속할 용의가 있는지 물어 보라. 당신의 육감으로 "예스"라는 응답을 받았다면 되었다.

이제 말할 준비가 되었다. 당신의 접속은 더 명확해지고 더 강하게 되지만 좀 정적일 편일 것이다.

좀 더 깊은 수준에서 동물을 알게 되는 것을 즐기고, 당신이 진심으로 흥미를 갖는 데 대해 동물들이 영원히 고마워할 것이란 사실을 알라. 누군가 실제로 동물들과 커뮤니케이션을 한다는 것을 처음 알았을 때, 나의 마음과 영혼은 이런 접속을 하게 되기를 갈망했었다. 이 접속에서 알아야 하는 것은, 누군가가 한 동물의 생각들을 이해할 수 있었다는 사실이 아니라, 자신의 가장 큰 꿈이 실현되었다는 점이다. 이제 당신의 꿈을 실현하라.

소통 결렬 극복하기

동물들과 소통에 관해서, 당신의 타고난 능력과 내 능력과의 차이는 없다. 다만 나는 수년 간의 훈련을 통해서 능숙해진 것이다. 그리고 나는 다른 사람들과 이 놀라운 경험을 나누고 싶었다. 그래서 애니멀 커뮤니케이션을 배우면서 시도했던 내용들과 고민거리들을 이용해서 하트토크 프로그램을 개발했다. 그때부터 수천 명이 나의 워크숍에 참석했다—그리고 그들 모두는 워크숍을 떠나기 전에 동물과의 접속을 모두 다 이루어 냈다. 그러므로 낙담하거나 텔레파시의 사용법을 절대 알지 못하게 될 것이라고 생각이 든다면 인내심을 갖고 계속 시도하라. 그에 준하는 보상이 이루어질 것이다.

　대부분의 사람들은 애니멀 커뮤니케이션의 초기 시도에서 곤란을 겪는다. 나는 확실히 그랬다. 동물들과의 소통 배우기는 본능의 고대 언어를 회복시킨다. 당신은 스페인어로 유창하게 소통하게 되는 데 단 하나의 코스로만 가능하다고 생각지는 않는다.—마찬가지로 동물들과의 직관적인 소통에서 몇 번 시도로 자동적으로 성공할 수 있다는 기대는 품지 말라.

당신이 스페인어로 말하는 사람과 소통하고 싶다면 당신은 요점을 이해시키기 위해 몇 가지 기본적인 제스처나 기초적인 손짓 언어―'안녕'이란 표현으로 손을 흔들고, '모른다'는 표현으로 양쪽 팔꿈치를 옆구리에 붙이고 팔꿈치부터 손은 바깥으로 펼치고 어깨를 으쓱하는 것―로 시작할지 모른다. 스페인어 수업 과정에 들어간 뒤에는 간단한 단어('고마워요' 대신 '그라시아스'라고 말한다든지)를 사용하고, 그 다음에는 구, 문장, 완벽한 생각으로 이끄는 모든 것으로 발전해 갈 것이다. 지속적인 교습과 많은 연습을 통해 당신의 소통은 확장될 것이고 결국엔 더 유창해질 것이다.

이런 것은 애니멀 커뮤니케이션에도 해당된다. 하지만 몇 가지 이유로 사람들은 이 직감의 언어를 배울 때 외국어를 배울 때보다 더 많은 압박을 받는 듯하다.

애니멀 커뮤니케이션을 배울 때 정신적·감정적인 장애물들을 경험하는 것은 자연스러운 일이다. 긴장되고 불안해질 수도 있고, 훈련을 피하기 위해 당신 자신을 산만하게 만들 수도 있다.(반면 늑장 부리기로 더 잘 알려진) 당신이 그냥 이해할 수 없는 고도의 불안이나 공포를 경험할지도 모른다. 초조해하지 마라; 이런 불안감들은 정상이며, 처음 배우는 사람들에게 거의 다 일어나는 일이다.

나의 학생들은 종종 두 가지 주요 불만 사항을 들려 준다; 마음 속 수다를 가라앉힐 수가 없다는 것과, 실제로 정보를 받은 것인지에 관해 의심하는 것이다. 이번 장은 이런 문제들과, 소통 결렬에 관한 문제들을 다루고, 그런 문제들을 극복해 나가도록 당신을 돕는 훈련 내용들을 제공할 것이다.

마음속 수다

텔레파시를 배우면서 마주치는 가장 일반적인 문제는 심적으로 편안하고 명확한 상태에 있을 때보다 심적으로 혼란한 상태에서 소통에 접근한다는 것이다. 이상할 건 없다. 우리는 종종 어디에 '전원' 버튼이 있는지 모르고 러닝머신을 타고 있는 느낌을 받을 때가 있다. 우리 문화에서는 인간이 생산적으로 살도록 프로그램되었고, 우리의 날들은 매 순간을 활동으로 채우도록 강요받는다. 지나치게 많은 많은 생각은 우리 본능의 미묘한 소리를 듣지 못하도록 방해한다. 그 때문에 우리는 조용히 있는 것보다 바쁘게 있는 것에 더 편안함을 느끼며, 명상으로 템포를 줄인 느낌과 수용성은 우리를 긴장시키고 침묵에 저항하게 한다.

처음에 명상이 너무 힘들다고 느꼈다면, 지역의 형이상학 전문서점이나 평생교육원 등에서 제공하는 명상 수업이나 명상 그룹 등을 고려해 보라. 당신은 혼자 명상하기가 어렵다고 느낄 수 있는데, 많은 사람이 그러하다. 그러므로 자신을 압박하지 말라. 다시 한번 말하는데, 어떤 것이 당신에게 맞을지 찾아보라. 다른 사람들의 지원을 받을 수 있는 그룹에서 시작해 보라. 당신만의 스타일을 계발하고 자신감을 키우면 곧 집에서 꽤 많은 시간을 명상에 들어갈 수 있을 것이다.

당신의 목표와 명상에 대해 현실적인 기대를 하라. 당신은 자신의 생각들을 완전히 잠재울 수는 없겠지만 그 생각들을 제한할 수는 있다. 명상하는 동안 생각이 산발적으로 떠올랐다 사라졌다 할 것이라는 사실을 인정하라. 이런 일이 일어날 때 그 생각도 받아들이고 그 생각이 떠나가도록 하라. 심사 평가하지 말라. 당신은 당신 고유의 정지점을 찾게 될 것이다. 근데 그 정지점들은 매번 다르게 느껴질 수도 있다.

당신의 애니멀 커뮤니케이션도 그와 비슷하게 허용하여 접근하라. 자신에게 "내 마음속은 너무 바쁘고 생각으로 가득차서 이 동물에게서 어떤 것도 듣지 못할 것 같아."라고 말하기보다는 "동물과 접속했을 때 무슨 일이 일어나는지 보자."라고 말하라. 부정적인 생각을 갖고 있다면 이 일을 해내지 못할 수도 있다. 자신을 느슨하게 풀어라. 우리 대부분은 소통하려 할 때 부정적인 생각을 하게 되는 경향이 있지만 부정적인 생각들을 멈추고 좀 더 유연해져야 한다. 여기에 나오는 다섯 가지 훈련은 당신의 생각들을 잠잠하게 해 줄 것이다.

바다 가르기

모세의 이야기나 바다가 갈라지는 이야기를 알고 있다면 당신은 이 훈련의 기초를 아는 것이다. 당신의 생각에도 같은 일을 할 것이다.

2장에서 배운 긴장 풀기 훈련을 이용하여 긴장을 풀고 집중하는 상태부터 시작하라.(사실, 이번 장의 훈련을 시작하기 전에, 2장의 긴장 풀기 훈련이나 당신에게 맞는 다른 긴장 풀기 기술을 사용하는 것이 좋다.)

당신의 마음을 물이 가득한 커다란 수영장으로 시각화하고, 당신의 생각들이 그 물에서 수영하고 있는 것을 보라. 거기에는 몇 가지 고요한 생각들이 떠 있거나 배영을 하고 있을지도 모르고, 생각들의 북적임들로 물에 거품이 일지도 모른다. 이제 수영장 중간에 물기 없는 좁은 길을 상상해 보라; 생각의 바다가 그 좁은 길 양쪽으로 갈라진다. 당신은 한 동물과 접속할 수 있었고, 명확하고 자신 있게 그 동물의 생각을 받을 수 있었다는 사실을 통해 완전한 공간을 이제 막 창조해 냈다.

상자 안의 생각들

이 훈련에서 당신은 긴장을 풀고 자신의 생각을 인지하고 그 생각들을 인정하게 될 것이다. 그런 다음 당신은 그 생각들을 잠깐 동안 놔둘 것이다. 이렇게 하기 위해, 당신은 기쁨을 주는 보관함을 상상할 필요가 있다. 이 훈련을 위해 상자 하나를 시각화하라. 상자가 당신의 생각을 조용히 잠재우고 보관해 주는 동안은 상자가 무엇으로 만들어졌는지 어떻게 생겼는지는 상관없다. 어떤 사람은 사랑스러운 나비 매듭 리본으로 묶여 있는 선물 박스를 상상하기도 하고, 어떤 사람은 맹꽁이 자물쇠가 달린 금속성 상자를 상상하기도 한다. 당신에게 어울리는 가장 좋은 상자를 한번 상상하고 나서 당신의 생각들을 상자에 넣고 안전한 어딘가로 치우도록 하라. 이제 당신의 생각과 감정으로부터 거리를 두게 되었으니 동물의 생각과 느낌을 받기 위해 정신적인 긴장을 풀도록 하라. 적당한 시간이 되면 당신은 상자에서 당신의 생각을 쉽게 회수할 것이란 사실을 인지하라.

기차를 타고 간 생각들

이 훈련은 앞의 훈련과 비슷하다. 이 훈련에서는 당신의 생각들이 기차 칸에 실려 잠깐 나갔다 오게 하는 것이다. 당신에게 필요한 것은, 생각을 인지하고 생각을 기차에 태우는 것이다. 생각이 모두 기차에 탑승하면 기차를 평화로운 여행길로 보내라. 적절한 때에 간단히 기차를 다시 불러 생각을 회수하면 된다.

공 안에 든 생각들

당신의 생각들을 실로 만든 부드러운 공 안에 감추고 측면으로 굴리는 것을 시각화하라. 다시 한번 말하지만, 나중에 적당할 때에 그 공을 회수하라.

비눗방울 속에 든 생각들

이런 맥락에서, 당신의 생각들을 벗어 놓는 마술적인 방법으로 생각들을 허니의 비눗방울 속에 넣어 띄워 보내는 것을 상상하라. 어릴 적 불어 보았을 아름다운 비눗방울을 하나 상상해 보라. 생각들을 그 비눗방울 속에 넣은 뒤 그 비눗방울이 떠가는 것을 지켜보라. 다시 받을 준비가 되면 그 비눗방울은 당신에게로 돌아올 것이다.

앞의 시각화 훈련 가운데 하나 또는 당신이 만들어 낸 시각화 훈련 가운데 하나는 당신의 마음을 조용하게 해 주고 당신의 생각을 잡고 있는 데 도움을 줄 것이다. 이제 당신은 동물들에게 귀를 기울이는 데 집중할 수 있다.

열심히 시도하고 즉각적인 결과 바라기

이런 공통적인 문제들은 대부분 절망적인 마음 상태를 반영한다. 당신이 도달하려고 고군분투하는 것의 정확히 반대인 상태 말이다. 당신의 목표는 소통을 가능하게 하는, 마음이 열려 수용적인 상태에 도달하는 것이다. 동물들과 텔레파시로 소통하는 법을 처음 배울 때, 당신은 이런 접속을 간절히 원한 나머지 공격적일지 모른다. 이런 것은 당신의 에너지를 바깥으로 내몰고 당신이 수용적이 되는 것을 방해한다. 이것은 어떤 멜로디를 듣고 그 노래 제목을 기억해 내려고 노력하는 것과 같다. 노력할수록 기억하기가 힘들어진다.

당신이 어느 것에 대해 무관심할 때 그것이 당신에게 쉽게 다가왔던 것을 인지했던 적이 있었는가? 그리고 거꾸로 당신이 무언가를 정말로 원했을 때는 얻기 힘들었던 적은? 또는 당신과의 우정을 끔찍이도 바래서 열심히 노력하며 당신을 압박하던 사람들을 만난 적이 있었는가? 일반적인 관계에 대해서 생각해 보라—사람들에게 최소한의 것을 기대했을 때, 별 수고한 것 없이 그들은 우리에게 다가온다. 동물들과의 관계와 소통 또한 비슷한 방식으로 다가올 것이다―편하게 그리고 당신이 압박하거나 열심히 노력하지 않을 때.

많은 사람들은 텔레파시 정보가 마침내 다가왔을 때 열린 수문이나 번개를 맞은 느낌을 기대한다. 가장 자주 일어나는 것은 주옥 같은 정보는 이해하기 어려운 방식들로 다가온다는 것이다. 인내심을 가지고 계속 노력하라. 그리고 가장 중요한 것은 흔쾌히 실수하라는 것이다. 나는 그 실수들을 '놓친 장면들'이라고 부른다. 우리는 놓친 장면들은 넘겨 버린다―어떤 때는 계속해서!

당신은 많은 정보를 얻지 못하면 자신이 성공하지 못했다고 느낄지도 모른다. 당신이 시작했을 때 하나의 생각, 하나의 단어 또는 하나의 느낌을 받았다 해도 그것은 축하할 만한 일이라는 것을 확신하도록 하라. 당신의 좋은 시작은 당신이 구축할 수 있다. 집을 구축하는 것과 비슷하다. 기초를 다지기 전에 집을 짓기 바란다면 아주 튼튼하고 안전한 집을 가질 수 없을 것이다. 궁극적으로, 대개의 일들에서와 마찬가지로 중요한 것은 정보의 양이 아니라 질이라는 것이다.

동물들은 단순하게 소통한다. 예를 들어, 그들은 우리가 일하는 동안은 우리에게 질문하지 않는다. 대화는 그들이 필요한 것이 있을 때 가장 자주 일어난다; 그들은 불필요한 말을 하지 않는다. 당신이 그림 하나를 갖고 있다면 그 그림은 많은 단어들과 같을 수 있다. 동물의 언어의 단순함에 대해 감사하라.

살면서 가치 있는 다른 일과 마찬가지로, 애니멀 커뮤니케이션은 시간과 훈련 그리고 당신의 마음을 열기 위한 기꺼운 마음을 필요로 한다. 당신은 애니멀 커뮤니케이션을 할 능력을 갖고 있다―하트토크는 우리의 제1언어다!

훈련 : 빠른 낱말 연상 퀴즈

당신이 지나치게 열심히 노력할 때, 당신의 모든 에너지는 당신의 의식 세계에 집중되어 긴장을 풀기가 어려워진다. 이런 낱말 연상 훈련은 당신이 해방되도록 도와줄 것이다.

파트너에게 도움을 요청하라. 긴장을 풀고, 당신의 파트너가 단어 하나를 크게 말하도록 하라. 그런 뒤에 당신은 파트너의 말을 듣도 맨 처음 떠오른 단어를 말한다. 예를 들어, 내가 이 훈련을 어느 수강생과 했을 때 나는 그의 건너편에 앉아 특정한 단어를 크게 말했다. 아마도 '파랑'이라고 했던 것 같다.(그가 할 일은 그의 마음에 딱 떠오르는 첫 번째 단어를 말하는 것이다.) 그는 '하늘'이라고 했던 것 같다. 아주 간단하다. 내가 '물'이라고 말하니 그는 '대양'이라고 말했다. 나는 그가 긴장을 풀고 편안해질 때까지 단어들을 계속 교환했고, 그의 마음은 흐름에 기꺼이 동참했다.

빠른 낱말 연상 훈련은 과하게 생각하지 않고 자기 판단 없이 자유롭게 답하는 능력을 준다. 이 게임에는 정답도 오답도 없는데, 각 단어마다 끊임없는 연상이 가능하기 때문이다. 이 훈련은 당신을 말하게 하고, 좀 더 긴장을 풀게 하고, 덜 상처받도록 도와준다. 무대 공포증이나 수행 불안을 다루는 것과 비슷하다. 한번 말하기 시작하면 당신은 자동적으로 그 흐름에 놓이게 된다.

    이 훈련에 편안함을 느끼게 되면 당신과 같은 방에 있고 또 당신이 소통하고 싶은 동물에게 시도해 보라. 당신이 심적으로 편안해질 때까지 파트너와 왔다 갔다 하면서 낱말 연상 퀴즈를 해 보라. 그런 다음 동물과 함께 조용하게 앉아 마음을 연다. 접속이 되었음을 감지하라. 자유롭게 이야기하자고 동물을 초대하거나 그 동물에게 질문을 한두 가지 해 보라. 당신이 이 훈련에서 그랬던 것처럼 쉽고 편안하게 정보를 돌려받을 수 있도록 하라.

    소통이 아직도 힘들다면, 당신의 파트너에게 질문하게 하라; "그 개가 가장 좋아하는 활동은 무엇입니까?" 첫 번째로 떠오른 것을 말해 보라.

    그 동물에게 질문할 준비가 되지 않았다고 느낀다면 그냥 그 동물 곁에 앉아서 당신과 동물의 마음이 섞이도록 하라. 느낌, 이미지, 생각, 인지 등을 통해 어떤 방식으로든 그 동물의 핵심 정수가 당신에게 드러나도록 하라.

당신의 느낌을 동물에게 투사하기

우리가 동물들과 소통하는 법을 배울 때, 우리 인간이 경험에 기초하거나 동물의 신체 언어를 읽음으로써 결론을 얻기 위해 그들의 반응을 통역하고 싶어 하는 것은 흔한 일이다.

17살의 라사 압소(Lhasa apso : 작은 테리어종-역주) 종류의 오지라는 개의 사례가 이와 비슷한데, 10장에서 그 이야기를 읽게 될 것이다. 오지의 보호자는 오지를 안락사시켜야 하는지에 대한 문제로 힘들어하고 있었다. 개의 신체에 나타나는 모든 징후는 더 이상 개를 고통으로 불행하게 하지 말라는 결정을 내리게 했다. 하지만 오지에게 물어보자, 오지는 아직 갈 때가 되지 않았다며 충분한 이유를 설명했다. 나는 동물의 신체 언어를 무시하라고는 하지 않지만, 동물의 신체 언어의 범위를 넘어서서 보라고, 그리고 당신이 본 것에만 기초해서 결정하지 말라고 부탁한다.

우리는 동물들에게서 받은 것에서 너무 많은 것을 읽어 내려는 경향을 갖고 있는지도 모른다. 동물에게서 받은 느낌, 단어, 생각이나 이미지에 멈출 필요가 있다. 특히 누군가 다른 사람의 동물들과 소통할 때, 우리가 받은 것을 이해하지 못하더라도 그 동물의 보호자에게 그것을 설명해 주어야 한다. 보호자들은 우리가 찾아낸 것에 대해 거의 항상 이해할 것이다.

하루는 노스캐롤라이나 주 채플 힐에 사는 레이몬드에게서 전화가 왔는데, 도그쇼에 나갈 새로운 개 탠디와 어려움이 있다고 했다. 탠디는 집에서 연습할 때는 완벽하게 해내는데, 경기장에서는 그의 명령에 반응하지 않는다는 것이었다. 레이몬드는 탠디가 도그쇼의 세계에서 성공할 수 없겠다며 실망했다. 그는 탠디를 다른 곳에 보내야 할지 생각중이었다.

레이몬드와의 전화 통화 후 나는 탠디와 원거리 접속을 했다. 탠디에게 무엇이 힘든지 물었을 때 탠디에게서 내가 받은 전부는 다른 개의 이미지였다. 탠디는 레이몬드가 도그쇼에서 자신에게 명령을 할 때마다 이 개의 이미지가 앞을 가로막는다고 했다. 탠디는 레이몬드에게 집중하려고 노력하지만 혼란스러워져 걸을 때 균형을 잃기도 한다고 했다.

나는 이것이 무엇을 뜻하는지 알 수 없어서 그냥 이 이야기를 레이몬드에게 전했다. 흔히 있는 일이지만, 그는 그것이 무엇을 의미하는지 알았다. "탠디는 도그쇼에서 우승했던 전 개와 닮았어요. 그 개는 죽었죠. 탠디가 보았다는 개가 그 개일 거예요. 도그쇼장에 들어갈 때마다 이전 개와 함께 했던 성공에 대한 기억이 몰려오거든요." 그는 이런 느낌들이 도그쇼를 할 때만 나타나고 집에서 훈련할 때는 나타나지 않았다는 것을 깨달았다. 도그쇼 경합에서는 레이몬드가 알맞은 명령을 내림에도 불구하고 탠디는 그가 투사한 그의 느낌과 이미지만을 이해할 수 있었다. 동물에게는 감정과 이미지가 항상 말보다 우위에 있다.

나는 이 점을 자주 충분히 강조할 수 없다; 당신이 동물과 소통을 할 때 당신이 "이게 뭔지 알아내게 나를 놔둬."라고 말하는 것을 알았다면 소통을 멈춰라. 당신은 더 이상 경청하고 있지 않은 것이다. 당신의 일은 통역이 아니라 정보를 받고 믿는 것이다.

예를 들어, 고양이가 전용 화장실 바깥에 소변을 보는 이유를 알고 싶다면, 질문을 할 때 마음을 열어야 한다. 당신이 그 이유를 이미 알고 있다고 여긴다면, 그 생각에 이미 무게를 두고 동물의 실제 응답을 들으려 하지 않는다. 당신의 선입견이 소통을 방해하고 있다. 당신은 동물의 응답을 들으려 하지 않는다.

　동물들끼리 소통할 때는 복잡하게 하지 않는다. 하나의 생각은 많은 정보를 담을 수 있다; 하나의 단어가 그 전부를 말할 수 있다. 동물들이 우리를 믿는다면 느낌을 공유할 것이다. 자신들이 외로운지, 무서운지, 피곤한지, 화났는지 실망했는지 말해 줄 것이다. 많은 사람들과 달리, 동물들은 자신들의 감정을 무서워하지 않는다. 분명히, 동물들의 소통 형태는 우리 사람들과는 아주 많이 다르다.

　우리는 우리의 감정을 동물에게 투사할 수도 있다. 예를 들어, 감정을 투사하는 사람은 자기 동물이 종일 혼자 남겨져 있을 때 그 동물이 외롭거나 슬프다고 느낀다. 이것은 실제로 그 사람이 그 비슷한 상황에서 느낀 것이지 그 동물이 느낀 것이 아니다. 사실 그 동물은 혼자 있는 것에 대단히 만족해 할지도 모른다.

　외로움에 대한 우리만의 느낌과 불안을 다루지 않거나 동물들을 혼자 놔두는 것에 대한 죄책감을 경험했다면 이렇게 될 수 있다. 우리가 할 일은 수용적이 되는 것이다―그 동물의 응답을 경청하고 그가 당신에게 말한 것에 우리의 느낌을 싣지 않는 것이다. 정확하게 소통하기 위해서, 우리는 경계를 인식할 필요가 있고 우리만의 느낌에 책임지는 법을 배워야 한다.

훈련 : 그 동물이 되기

당신이 선입견을 갖거나 결론으로 뛰어넘어가거나 당신만의 느낌을 동물들에게 투사하는 것 때문에 힘들다면 당신만의 방식에서 벗어나야 한다. 좋은 방법은, '그 동물이 되기' 훈련을 하는 것이다. 이 훈련은 당신이 당신의 지각에 집착하여 머물도록 하기보다 당신이 동물의 지각을 경험할 기회를 제공한다. 당신은 동물의 눈을 통해 사물을 보고 동물의 몸을 통해 사물을 느끼고 동물의 마음을 통해 생각한다.

긴장을 푼 공간에서 그 동물과 함께 앉고 시작한다. 그 동물에 대해 알고 싶었던 것과 발견하고 싶었던 것에 관해 생각하라. 그런 뒤에 그 동물의입장에서 상상해 보라. 2장의 게슈탈트 훈련에서 했던 것처럼 말이다. 이것은 다른 훈련보다는 좀 더 힘이 든다. 당신이 어려움을 겪는다면 당신 자신에게 질문하라; 동물의 몸이 되는 것은 어떤 기분일까? 동물의 눈으로 보면 세상이 어떻게 보일까? 키가 아주 작거나 아주 크면 어떤 기분일까? 그 동물처럼 되는 것이 어떤 기분인지 한번 이해했다면 그 다음엔 그 동물이 당신의 질문에 어떻게 대답할지 상상해 보라. 어떤 말을 할 것 같은가? 그 동물이 당신에게 답하도록 그냥 두고 그 답을 믿어라.

이 훈련은 동물의 관점을 듣고 그들을 더 잘 이해할 수 있는 멋진 방법이다. 이 훈련은 당신이 통역이나 투사 없이 들을 수 있도록 해 준다. 한번 시도해 보라!

의심을 멈추고 자신의 능력을 믿기

내가 이 주제를 아주 잘 이해하는 이유는 애니멀 커뮤니케이션을 시작했을 때 가졌던 자기 회의 때문이다. 사실, 처음에는 다들 이렇게 느낀다. 이런 것은 배우는 과정에 있어서 우리가 정직해지도록 돕기에 긍정적인 요소가 될 수 있다. 때가 되면, 이번 섹션에 있는 훈련으로, 당신의 의심을 다루고 조절하는 방법을 배우게 될 것이다. 당신은 결과 확인을 수용할 수 있게 되고 자신의 발전을 긍정적으로 느낄 수 있다.

당신 자신과 동물들에게 인내심을 가져라. 애니멀 커뮤니케이션에 겁먹을 필요는 없다. 애니멀 커뮤니케이션은 너무나 간단하여 오히려 우리는 애니멀 커뮤니케이션을 믿지 못하곤 한다.

당신이 받은 것에 집중하고, 받지 못한 것은 신경쓰지 말라. 기억하라, 당신은 단단한 기초를 닦고 구축하는 중이라는 것을.

처음 시작할 때는, 동물의 생각과 당신의 생각을 섞을 수도 있다. 하지만 괜찮다. 실제 연습과 당신의 정신적인 연구와 명상을 통해, 결국 당신의 생각은 걸러내게 될 것이다. 당신의 커뮤니케이션은 점점 더 명확하고 정확하게 되어 갈 것이다.

당신을 남들과 비교하려고 하지 말라. 나는 워크숍에서 사람들이 "나는 단지 느낌만을 받을 뿐이에요. 그녀처럼 그림을 받고 싶은데 말이죠."라고 말하는 것을 듣곤 한다. 그림으로 받았다는 그 사람은 '나는 단지 그림만 받을 뿐이야. 느낌을 받고 싶은데⋯⋯.'라고 생각할 수 있다. 당신이 '나는 ~을 받았으면 좋겠어.'라고 생각하는 자신을 발견한다면 그 생각을 정지시킬 필요가 있다. 커뮤니케이션에서 얻지 못한 것을 돌이켜 보는 대신 당신이 받은 것을 돌이켜 보라. 당신이 그 동물과 정말 커뮤니케이션을 했음을 인지하고 그 사실을 자랑스러워하라.

다른 사람이 했던 것처럼 소통하려고 하는 대신, 당신만의 고유한 스타일을 받아들이고 그것을 개발하라. 어떤 것이 가장 잘되었는지를 찾아내라. 원거리 커뮤니케이션이 더 잘되었는가 아니면 옆에 있는 동물과의 소통이 더 좋은가? 동물의 사진을 이용하는 것을 좋아하는가? 동물과 단 둘이 있기를 원하는가 아니면 주변에 다른 사람이나 동물들이 있어도 상관없는가?

내 집 잔디가 다른 집 잔디보다 더 푸를 필요는 없다; 그냥 다른 종류의 잔디인 것이다. 당신이 남의 잔디가 더 푸르러 보인다면, 그것은 단지 당신이 그렇게 보았을 뿐이다.

훈련: 상대 동물을 묘사하기

자기 회의를 극복하는 것은 당신이 숙지하고 있는 커뮤니케이션 세션들을 시작하도록 하는 데 도움을 주며, 이 일의 결과는 성공적일 것이다. 이 일은 상대 동물의 신체 속성을 묘사하는 것만큼 쉬운 일이 될 수 있다. 여기 이 시점에서 시작함으로써, 당신은 실감하든 못하든 간에 상대 동물과 접속을 시작한다. 당신이 그 동물을 신체적으로 묘사하고 난 뒤에는 그 동물을 다른 수준들에서 묘사하는 단계로 나아갈 수 있을 것이다.

동물과 함께 조용하게 앉는 것으로 시작하라. 2장에서 했던 것처럼 긴장 풀기나 명상 훈련을 하라. 그런 뒤에 긴장이 풀리고 열린 상태가 되면 그 동물을 신체적으로 묘사하라. 예를 들어, 나의 개 제시와 이 훈련을 하고 싶다면, 당신은 "나는 털이 짧고 주근깨가 있고 까만 코에 갈색 눈을 가진 바둑이 한 마리를 보고 있다. 제시는 윤기 있는 털 코트를 갖고 있고, 아주 귀엽게 앞다리를 포개고 앉아 있다."라고 말할 것이다. 당신은 제시를 묘사한 것을 듣는 과정에서 긴장을 풀게 되고 제시의 성격을 부드럽게 묘사하기 시작할 텐데, 아마도 "제시는 친절하고 행복해 보인다. 사람들을 사랑하고 자신만만하다."라고 말할 것이다. 당신은 자신이 본 것을 구축하기 시작했다.

이것은 아이에게 자기 방에 어질러진 블록으로 무언가를 지어 보라고 말하는 것과 비슷하다. 처음에는 그 작업이 아이에게는 굉장히 어렵게 느껴질지 모른다. 하지만 손 안에 블록을 쥐고 이리저리 움직이다 보면 느낌을 받고 결국에는 뭔가를 지어 낸다. 모양이 어떤지는 상관이 없다. 이 훈련도 비슷하다. 당신은 어떻게 지어질지 모르는 것을 어딘가에 구축할 필요가 있다. 그런 뒤에 그곳에서 발전할 수 있다. 이 간단한 훈련이 얼마나 성공적인지 놀라게 될 것이다.

설명을 요구하지 않는 것

동물들에게 질문을 몇 가지 할 때, 사람들은 하나의 정답만이 있어야 한다고 생각하고 불안해 한다. 사람들은 자주 두려워하고 의식적이고 논리적인 정신 세계에 틀어박혀 버린다. 질문을 하는 대신 물어보라. 특정 상황에 대해 어떻게 느끼는지 들려달라고 하면서 다가가 보라. 질문의 예는 3장에 있는 목록을 참고하라. 그런데 당신이 받은 답이 항상 이해 가능하지는 않다는 점을 기억하라. 당신은 그 동물에게 메시지를 이해하지 못하겠다고 말할 수 있고, 좀 더 상세한 내용을 물어볼 수 있다. 다른 누군가의 동물과 소통하려고 하면서 어떤 부가적인 정보를 받지 못했다면, 동물의 보호자에게 당신이 받은 내용을 말하라. 그 주인은 동물의 메시지를 이해할 수 있을 것이다.

종종 사람들은 자신들이 동물들에게서 들은 내용을 이해하지 못할 때, 설명을 요구하기를 부끄러워하거나 두려워한다. 그들은 설명을 요구하는 것이 옵션이라는 것을 깨닫지 못한다. 하지만 당신은 다른 사람과의 대화에서 상대가 말한 것을 파악하지 못했을 때 설명을 요구하지 않았는가? 당신이 이해하지 못한 것을 되풀이해 달라고 동물에게 요청하는 것은 완전히 논리적이고 용인할 수 있는 행동이다. 상대 동물은 당신을 판단하지 않을 것이다. 예를 들어, 동물이 낙담하고 있다는 것을 감지했다면 거기서 멈추지 마라. 먼저 당신이 동물의 메시지를 정확히 받았는지 확인하라. 그런 뒤에 왜 그렇게 낙담하고 있는지 물어보고, 상대 동물의 기분을 나아지게 하려면 어떻게 도울 수 있을지 물어보라. 당신이 동물의 문제를 풀어 내는 유일한 방법은, 무엇이 잘못 됐으며, 동물들이 필요로 하는 것이 무엇인지 알아내는 것이다. 동물에게 이렇게 말해 보라. "네가 낙담한 것처럼 느껴지는데, 그러니? 왜 그렇게 느끼는지 내게 말해 줄래? 기분이 나아지려면 뭐가 필요한지 내게 말해 줘." 당신이 궁금한 것을 물어보고 답을 들어가며 동물과 진실한 대화를 나누어 보라.

종종 우리는 동물 탐정이 될 필요도 있다. 탐정이 되면 동물들에게 예비 질문을 하는 것을 편안하게 느껴야 한다. 묻는 것을 두려워 말라. 당신이 초보자라고 동물들에게 말해도 괜찮다. 동물은 당신에게 인내심을 발휘할 것이다.

이번 장의 장벽 목록은 커뮤니케이션을 막거나 부정확한 해석으로 이끄는 일반적인 문제 몇 가지다. 이 책에 있는 전략과 함께하고 훈련 과정에서 작은 믿음을 갖고 있다면 모든 사람들이 장벽을 넘어설 것이다. 분석하려고 하지 마라. 긴장을 풀어라. 하트토크가 숨 쉬는 것처럼 자연스러워질 때까지 당신 인생과 하트토크가 조화를 이룰 수 있는 시간을 자신에게 허락하라. 이번 장에서 먼저 배운 훈련 가운데 몇 가지를 복습하고 경험해 본 뒤에 앞으로 나아갈 준비가 되었다면 다음의 훈련들을 실험해 보라. 이 훈련들은 당신의 텔레파시 기술과 직관력을 강화시킬 것이다. 그중 몇 가지는 파트너가 필요하고, 몇 가지는 혼자 할 수 있는 것이다. 나는 당신이 텔레파시 능력을 발전시키는 동안 당신 자신을 도울 방법들을 포함시켜 놓았다.

당신의 텔레파시 능력을 높이고 강화시키는 훈련들

훈련 : 에너지 느끼기

이 훈련은 간단하지만 심오한 것으로, 당신이 느낀 것이 실제라고 믿는 기회를 제공한다. 이 훈련은 실체적이고 구체적이어서 당신이 느낀 것을 부정할 수 없기 때문에 쉽다는 것을 알게 될 것이며, 당신이 실제로 볼 수 없었던 느낌들이나 사물들을 묘사하기 위해 단어를 사용하는 방법을 배우게 될 것이다. 이 훈련은 당신의 삶의 에너지를 느낄 수 있게 도와주고, 그 에너지가 정말 살아 있음을 알 수 있게 하는 훌륭한 실험이다.

편안한 의자에 앉아서 긴장을 풀어라. 양 손바닥을 열이 느껴질 때까지 강하게 비벼라. 그때 양 손을 15cm 정도 떨어지게 둔 다음 천천히 떨어뜨렸다가 마주치지 않을 때까지 다시 모은다. 모았다 떨어뜨렸다가 마치 아코디언을 연주하는 것처럼 계속하라.

당신의 양 손 사이에 뭔가 일어난 것을 느낄 것이다. 어떤 사람들은 그 무언가를 간지러운 느낌, 따뜻한 느낌, 자기장의 끌림이나 전기 같은 느낌으로 묘사했다. 당신이 느낀 것은 양 손 사이에 잡아 놓은 당신의 에너지다. 에너지를 좀 더 강하게 느끼려면 양 손을 잔 모양 비슷하게 만들고 축구공 주위를 회전하는 것처럼 회전 운동을 한다. 당신의 에너지는 생생하게 살아 있다.(당신이 지금 느끼고 있다.) 그리고 당신이 이 에너지를 볼 수 없음에도 불구하고 명명하거나 묘사할 수 있다. 이런 훈련은 궁극적으로 자신의 느낌과 직감을 믿을 수 있게 한다.

훈련 : 약솜구(Cotton balls)

내가 워크숍에 약솜구를 가져올 때마다 사람들은 웃어 대며 무엇을 할 참인지 궁금해 한다. 하지만 이 훈련을 즐기지 않은 사람은 지금까지 한 명도 없었으며, 직관력과 텔레파시 능력을 발전시키는 데 도움을 엄청나게 준다.

고급반으로 넘어가기 전에 준비 과정으로 에너지 체험 훈련을 시작하는 것은 유익하다. 약솜구 훈련은 다른 사람들과 함께 할 때 가장 잘된다—적어도 두 명 또는 원하는 만큼 많을 때. 상대와 마주보고 앉기 위해 모두 모여라. 각 사람마다 약솜구는 한 줌 가득 필요한데 지름은 약솜구로 만든 공은 지름이 약 15cm 정도가 되도록 한다. 훈련 그룹의 사람들은 눈을 감고 발은 평평한 바닥에 놓는다. 이 시점에서 당신은 2장의 긴장 풀기와 명상 훈련 테이프를 틀 수도 있고 또 다른 참여자에게 다음 사항들을 그룹에게 읽어 주도록 부탁할 수도 있다.

- ♥ 긴장된 곳이 있는지 당신의 신체를 살펴보면서 심호흡을 몇 번 하라. 긴장한 부분에 숨을 불어넣은 다음 모든 긴장은 숨을 내쉴 때 풀어지도록 하라.
- ♥ 당신의 두 발바닥에는 매우 현명한 나무에서 나온 뿌리가 있고

있고 그 뿌리는 땅속 깊숙이 펼쳐져 있다고 상상하라. 이 뿌리는 당신이 전체 훈련 과정 동안 계속 연결되고 접지되어 있도록 도와줄 것이다.

♥ 당신의 정수리를 통해 밝은 빛이 들어가도록 하고 신체의 모든 근육의 긴장을 풀도록 하라. 그 부드러운 빛은 당신의 몸을 통해 술술 흘러내려간다. 다리로, 발로 그리고 다시 손으로 흘러들어가서 그 빛이 약솜구로 만든 공으로 들어가도록 하라.

♥ 이렇게 되고 나면 약솜구 공이 이제 어떻게 느껴지는지 인지하라. 당신은 약솜구 공을 가볍게 잡을 수 있을 것이다. 당신이 원하는 대로 약솜구 공을 부풀리거나 꽉 쥘 수 있다. 여기서 가장 중요한 것은 약솜구 공이 어떻게 느끼는지 인지하는 것이다. (약 5분 간 그대로 있으시오.)

♥ 이제 눈을 열고 당신의 약솜구 공을 방 안의 다른 사람에게 넘겨라. 눈을 다시 감고 넘겨받은 다른 약솜구 공을 느껴 보도록 하라. 그 약솜구 공은 어떻게 느껴지는가? 원래 당신의 약솜구 공과 비교했을 때 어떤가? 넘겨받은 약솜구 공은 그전 것과 똑같이 느껴지는가? 아니면 비슷하게 느껴지는가? 아니면 아주 다르게 느껴지는가?(5~10분 동안 멈춰 있으라. 또는 모든 이들이 다 느꼈을 때.)

이 시점에서 모두는 눈을 뜨고 한 명씩 다른 사람과 바꾼 약솜구 공에 대해 어떻게 느꼈는지 설명하고 자신의 약솜구 공과는 어떻게 달랐는지 설명하라.

약솜구 공에서 당신이 느꼈던 것과 그 느낌을 얼마나 분명히 표현할 수 있는지에 대해 놀랄 것이다. 이 훈련에서 무슨 일이 일어났는지 복습해 보자. 먼저 당신의 에너지가 솜으로 쉽게 흘러가도록 하라. 솜은 내가 찾아낸 훌륭한 에너지 흡수기이다. 파트너와 약솜구 공을 바꿀 때 당신은 다른 공의 에너지가 어떻게 다르게 느껴지는지 구분할 수 있다. 당신은 더 이상 약솜구 공으로만 느끼지 않을 것이다. 에너지를 경험하고, 그 경험을 단어로 분명히 표현할 수 있다. 당신은 에너지의 미묘함을 인지하게 된다. 당신 자신에게 등을 두드려 주라.

사람들은 이 훈련에서 놀라운 반응을 보인다. 한 워크숍 참가자는 자신이 받은 약솜구 공은 각각 분리되어 있음에도 불구하고 약솜구들이 각기 제자리와 제 목적을 갖고 있으며 매우 잘 조직된 것 같은 느낌을 받았다고 말했다. 그녀는 그 다음 약솜구들은 매우 따뜻하고, 사랑스럽고, 상냥하다고 느꼈다고 했다. 그녀가 넘겨받은 공의 에너지에 대해 묘사한 것은 그 공을 넘겨주었던 사람이 원래 담았던 에너지였다. 공을 넘겨주었던 사람은 매우 조직적인 사람이고 집 안도 잘 정돈되어 있다고 말했다. 우리는 그가 매우 상냥하고 정다운 사람이라는 것을 느낄 수 있었다. 그의 다양한 속성들은 솜 안에 든 에너지로 느껴진다.

다른 사람은 약솜구 공에 약솜구들을 가두고 꽉 압착된 느낌이어서 약솜구들에게 공간과 공기가 필요한 것 같다고 묘사했다. 그녀는 약솜구가 가벼움과 재미를 필요로 하는 것처럼 느꼈다고 말했다. 그녀가 이런 정보를 들려주자, 그 약솜구 공을 원래 갖고 있었던 사람은 과중한 업무로 인한 압력을 때문에 매우 고립되고 가두어진 느낌을 가져왔다고 동의했다. 그녀는 재미를 위한 시간과 여유가 절실히 필요한 때라고 말했다.

당신의 경험을 들려줄 때, 가능하면 어디에서든 어느 때든 상관없이 결과를 확인해 보라. 이것은 자신감을 구축하는 데 도움을 준다. 이 훈련은 거의 모든 사람이 무형의 것을 경험할 수 있도록 도와줌으로써 항상 큰 히트를 치고 있다.

훈련 : 사진들

우리는 내 워크숍에서 사람들이 동물들과 원거리 커뮤니케이션을 배우기 시작할 때 이 훈련을 사용했다. 훈련 참가자들은 자신의 동물 사진을 소지해야 한다. 이렇게 하는 것은 소통할 동물에 대해서 어떻게 생겼는지 보여 주는 사진 빼고는 아는 것이 없는 상태일 때 당신의 자신감을 키우는 데 도움을 줄 것이다.

당신은 이 훈련을 2명 이상과 할 수 있다. 그룹에 속해 있다면 참가자들은 사진을 바구니에 뒷면이 위로 가도록 놓는다. 그런 다음 사진을 바구니에서 고른다. 당신은 당신의 동물을 뽑은 사람에게 동물의 이름을 알려 줄 수 있는데 다만 그뿐이어야 한다. 만약 한 명하고만 훈련한다면 사진을 교환하고 자신의 이름만을 서로에게 알려 주도록 한다. 참가자 모두 등을 기대고 앉아서 긴장을 풀고 편안하게 있는다. 그룹으로 명상 훈련을 해도 좋고, 자신들이 고른 방식으로 조용하게 있어도 좋다.

그 뒤 5~10분 간 사진과 함께 앉아 있는다. 사진을 보라. 그 동물을 보고 그냥 그 동물과 함께 있어라. 이따금씩 눈을 감고 당신의 마음을 동물에게 열어라. 눈을 떴다 감았다 하면서 그 동물을 보고 그 다음에는 긴장을 풀고 당신 마음의 중심을 열어라.

그런 다음 당신이 받은 이미지, 느낌, 생각, 감상을 직접 경험하도록 하라. 당신이 받은 것 가운데 몇 가지는 적어 두어라. 당신의 머릿속에 모든 정보를 담아 둘 필요는 없다. 당신이 만일 받아 적고 있다면, 더 나타날 정보를 위해 공간을 남겨 둬라.

당신 마음에 날아다니는 바나나가 보여도 상관없다. 그냥 써라. 믿거나 말거나 그 동물은 바나나를 좋아할지 모른다. 정보를 평가하지 말라. 그냥 받아들여라. 그것이 당신에게는 전혀 이해되지 않을 수 있다. 하지만 그 동물의 보호자에게는 이해될 수 있는 내용일 것이다.

모든 사람이 훈련이 마쳤을 때 받은 정보를 번갈아 가며 들려주도록 한다. 이런 토론들은 일반적으로 매우 폭로적이고, 모든 이의 경험을 확인하게 한다.

예를 들어, 당신이 철망 울타리를 보고 그 동물이 물을 사랑하는 느낌을 받을 수도 있다. 당신은 회색 고양이의 이미지를 보고 그 고양이에 대해 좋은 느낌을 받을지도 모르고, 당근 한 단과 산허리에 있는 여러 마리의 말을 볼 수 있을지 모른다. 이런 아이템들은 공통 요소가 없는 것처럼 보이지만, 그 동물을 완벽하게 묘사한 것일 수 있다. 당신이 선택했던 사진의 개가 철망 울타리가 있는 마당에서 살고 있을지도 모르니까 말이다. 그 개는 수영을 좋아하고, 친구로 회색 고양이가 있으며, 당근을 잘 먹으며 산허리에 인접한 이웃집에 사는 말들과 많은 시간을 보낸다.

당신은 사진 한 장만을 통해서 받은 정보가 많은 데 놀라게 될 것이다. 사진과 함께 간단히 긴장을 풀고 앉기만 하면 그 동물에 대해 특별한 내용들을 많이 받게 될 것이며, 심지어 받으려고 애쓰지 않아도 될 정도가 된다. 그 일은 그냥 일어난다.

이런 훈련이 아주 잘되는 이유는 열린 마음의 틀에 당신을 넣어 주기 때문이다. 질문할 사람이 없으므로 당신은 답을 알지 못하는 데 대해 공포를 느끼지 않고, 자기 자신에게 요구하지 않아도 된다. 당신은 무슨 일이 일어나는지 그냥 보기만 하면 하면 된다.

이 훈련은 한 사람과 사진 한 장으로 이루어질 수도 있다. 어떤 사람은 동물 사진으로 작업하는 것을 좋아하는데, 그 이유는 압박감을 없애 주기 때문이다. 이런 사람들은 사람들과의 텔레파시 커뮤니케이션을 배우려는 시도를 하지 않으므로 성공에 대한 자신의 느낌에 대해 크게 신경쓰지 않는다. 이들은 공포와 의심으로 인해 방해 받지 않고 다만 훈련의 결과에 전율을 느끼게 될 뿐이다. 이런 사람들 대부분은 자신에게 정보가 그렇게 쉽게 전달되는지에 대해 정말 놀랐다고 내게 말한다. 이런 일은 당신이 기대감을 버렸을 때 자주 나타나는 결과다.

훈련 : 느낌이나 이미지에 집중하기

이 훈련은 상대와 함께 잘되는 훈련이다. 한 명은 송신자로, 상대방은 수신자로 시작하고, 뒤에 역할을 바꾼다. 2장의 컬러 파트너 훈련과 비슷한데, 이번 시간에는 컬러 대신 느낌을 보내게 될 것이다. 긴장 풀기와 명상 훈련을 함께한 뒤에 상대방과 마주보고 앉는다. 송신자는 평화, 기쁨, 공포나 슬픔 등의 보낼 느낌을 선택하라. 그 느낌에 흠뻑 빠져서 느낌을 전송하는 데 집중하라. 수신자로서의 당신은 감각을 빨아들이는 스펀지처럼 열어라. 가장 중요한 것은 당신이 느낀 것을 믿는 것이다.

간단한 이미지들로 이 훈련을 해 볼 수도 있다. 예를 들어, 그룹을 짤 때, 종이마다 동그라미, 네모, 삼각형, 마름모를 각각 하나씩 그린다. 그런 뒤에 종이 뒷면이 위로 오도록 바구니에 담고 시작할 사람이 한 장을 고른다. 송신자는 그 이미지에 가능한 한 강하고 명확하게 집중하고 수신자에게 그 이미지를 보낸다.

훈련 : 다른 사람의 집 방문하기

이 훈련은 당신의 직관을 믿고, 동물과의 원거리 커뮤니케이션 기술을 발전시킬 수 있도록 도와주는, 매우 대단한 것이다. 캘리포니아 주 산타 바바라에서 온 심령술사 팸 오슬리는 자신의 워크숍에서 이 훈련을 활용하는데 나도 들은 적이 있다. 처음 내 반응은 나는 절대로 안 되겠다는 것이었다. 다행히도 내가 틀렸다.

이 훈련을 파트너와 함께하라. 번갈아 가며 이 훈련을 경험하라.

이 훈련 방법은 마음을 통해 눈에 보이는 모양으로 파트너의 집을 방문하는 것인데 집의 안팎이 어떻게 생겼는지 보는 것이다. 당신은 컬러, 재질, 가구 같은 상세한 것을 인지하고, 결과 확인을 위해 결과를 파트너에게 설명할 것이다.

파트너와 마주보고 앉는 것으로 시작하라. 누가 먼저 시작할지 결정하라. 사랑스러운 황금빛의 안전하고 편안한 느낌으로 서로에게 지지가 되어 주는 느낌으로 감싸라. 처음에 시도할 때 당신의 몸에서 1미터 정도 바깥으로 빛(당신의 의식 세계를 상징하는)을 확장시켜라. 그런 뒤에 빛을 방 전체에 뻗어 나가게 한다. 그 빛이 건물 바깥으로 나가도록 계속하고, 당신의 의식 세계는 담 안에 한정되지 않는다는 것을 알아두라. 빛을 더 뻗어나가게 하여 파트너의 집 현관까지 가도록 한 뒤 파트너의 집 현관은 어떻게 생겼는지 시각화하라. 문의 재질은? 컬러는? 주변에는 무엇이 있는가? 그런 뒤에 집 안으로 들어가서 집 내부를 세세하게 살펴라—벽의 컬러, 바닥에 깔린 러그 등. 가구는 어떻게 생겼는가? 그 밖에 무엇이 보이는가?

탐정이 되어 보라. 세부적인 것까지 찾아보라. 이 훈련에 10분 정도 투자하라. 끝났다고 느껴지면 심호흡을 몇 번 하라. 매 호흡마다 당신의 의식은 실제 환경과 실제 신체로 점점 더 돌아올 것이다. 당신의 의식이 방 안으로 쉽고 부드럽게 돌아오도록 하라. 완전히 현실로 돌아왔음을 느끼면 안전되면 파트너에게 당신이 찾은 것을 들려주라. 그 집이 어떻게 생겼는지 세세하게 묘사하라.

이제 역할을 바꿔서 당신의 파트너가 당신 집을 탐험하도록 하

라. 집주인으로서, 파트너의 결과를 확인시켜 주어 파트너가 얼마나 잘했는지 알도록 하라.

    이 훈련을 했을 때, 나는 파트너의 집에 단단한 금색 목재 마룻바닥과 빨간 동양식 러그가 깔려 있고, 빨간색 포인트를 준 흰색 가구가 있는 것을 보았다. 집이 밝고 공기가 잘 통하도록 창문이 많았다. 나는 해변 가까이 집이 위치해 있음을 느꼈다. 벽난로 하나와 집 전체에 쌓여 있는 잡지와 책을 보았다. 주로 빨강색으로 된 예술 작품은 플렉시글래스(미국에서 창문이나 가구에 사용하는 유리의 상표명-역주) 섀도박스(물건을 보호 및 전시하기 위해 앞면에 유리판을 끼운 케이스-역주) 안에 넣어져 전시되어 있었다. 이런 시각적인 여행이 원거리로도 가능하다는 것을 발견하고 엄청나게 흥분했었다. 놀랍게도, 나의 파트너는 내가 보고 느낀 이미지들이 자신의 집과 일치한다고 확인해 주었다.

훈련 : 자동적으로 메모하기

나는 동물들과 소통할 때 정보를 메모하는 방법으로 이 훈련을 시도해 보라고 장려한다. 당신이 정보를 적을 때 당신의 머릿속 생각들을 꺼내어져 종이에 옮겨진다. 동물이 말한 모든 것을 기억할 필요는 없으며, 더 많은 정보가 들어올 수 있도록 공간을 열어 놓아라. 자세하게 쓰고 싶으면 자세히 쓰고, 키워드나 심볼만 적어 넣고 싶다면 그렇게 하고, 그림으로 그려 넣고 싶으면 또 그렇게 할 수 있다. 자신에게 편한 것을 골라라. 소통이 막히거나 정체된 느낌을 받을 때 도움을 얻기 위해 이 기술을 사용할 수도 있다.

소통할 동물과 함께하고 긴장을 푼 뒤에는, 그 동물에 대해서 알고 싶은 것에 집중하고 메시지를 보내라. 이제 볼펜이나 연필을 손에 들고 동물에게서 느끼고 알아차린 것을 유념해서 자연스럽게 메모하라. 아무 일도 일어나지 않은 것처럼, 공백의 느낌을 받았다면 종이에 정확하게 그 단어를 적어라. "나는 아무 일이 없었던 것처럼 공백을 느꼈다." 비록 바보처럼 느껴지더라도 말이다. 이런 훈련에서 중요한 것은, 어떤 일이 없어도 메모를 계속하라는 것이다. 무엇이 되었든지 간에 생각의 흐름을 기록하도록 하라. 결국 당신은 그 동물과 실제 커뮤니케이션을 시작할 수 있을 정도로 긴장을 충분히 풀게 될 것이다.

자동적인 메모는 좀 더 세부적인 내용을 받는 데 필요한 문을 여는 데 도움이 된다. 다시 한번 말하지만, 이런 세부적인 내용들은 바로 이해되는 일은 아닐 수도 있고, 서로 상충되는 내용일 수도 있다. 결국 모든 퍼즐 조각들은 하나의 완전한 그림으로 완성될 것이다. 이 훈련은 빠른 낱말 연상 훈련과 비슷하지만 파트너 없이 할 수 있다. 매일 자동적으로 메모하라; 하루 일정의 한 부분으로 만들어라. 많은 사람들은 이 훈련을 좋아하며, 영구적인 커뮤니케이션 방법으로 선택한다.

격려하는 수단

애니멀 커뮤니케이션을 배우는 과정에서 좋은 날도 있고 나쁜 날도 있을 것이다. 어떤 때는 접속되었다고 정확하게 느낄 것이고, 또 어떤 때는 능력을 잃어버린 것처럼 느끼게 될 것이다. 이것은 완전히 자연스러운 학습 곡선이다. 계속해서 자신을 격려함으로써 인내심을 잃지 않고 포기하지 않게 된다. 나의 학생 가운데 대다수가 다음의 자기 격려 방법을 시도해 보고 도움이 된다는 것을 알게 되었다.

확언

지지는 당신의 의도를 명확하게 하고, 부정적이고 내적인 수다를 잠재우는 좋은 방법이다. 커뮤니케이션 세션을 시작하기 전에, 자기 자신에 대해 몇 가지 확언을 하도록 하라. 여기 몇 가지 예제가 있다. 자신만의 것을 제안해도 좋다.

- 나는 이런 능력을 갖고 있다는 사실을 알고 있다.
- 나는 신성한 안내를 기대한다.
- 나는 정보를 받기를 바란다. 그 정보는 정확하고 최고로 좋은 것이다.
- 나는 내 마음이 관찰 중에 방관자로 있도록 요청한다.
- 나는 나의 힘으로 이 경험을 갖기로 결정했다.
- 나는 이 경험에 사의를 표한다.

성공 노트

워크숍에서, 나는 자주 학생들에게 백지나 괘선지로 만들어진 예쁜 표지의 노트를 찾아보라고 제안한다. 그 노트에는 당신이 했던 동물과의 텔레파시 소통에 관한 성공 스토리만 쓸 수 있다. 당신이 받았던 것이 이미지였든, 단어였든, 느낌이었든, 생각이었든, 개념이었든 간에 정확한 응답을 모두 기록하라. 그러면 당신이 받은 정보에 대한 각각의 평가가 축적된다. 그런 뒤에 당신이 스스로를 의심하거나 지지가 필요할 때 당신의 성공 노트를 참고할 수 있다. 확인 결과를 다시 보게 되면 당신이 진짜 동물들과 소통했음을 인정하게 될 것이다. 나는 당신이 특히 감동했던 단어나 문장 또는 단락, 페이지에 별 표시를 해 보라고 권한다. 초등학교 때 상냥한 선생님들이 당신의 숙제에 붙여 주곤 했던 빛나는 별 모양 스티커를 이용해 보라. 그것은 사무 용품점이나 문구점에서 구할 수 있다.

지지 그룹

새로운 모험에 들어간 당신을 지지해 줄 사람들이 당신을 에워싸도록 하라. 지금 당신에게 필요한 것은 격려의 말이다. 명상 그룹이나 세미나 등 당신을 지지하는 것을 찾을 수도 있다. 아니면 애니멀 커뮤니케이션을 공부하는 다른 사람들이나 이 책을 읽은 사람들로 당신만의 지지 그룹을 만들어 보라. 한 달에 한 번씩 만나는 것으로 시작하고 상대의 동물들과 텔레파시 소통을 연습하라. 당신은 그 뒤에는 포트럭 파티(Potluck party)를 하고 싶어 할지도 모르겠다. 나의 워크숍 학생들 중 많은 사람들이 지지 그룹을 형성한 결과, 기술이 극적으로 발전되었다.

동물에게 지원 요청하기

당신이 애니멀 커뮤니케이션을 하는 데 큰 어려움을 겪고 있다면 그 동물에게 도움을 요청하라. 직관은 동물들에게는 자연스러운 언어이다. 긴장을 풀고 등을 붙이고 앉아라; 상대 동물에게 소통으로 받은 게 있는지 알 수 없다고 말하고, 도움이 필요하다고 말하라. 그 동물에게 자신을 기꺼이 돕고 싶은지 물어보라. 응답이 왔는지 당신의 육감을 지켜보라. 어떤 느낌이 드는가? 그 느낌은 흥분과 열정의 긍정적인 느낌인가? 아니면 불편하고 불확실하고 감격적이지 않은 느낌인가? 아마 상대 동물이 그 순간은 돕고 싶지 않을지 모른다. 그렇다면 그런 느낌이 맞을 것이다. 하지만 대부분의 동물들은 도움을 요청받으면 감격하므로 그런 반응을 받을 것 같지는 않다.

다음에 나오는 자신감 구축 훈련들은 당신의 동물들과 할 때 입증이 잘될 수 있다. 왜냐하면 당신이 그들을 너무 잘 알기 때문에, 당신이 받은 것이 당신의 생각이나 느낌이 아니라 동물에게서 실제로 나온 것이라고 믿기가 어렵다. 이런 훈련들은 당신의 반려동물에게 연락을 하고 있다는 것을 확인시켜 준다.

- 텔레파시로 동물에게 앉으라고 하고, 누우라고 하고, 당신에게 오라고 하라. 그렇게 당신이 동물이 하기를 바라는 이미지들을 보내라; 당신 마음속에 동물이 하는 모습을 명확하게 그려 보라. "앉아."

라는 메시지를 명확하게 한다면 당신의 동물은 앉을 것이다. 이것은 결과 확인이 될 것이다.

● 당신의 동물이 당신과 소통할 때 사인을 달라고 요청하라. 동물이 당신에게 어떤 방식으로 통지할지는 그 동물이 결정하도록 맡겨 둬라. 당신이 사인을 받았다고 생각했을 때는 그대로 믿어라.

● 당신의 동물이 보낸 메시지를 당신이 받았다고 동물이 느낀다면 당신에게 사인을 보내 달라고 다시 요청하라. 다시 한번 말하지만, 사인을 주시하고, 사인이 왔을 때는 믿어라.

동물에게 도움을 요청하는 것으로 당신이 그 동물의 세계로 흘러 들어가라. 그 동물에게 접촉하려고 노력하는 대신, 그 동물의 세계로 부드럽게 들어가라. 그 동물에게 당신이 접촉하려는 데 대해 어떤 느낌을 받았는지 당신에게 보여 달라고 부탁해 보라. 당신은 너무 힘써 밀어붙이고 너무 쉽게 포기하지 않았는가? 그 동물은 강력하면서도 부드러운 접속을 위해서 당신이 해야 할 일이 무엇인지 당신이 알 수 있도록 도울 수 있을 것이다. 동물의 말을 판단하려고 하지 말고, 그 동물이 당신에게 자유롭게 말하도록 하라.

당신이 동물의 응답을 믿지 못한다면, 그 동물에게 나는 초보자이고 의심에 사로잡혀 있다고 말하고 인내심과 안내를 부탁하라. 그리고 나서도 당신이 계속 의심한다면 동물은 얘기를 멈출 수도 있다. 당신이 그를 믿지 않기 때문이다.

당신이 막다른 골목에 있는 듯할 때 일시적일 뿐이라는 것을 깨달아라. 자신에게 중간 휴식 시간을 주라. 적당한 시간이 되었다고 느껴지면 조용한 공간으로 가서 부드럽게 자기 자신에게 물어라. "애니멀 커뮤니케이션을 이해하고, 할 수 있게 되는 방법은 어떤 게 있을까?" 당신에게 떠오르는 결과가 무엇인지 주목하라. 당신은 그 내용을 적고 싶거나, 동물들에 대한 어떤 시각을 얻을 수 있도록 도와주는 친구와 함께 토론하고 싶을 수도 있다. 자신에게 시간을 주고 그 뒤에 당신이 배운 것을 다시 시도하라. 종종 새로운 접근은 상황을 완전히 달라지게 할 수 있다.

스쿠터. 4살 때 모습. 하모니의 대가로 21년을 살았다.

조이 보이. 캐롤과 함께
자신의 수업을 지켜보는 모습

제2장
중요한 건 마음

5
인생에 있어서 동물의 의미

동물들은 우리의 인생에서 가장 가치 있는 관계를 약속한다. 반려동물을 선택하는 것은 매우 중요한 일이다. 당신이 친구를 선택할 때처럼 말이다. 또한 일단 동물을 선택했다고 해도 그것으로 끝나는 것이 아니다. 인간관계에서처럼, 가장 좋은 관계를 이끌어 내고 그 관계를 원활하게 유지시키기 위해서는 일련의 노력이 요구된다. 모든 관계에서 그렇듯이 소통이 그 핵심이다. 이 장에서는 우리가 제1장에서 배웠던 커뮤니케이션 기술을 이용하여 당신이 적절한 반려동물을 찾을 수 있도록, 또한 당신 삶 속의 동물들과 행복한 관계를 유지할 수 있도록 도와줄 것이다.

반려동물 입양 결정하기

동물을 키우기로 마음먹는 것은 중요한 일이며, 인생에 변화를 가져오는 결정이다. 당신의 삶에 동물을 데려오기 전에, 당신이 맡게 될 책임의 정도를 알아보는 것은 필수적이다. 당신이 그 동물의 평생을 돌봐야 할 테니까 말이다. 당신 자신과 동물을 위해서 올바른 선택이 되도록 당신이 할 수 있는 모든 것을 다하라.

당신이 어떤 동물과 사랑에 빠지기 전에, 사람이든 동물이든 현재의 가족 구성원들이 필요로 하는 것과 함께 새로 받아들여질 동물이 필요로 하는 것들에 대해 고려하는 것이 중요하다. 이 장의 후반부에서는, 당신의 미래 가족 구성원이 될 동물과 현재 키우고 있는 동물들 사이의 소통 과정을 통해 한 단계씩 나아가게 될 것이다. 아이를 갖기로 결심하는 것처럼, 동물을 당신의 집으로 데리고 오겠다고 선택하는 것은 진지하게 이루어져야 한다.

당신이 이런 책임을 질 준비가 되어 있는지 결정하기 위해 다음 질문에 대답해 보라.

- 당신의 삶에 동물을 들여 놓으려는 이유는 무엇인가?
- 동물과의 관계에서 당신은 무엇을 추구하는가? 친구로서 우정을 원하는가? 보호를 원하는가? 쇼에 내보내기 위해 훈련시키고 싶은가?
- 당신은 동물과의 관계에 얼마만큼의 노력을 쏟아 부을 준비가 되어 있는가?
- 당신은 동물의 육체적·정신적인 면을 돌보는 데 쓸 시간이 있는가? 예를 들면, 피곤한 하루 일과를 마치고 나서 동물을 데리고 산책하거나 함께 놀아 줄 시간을 낼 수 있는가? 동물들에게는 규칙적

인 운동이 필요하므로 그 시간을 당신의 하루 일과 속에 넣을 수 있는지 고려할 필요가 있다.

● 당신이 입양하려고 하는 특정 동물에게 적절한 환경을 제공할 수 있는가?

● 동물을 입양하여 기르는 데 드는 비용을 알고 있는가? 동물에게 균형적인 영양 식단, 미용, 동물병원 치료 비용(예상치 못한 질병뿐만 아니라 예방 접종까지도), 훈련 비용, 호텔 비용과 애완동물 돌보미 비용, 장난감, 침구류 그리고 동물 종별로 필요한 보편적 용품 비용이 포함된다.

● 당신의 생활 패턴은 어떠한가? 당신은 배려와 이해를 바탕으로 동물을 당신의 삶에 포함시키기 위해 생활 패턴을 기꺼이 조정할 의사가 있는가? 당신은 당신이 키우는 동물에게 당신이 살고 있는 집 전체의 공간을 다 사용하게 함으로써 당신의 집을 동물과 공유할 의사가 있는가, 아니면 당신이 퇴근해서 돌아올 때까지 차고나 마당 또는 지하실 같은 곳에 생활하면서 분리된 삶을 살게 하고 싶은가? 당신이 만약 고양이를 입양하려고 생각하고 있다면, 발톱으로 긁거나 기어오르는 본능을 해결해 주기 위한 스크레처나 캣타워를 설치함으로써 기존의 실내 장식에 기꺼이 변화를 줄 마음이 있는가?

● 당신의 출퇴근 시간은 동물을 키우기에 괜찮은가? 당신이 자주 여행을 해야 하거나 장시간 근무를 해야 한다면, 현재로서는 동물을 키우는 것이 적절하지 않을 수도 있다.

이런 점들은 당신이 동물을 키우겠다는 중요한 결정을 내리기 전에 생각하고 신중히 고려해 보아야 할 것 가운데 일부에 불과하다. 그 결정은 평생에 걸쳐 영향을 미친다는 사실을 잊지 말라.

어떤 변화가 생기게 될 것인지 인지하라
동물들은 너무나 귀엽기 때문에, 사람들은 종종 그들이 필요한지에 대한 현실적인 평가 없이 사랑에 빠지고 만다. 어떤 동물들은 다른 동물에 비해서 유난히 더 손이 많이 간다. 새나 말, 심지어 몇몇 종류의 개들이 그렇다.

사람들은 토끼가 단순히 귀엽다는 이유로 아이들에게 사 준다. 그들은 토끼가 극도로 예민해질 수 있다는 것과, 다루기 힘들어질 수도 있다는 것을 미리 알아 보지 않는다. 토끼는 전기선을 씹을 수도 있고, 화장실을 이용하지 않을 수도 있다. 부모들은 자신들이 이렇게 손이 많이 가는 동물을 돌봐야 한다는 사실에 화가 날 수도 있다. 어쩌면 아이들을 위해 보다 적절한 선택은 이미 훈련되고 용변 훈련이 되어 있으며 가정으로 입양되기를 기다리고 있는 나이 든 개처럼 참하고 손이 덜 가는 동물일 수도 있다.

당신이 그 어떤 동물을 선택하더라도, 그 동물을 훈련시키고 아이들이 적절하게 그 동물을 다룰 수 있는지 관리할 수 있는 시간이 있는지 자신에게 물어보라. 당신의 아이들은 동물을 돌보는 책임을 아는 충분한 나이이가? 우리가 입양한 동물들이 부당한 해를 입지 않게 하기 위해 이러한 문제들을 솔직히 평가해 보라.

또한 특정 혈통이나 동물이 필요로 할 수 있는 사항을 책임질 준비가 되어 있는지 고려해 보라. 당신이 적절한 안내나 지도를 할 수 없다면, 집으로 로트와일러를 데리고 와서는 안 된다. 그리고 학대받은 적이 있는 동물은 당신이 하려고 생각하고 있는 것보다 훨씬 더 많은 부분의 감정적 도움을 원할지도 모른다. 당신이 감당할 수 있는 부분에 대해서 솔직해져라.

신체적인 면에 대해서 이야기하자면, 나의 고객인 캘리포니아 주 시미 밸리의 주디 대그즈가 깨닫게 된 것처럼 어떤 동물은 함께 편안하게 지내기에는 너무 크거나 지나치게 힘이 셀 수도 있다.

주디는 최근에 오아티라는 이름을 가진 팔로미노 말을 한 마리 샀는데 점점 그 말을 두려워하게 되었다. 오아티는 주디뿐만이 아니라 자신에게 가까이 오는 모든 사람들의 소리를 주의해서 듣고 공격하곤 했다. 오아티는 주디나 자신의 등에 올라타려는 초보 기수를 자신의 등에서 떨어뜨리기 위해서 모든 시도를 다했다. 주디는 말의 크기와 힘, 기질에 겁을 먹었다. 그 목장에 도착했을 때, 나는 오아티에게 말을 걸었는데, 말은 자신의 허락 없이 거세된 것에 대해서 슬퍼하고 분노하고 있었다. 자신을 '리더'라고 여기고 있었는데 삶에서 그 역할을 빼앗겼다고 여기게 된 것이다.

나는 그 상황에 대해, 우리가 어떻게 하면 기분이 나아질 수 있는지 말에게 물어보았다. 그는 초보 기수보다는 목장의 조련사에게 소속되기를 원했다. 그런 식으로, 그는 사람 리더와 함께함으로써 자신도 리더가 되려고 했다. 캘리포니아 주 무어파크의 머제스틱 이퀘

스트리안즈의 조련사인 팸 오닐은 기꺼이 오아티를 받아들이면서, 오자신의 말이 되려면 오아티도 초보 기수들을 가르쳐야 한다고 했다.

오아티는 모든 사람을 놀라게 했다. 팸이 자신을 받아들이자마자 오아티는 귀를 쫑긋 세웠다. 그는 사람들을 공격하기를 멈췄으며 행복한 마음으로 초보자들에게 레슨을 하기 시작했다. 오아티는 자신의 짝, 집 그리고 조련사인 팸과 파트너가 됨으로써 리더십 역할을 수행하는 능력을 찾았다.

당신 삶의 패턴에 맞는 동물을 선택하라

우리가 대단히 주의 깊게 친구들의 집단을 선택하듯이, 우리의 삶을 공유하려고 하는 동물을 선택할 때도 주의를 기울여야 한다. 예를 들어, 당신에게 어린아이들이 있다면 당신이 고려하고 있는 동물에게 격한 기질이 있는지 아니면 정답고 참을성이 있는지를 살펴야 한다.

캘리포니아 주 말리부의 퍼플 힐즈 목장주인 샬롯 포드랏이 어느 날 내게 전화를 해서 딸에게 사 준 말에 대해 의견을 물었다. 그녀는 그 말의 원기 왕성함에 매혹되어 있었는데, 자신의 딸이 처음 그 말을 타자 날뛰며 달아나 버렸던 것이다. 샬롯은 다음에도 그 말이 똑같은 행동을 할까 봐 걱정하고 있었다.

내가 텔레파시로 그 말과 교신했을 때, 그 말은 '보모 일'에는 관심이 없기 때문에 어린아이의 말이 되는 것은 바라지 않는다고 했다. 이런 사실은 샬롯에게는 중대한 발견이었다. 그녀는 자신이 감탄해마지 않았던 말이 기질적으로 이런 역할에는 맞지 않는다는 것을 깨닫게 된 것이다.

당신이 당신의 동물에게 제공할 수 있는 환경을 고려해 보라. 보더 콜리처럼 함께 일하는 종을 입양할 생각을 하면서 작은 아파트 안에 혼자 가둬 두려고 계획하는가? 이런 종류의 개는 공간과 하루 종일 할 일을 필요로 한다. 당신이 일하는 개를 선택하고도 좁은 공간에서 산다면, 그 동물이 충분한 운동을 할 수 있도록 해 줘야 한다. 당신 자신을 그 동물의 입장에 놓아 보라; 목욕탕 안에 살면서(야외에서 활동하도록 되어 있는 동물에게는 당신의 아파트가 그 정도의 공간으로 비춰질 것이다), 부모가 허락할 때만 식사하고 놀기 위해 밖으로 나온다고 상상해 보라. 그것은 끔찍하고 지루한 생활 방식일 것이다. 그러면서도 사람들은 자신이 키우는 개가 한정된 공간에 가두어져 있을 때 왜 그렇게 하루 종일 짖어 대는지 이해하지 못한다. 당신이 살고 있는 환경에 편안하게 적응할 개를 찾으라. 당신의 개에게 충분한 운동을 시킬 계획이 없다면, 일하는 개를 선택하지 말고 작은 공간에서 사는 것에 만족할 개를 선택하라.

이 주제에 관해서는 그웬 베일리가 쓴, 《완벽한 개 입양하기 : 성견을 선택하고 훈련시키기 위한 실용서(Adopt the Perfect Dog: A Practical Guide to Choosing and Training an Adult Dog by Gwen Bailey)》나

엘리자베스 메리웨더 슐러가 쓴,《사이먼 앤 슈스터 출판사에서 나온 개 안내서(Simon and Schuster's Guide to Dogs by Elizabeth Meriwether Schuler)》와 같은 좋은 책들이 많다. 도서관에 가 보거나 수의사에게 조언을 구하라.

동물을 선택할 때는, 당신이 그 동물로 하여금 당신 삶의 일부가 되기 위해 어떤 상황을 거쳐 나가도록 요구하게 되는지를 생각해 보라. 그리고는 그 생각을 당신 결정의 중심과 마음속에 놓고 유지시켜라.

동물을 선택하는 데 도움을 주는 텔레파시 사용하기

이 섹션은 동물을 선택하는 데 있어서 당신이 지금까지 배워 온 소통의 기술을 어떻게 이용할 것인가를 설명할 것이다. 동물을 당신의 집으로 데려오려고 할 때, 텔레파시를 이용한 과제를 준비하기 위해서 당신이 전 장에서 배웠던 것들을 복습해 보자.

2장에서 당신은 〈컬러 파트너 훈련〉을 통해서 텔레파시를 이용해 생각을 전달하는 연습을 했다. 당신은 파트너에게 그 생각을 전달하기 전에, 완벽하게 컬러를 감지하기 위해서 그 컬러에 녹아들거나 그 컬러 자체가 되어야만 했다. 이런 일은 당신이 그 컬러에 대해 느끼고, 감지하고, 시각화하고, 생각하고자 하는 의도를 가지고 고요히 있는 가운데 당신에게 나타났다.

3장에서 당신은 동물과 마음으로 교감하는 방법을 배웠을 때 이런 상황을 다시 경험할 수 있었다. 당신의 마음으로부터 나오는 레이저 광선을 상대 동물에게 닿게 함으로써 당신 자신이 그 동물의 본질을 경험하도록 만들었다. 그리고 당신은 생각과 말, 느낌 또는 일반적 지식들을 통해서 그 동물의 본질을 느꼈다. 당신은 그 동물의 에너지와 동화되었던 것이다.

4장에서는 약솜구 공 훈련을 통해서 다른 사람의 에너지를 느낄 수 있었으며, 또한 많은 다른 훈련법을 통해서 텔레파시로 소통하는 연습을 했다. 이제 당신의 기술을 실제로 사용해 볼 준비가 되었다. 동물과 교감해야 할 때는 편안한 장소에서 시작해야 함을 기억하라. 만약 필요하다면, 자신에게 집중하고 당신 마음의 중심을 대화하고자 하는 동물에게 열기 위해 2장에서 배운 훈련법을 사용하라.

성격을 알아보라

어떤 동물을 당신의 생활 속으로 들여놓기 전에, 당신과 그 동물의 관계가 양쪽 모두에게 좋을 것인지 확신하기 위해 동물의 성격을 평가해 보는 것이 유익할 것이다. 우리는 어떤 동물의 에너지를 감지함으로써 그 동물의 성격을 평가하기 위해 당신이 이미 배웠던 것과 똑같은 과정을 적용하고자 한다.

이 과정을 단계별로 밟아 나가기 위한 예를 들어 보자. 당신이 동물 보호소에서 강아지 한 마리를 발견하고 그 동물이 당신이 입양하고자 하는 바로 그 동물인지 알아내기를 원한다고 가정하자. 텔레파시를 이용해서 결정하기 위해서 당신은 그 동물의 본질이나 성향을 타진해야 한다. 조용히 침묵하는 것으로 시작하라. 눈을 감고, 숨을 깊이 들이마시고, 당신의 정지점을 찾아라. 그리고 나서 당신으로부터 뿜어져 나오는 레이저 광선이 그 동물에게 가서 닿듯이 마음과 마음으로 그 동물과 교신하라. 일단 교류가 이루어지면, 당신 자신에게 그 강아지와 함께하는 느낌이 어떤지 물어보라. 손에 약솜구공을 쥐고 있을 때처럼 당신이 그 동물을 안고 있다고 상상해 보라. 그 동물의 에너지는 어떻게 느껴지는가? 당신이 느끼는 것을 메모해서, 보다 많은 정보를 받아들일 수 있도록 당신의 마음을 자유롭게 만들라. 당신은 어쩌면 그 동물이 강하고 위세를 떨치는 동물이라고 느낄 수도 있고, 또는 소심하고 겁이 많은 동물이라고 느낄 수도 있을 것이다. 아니면 그 동물이 사랑스럽고 친화력이 있거나, 당신을 불신하거나 두려워한다는 것을 느낄 수도 있다. 그런 느낌이나 말이 드러나도록 하라.

　당신이 그 동물과 함께할수록, 당신은 아마도 그 동물의 상황에 대해서 감지할 수 있을 것이다. 당신은 그 강아지의 슬픔을 느낄지도 모른다; 아마도 그 동물은 어느 누구도 자신을 입양하지는 않을 것이라고 생각할 수도 있다. 만약 그 강아지가 형제자매나 어미 개와 너무 일찍 분리되었다면 누군가를 그리워하고 있을지도 모른다. 그 강아지는 사람들 사이에 있으면 불안해하는가? 자신이 왜 그 동물보호소에 와 있는지 이해하지 못하고 있을 수도 있다. 당신은 심지어 그 동물의 건강 상태가 좋지 않다는 것을 느낄 수도 있는데, 그렇다면 그것은 당신이 마지막 결정을 하기 전에 전체적인 건강 검진을 받게 해야 할 신호가 될 것이다.

　당신이 동물과 함께 살기 위해서 이런 시간을 보내는 동안, 당신은 그 동물이 자기에게 적절한지 아닌지를 파악하게 될 것이다. 예를 들면, 당신의 집에 겁 많은 고양이가 있는데 새로운 강아지는 싸우기 좋아하고 지배적인 성향을 가지고 있다는 사실을 느낀다면, 그런 조합은 잘 맞지 않다는 것을 알 수 있다.

　대개의 경우, 이런 모든 정보는 당신이 이런저런 조사를 하지 않더라도 동물에게서 얻어진다. 그저 그 동물과 함께하고 교류하면 나머지는 자연스럽게 이루어진다.

　대부분의 강아지들이나 아기 고양이들은 이 세상에 나온 지 얼마 되지 않았고, 이제 자신의 몸에 익숙해져 가고 있는 중이라 당신에게 줄 많은 정보를 가지고 있지 않다. 그들은 아직 많은 것을 경험해 보지 못했다. 하지만 당신은 확실히 그들의 에너지를 느낄 수 있으며, 당신의 가족 구성원으로 잘 맞을지 아닌지 파악할 수 있다.

　이미 성장한 동물을 입양한다면, 당신의 결정에 기반이 될 보다 많은 정보를 얻을 수 있을 것이다. 아이들이 있는 집이나 다른 동물이 있는 집에 편안하게 적응할 수 있는지 확실히 하기 위해서 그 동물의 과거에 대해서 알아보라. 당신의 선택에 믿음을 갖기 위한 탐구에 도움이 되도록, 이 장의 〈새로운 동물에게 물어보아야 할 질문들〉 섹션을 참조하라.

　그 동물이 자신의 삶에서 무엇을 하고 싶어 하는지 그리고 자신을 어떤 방식으로 표현하는지를 아는 것 또한 대단히 중요하다. 그 동물의 삶에서 진정으로 중요한 것은 무엇인가? 이제는 그 동물에게 보다 많은 질문을 할 차례다.

동물의 재능과 기대치를 고려하라
우리는 동물의 능력을 민감하게 파악해야 하고 그의 재능을 자연스럽게 표현할 수 있도록 해야 한다. 만약 당신이 발레리나인데 부모가 발레 슈즈를 치워 버린다면 당신은 어떻게 느끼겠는가? 만약 부모가 당신에게 다시는 춤을 추어서는 안 된다고 말한다면 어떨 것인가? 그 모든 감정의 변화와 억압된 에너지를 어떻게 감당할 것인가? 동물들도 우리와 마찬가지로 소망하는 바가 있고 그것이 충족되기를 원한다.

동물에게 자신의 타고난 능력과 욕구에 대해 물어보라—그는 도그쇼에 출전할 개로서의 자질을 가지고 있는가 또는 야생마가 아닌 마장마술을 하는 말로서의 자질을 가지고 있는가? 당신은 동물들의 요구 사항과 기대치가 얼마나 명확한지 놀라게 될 것이다. 나는 더들리를 입양하기 전에 그에게 자신이 진정 중요하게 생각하는 것이 무엇인지 물어보았다. 그는 "나의 행복"이라고 대답했다. 나는 또 그것을 성취하기 위해 필요한 것이 무엇인지 물어보았고, 그는 "나는 존중 받기를 원해요."라고 대답했으며, "나는 기계가 아니에요. 기계가 아니라고요."라고 하며 자신의 뜻을 확실히 밝혔다.

더들리에게는 생산적인 일을 하는 것이 매우 중요했기 때문에 내가 바빠져서 더 이상 말을 타고, 점프하고, 그전처럼 자주 다른 사람들에게 보여 주지 못하게 되자, 자신을 다른 곳으로 보내달라고 간청했다. 그는 내게 자신이 사랑하는 경쟁적인 대회에 계속해서 출전할 수 있고, 지속적으로 긴장과 흥분된 활동을 할 수 있으며 다른 말들과 함께 지낼 수 있는 가정을 찾도록 도와달라고 요청했다. 그는 심지어 자신을 입양할 새로운 주인을 선택하기까지 했다. 나는 그를 사랑했기 때문에, 그가 원하는 대로 해 주었다. 그는 아직 은퇴할 단계가 아니었고, 한창 활동적인 생활을 해야 했다.

여기서 중요한 것은, 말이 나에게 간청했다는 것이다. 캘리포니아 주 니포모에 사는 조디 힐커가 깨달은 것처럼, 동물에게 무엇을 원하는지 직접 물어보지 않고서는 결코 우리가 안다고 가정할 수 없다.

조디는 최근에 자신의 이웃이 사들인 스타라이트라는 이름의 아홉 살짜리 아라비아 말에 관해 도움을 요청해 왔다. 7년 간 그 말을 갖고 있었던 한 남자가 조디의 친구에게 팔았던 것이다. 그 남자는 얼마 전에 아빠가 되었는데, 새로운 책임감에 대한 부담 때문에 예전처럼 스타라이트를 자주 타지 못하게 되자 말에게 좀 더 세심한 새 가정을 찾아주는 것이 좋다고 생각했다.

스타라이트는 불행해하며, 수시로 발굽으로 땅을 파헤치고 고개를 휘저었다. 조디는 자신이 말에게 다가갈 때마다 말이 매우 감정적이 되고 때로는 눈물까지 흘린다는 것을 알아차렸다. 스타라이트가 불행하다는 것을 안 조디는 친구의 동의를 얻어 스타라이트를 자신의 소유지로 데리고 와 다른 말들과 함께 지내게 해 주었다. 놀랍게도 스타라이트는 휴식기를 즐기기는커녕 더욱 동요되어 우리의 담장을 발로 걷어차기 시작했다. 그래서 조디가 나에게 스타라이트 문제를 해결할 수 있는지 봐 달라고 연락해 온 것이다.

스타라이트와 이야기를 했을 때, 조디의 말이 맞다는 것을 알 수 있었다—스타라이트는 조디에게 도움의 손길을 요청하고 있었다. 7년 동안 자신의 가족이었던 전 주인을 절대적으로 그리워하며 되돌아가기를 원하고 있었다. 자신이 누군가를 태울 수 있고 없고에는 관심이 없었으며, 단지 자신의 삶을 그들과 함께 보내고, 그들을 사랑하고 지켜보며 지내는 것을 원했다. 새로운 주인을 만나는 것이 친절한 일이라고 그녀 스스로 생각하는지에 대해서는 어느 누구도 고려하지 않았다.

조디는 스타라이트의 원래 주인에게 연락을 해서 그의 말이 그가 없는 상황에서 얼마나 불행하고 외로운지를 알려 주었다. 그 남자는 스타라이트에게 승마는 거의 의미가 없다는 것을 알고 기꺼이 다시 맡기로 했다. 스타라이트를 원래 집으로 데리고 가자마자, 조디는 스타라이트가 긴장을 풀고 편안해지는 것을 느낄 수 있었다. 땅을 파헤치고, 고개를 휘젓고, 발굽으로 걷어차는 행동이 일시에 멈췄다. 스타라이트는 자신이 속했던 곳으로 되돌아간 것이다.

동물에게 항상 그가 원하는 바가 무엇인지를 물어보는 것이 중요하다.

새로운 동물에게 물어보아야 할 사항들

- 다른 이들과 함께 사는 것에 대해서 어떻게 생각하는가? 집 안에서 유일한 동물이기를 원하는가?
- 아이들에 대해서는 어떻게 느끼는가?
- 두려워하는 것은 무엇인가? 무엇이 불편하게 만드는가?
- 얼마나 사교적인가? 많은 사람들과 함께 있는 것을 좋아하는가, 아니면 부부와 사는 것이 좋은가, 독신자와 사는 것이 더 좋은가?
- 보호자와는 어떤 종류의 관계를 원하는가? 다른 반려동물들과는 어떠한가?
- 신체적인 상황에 대해서는 어떻게 느끼는가? 현재 상태는 어떠한가?
- 과거에 학대 받았던 경험이 있는가? 트라우마를 경험한 적이 있는가?
- 삶에 있어서 가장 큰 관심사는 무엇인가? 집 고양이가 되고 싶은가, 아니면 캣쇼에 나가는 고양이가 되고 싶은가?
- 육체적으로 어떤 환경을 원하는가—실내, 야외 또는 둘 다?
- 삶에서 무엇이 너를 가장 행복하게 해 줄까?

동물에게 위의 질문들을 할 때는, 당신의 마음속에 사고나 질문을 명확하고 간결하게 떠올려라. 그것이 적절하다면, 당신은 그 생각과 어울리는 정신적 이미지를 형성해 낼 수 있다. 그 다음에 그 생각이 마음에서 마음으로 동물에게 전송된다고 상상해 보라. 당신이 원한다면 그 질문이 레이저 광선을 통해서 전송되는 것을 눈앞에 그려 볼 수 있다. 그리고 나서 반응을 기다려라.

예를 들어서, 당신이 동물에게, "과거에 학대 받았던 경험이 있니?"라고 물었을 때, 당신은 어떤 사람이 그 동물에게 고함치는 모습이나 누군가에 의해서 매를 맞고 있는 개의 이미지를 떠올리게 될 수 있다. 하지만 그 동물의 행동이나 신체 언어로부터 읽어 낸 당신의 가정을 강요해서는 안 된다. 동물의 반응을 기다려라. 그 동물은 놀다가 다리를 다쳐서 움츠려 있는데 아직 아무도 그 사실을 알아차리지 못했을 수도 있다.

당신이 동물에게, "너의 삶에서 무엇이 가장 큰 행복을 주니?"라고 물어봤을 때, 당신은 어쩌면 당신의 무릎 위에 앉아 있거나 당신이 가는 곳이라면 어디든지 따라다니는 동물의 이미지를 볼 수도 있다. 그 개는 단순히 당신의 가장 좋은 친구나 동반자가 되고 싶어 하는 것이다.

당신 가정의 다른 구성원들에게 동물이 주는 영향을 고려하라

다른 동물을 가족에 포함시키기 이전에, 당신은 사람이든 동물이든 당신의 가족 구성원 모두와 그 상황에 대해서 이야기를 나누어야 한다. 현재 당신이 키우고 있는 동물들이 공원이나 이웃에서 만나는 다른 동물들에게 아무리 친절하고 다정하게 군다고 해도, 새로운 동물을 소개한다면 분명히 다른 결과가 있을 것이다. 어떤 동물들은 새로이 가족으로 들어오는 동물을 동반자로서 원하지 않지만, 그 사실이 당신을 기쁘게 한다는 이유로 입양에 동의할 수도 있다. 또 어떤 동물들은 절대적으로 새로운 동물을 받아들이지 않을 수도 있다.

당신이 기존에 키우고 있는 동물들이 기꺼이 받아들이려고 한다고 해도, 그들은 변화에 대해서 당신의 도움을 필요로 한다는 것을 알아야 한다—아이들이 새로이 동생을 갖게 될 때 당신의 도움을 필요로 하듯이 말이다.

캘리포니아 주 쿼츠 힐에 사는 매기 길데이-허버트란 사람이 아주 흔한 문제로 나에게 연락을 해 왔다—그가 키우는 동물들이 형제간 대립 관계였던 것이다. 그녀는 최근에 노란색 라브라도 리트리버인 포나를 새로 입양했는데, 원래 있던 골든 리트리버 암컷 리아가 죽자 상황이 복잡해졌다. 리아의 형제 루크는 온화한 성향의 개였는데 지금은 포나를 해치려고 위협하는 존재가 되었다. 포나는 온 집 안을 돌아다니면서 용변을 보는 것으로 대응하고 있었다. 매기는 포나에게 새로운 가정을 찾아주어야 하는지 고민하고 있었다.

내가 루크에게 이야기를 했을 때, 그는 리아를 그리워하고 포나가 그 자리를 대신할 수 없기 때문에 화가 나 있다는 사실을 확신시켜 주었다. 루크는 매기가 다른 개를 집으로 데리고 오기에는 너무나 이르다고 생각했던 것이다. 나는 루크가 느끼는 바를 매기에게 전달했고, 매기는 전적으로 그 생각에 공감했다. 그녀 또한 리아의 죽음을 슬퍼하고 있었던 것이다. 그녀는 단 한 번도 포나가 리아를 대신할 수 있을 것이라고 생각한 적은 없다고 말했다. 나는 매기에게, 루크를 조용한 방으로 데리고 가서 그녀가 나에게 말한 그대로 말해 줌으로써 확신을 줄 것을 제안했다.

그녀는 그렇게 했고, 그 어느 누구도 리아에 대한 자신의 사랑을 빼앗아 가거나, 그녀의 마음속에 자리 잡고 있는 리아의 자리를 차지할 수는 없다고 설명함으로써 루크를 안심시켰다. 이야기를 마쳤을 때, 루크가 다가와 그녀의 코끝을 부드럽게 살짝 물었다. 그녀는 그것이 마치 루크가, "내게 중요한 이야기를 해 줄 시간이군요."라고 말하는 것 같았다고 했다. 며칠이 지나지 않아 그녀는 포나와 루크가 아주 좋은 친구처럼 함께 누워 있는 것을 발견했다.

매기가 깨달은 것처럼, 포나를 집으로 데리고 온 이유를 설명해 준 것이 루크의 분노를 가라앉히고 모두가 그 변화를 받아들이기 훨씬 쉽도록 만들었을 것이다. 동물들은 집으로 새로운 동물이 들어오면, 주인에게서 받던 애정이나 집 안에서의 자신이 누렸던 공간과 역할을 잃어버리게 될 것을 두려워한 나머지 자신이 배신당하고 버려졌다고 느끼게 된다. 때로는 그러한 설명이 당신의 동물들이 새로운 동반자를 환영하는 데 필요한 전부이기도 하다. 당신은 당신의 동물에게, 그가 당신의 마음속에 차지하고 있던 자리를 잃어버리는 게 아니라는 단순한 확신만 주면 될 것이다. 당신은 그저 동물들에게 원하는 것이 무엇인지를 물어보기만 하면 되는 것이다.

내가 일리노이 주 시카고에서 몇 개의 워크숍에서 강습 중일 때, 바바라 리키의 집에서 머물렀다. 그녀는 관대하고 긍정적이며 매우 기쁨에 넘쳐 있는 사람이었다. 바바라는 자신의 세 번째 고양이 버즈를 가족으로 들였다. 그녀는 이미 피위와 타샤라는 다른 두 마리의 고양이를 키우고 있었는데, 타샤는 버즈를 받아들이는 것을 힘들어해서 우울하고 의기소침해하는 모습을 보였다고 한다. 바바라는 어찌할 바를 몰라 제정신이 아니었다. 그녀는 타샤를 원래의 행복한 고양이로 되돌려 놓기 위해 어떻게 했을까? 바바라는 내게 도움을 요청했다.

　타샤와 잠시 앉아 있으면서 내가 감지한 반응은, "들어오면 내게 제일 먼저 인사를 해 줬으면 좋겠어요."가 전부였다. 내가 타샤에게서 감지한 사실을 바바라에게 알렸을 때, 그녀는 자신이 집으로 돌아오면 늘상 밖에 나가고 싶어 하는 버즈가 언제나 현관문 앞에 있었다고 말했다. 따라서 자연스럽게, 그녀가 처음 보게 되는 건 버즈이기 때문에, 이 사실이 타샤의 감정을 상하게 하는 일이라는 것을 알지 못한 채 버즈에게 가장 먼저 인사를 하곤 했던 것이다.

　그 다음 날 바바라는 버즈가 자신에게 먼저 인사를 해 오는데도 타샤에게 먼저 인사했다. 그게 전부였다. 그때로부터 모두는 더 이상 만족할 수 없을 만큼 행복해졌다. 심지어 버즈와 타샤는 놀이친구가 되었다. 엄청나게 단순한 한 가지 변화가 전체 상황을 바꾸어 놓은 것이다.

　동물들은 자신이 누구와 어떻게 살기를 원하는지에 대해, 심지어는 자신의 이름에 대해서도 강한 감정을 가지고 있다. 어떤 동물들은 자신의 집을 남들과 공유하는 것을 절대적으로 싫어하기도 한다. 하루 종일 일하는 사람들은 대개의 경우 자신의 동물들이 외로워할 것이라 생각하고, 하루 종일 집에 혼자 남겨두는 것에 대해 죄책감을 느끼고는 친구가 되어 줄 수 있는 다른 동물을 입양한다. 너무 늦게서야—그 동물들이 도망가거나 낙담하여 병이 들고 심지어는 죽음에 이르렀을 때야—사람들은 자신의 동물들이 자신만의 사생활과 영역을 소중히 여겼다는 사실을 깨닫게 된다.

만약 당신이 동물에게 새로운 동료를 원하는지 물어본다면, 동물의 결정을 존중해야 한다. 동물에게 변화를 받아들이는 데 무엇이 도움이 되는지 물어보면 해결책을 얻을 수 있을 것이다. 그러나 만약 답을 얻지 못했다면 당신의 동물이 대단히 확고하다는 것을 인지하라. 그가 조만간 그 과정을 극복하리라고 마음대로 추정해서는 안 된다.

현재 당신의 집에 살고 있는 동물들을 위한 질문 사항

- 새로운 가족 구성원을 받아들이는 것에 관해서 어떻게 생각하는가? 원하지 않을 경우 양보하고자 하는 마음은 있는가?
- 다른 고양이(개)를 환영하겠는가, 아니면 다른 종류의 동물이 보다 나을 것인가?
- 그 동물의 크기에 신경을 쓰는가? 수컷인지 암컷인지? 어리거나 자신보다 나이가 많은 것은?
- 새로운 동물을 환영하는 데 도움이 될 만한 것으로 무엇이 있을

까? 구체적인 요구 사항이 있는가?

- 새로운 동물을 선택하는 데 도움을 주고 싶어 하는가?

당신의 집으로 새로운 동물을 데리고 오기

새로운 동물에 관한 현명한 결정을 내리기 위해 텔레파시 능력을 사용해 보았으니 이제 당신은 그 동물이 당신 및 당신 가족과 행복하게 정착할 수 있도록 소통을 계속할 수 있다. 결국 당신은 이미 서로 간에 마음으로 교류하고 있는 것이다.

당신 가정의 일상생활 패턴을 유지하기

당신이 새로운 가족 구성원을 데리고 올 때, 형제간의 경쟁 대립을 막기 위해서는 다른 동물들의 하루 일과를 유지하는 것이 중요하다. 기존의 가족 구성원에게 먼저 인사한 뒤에 새로 온 동물에게 인사를 해야 감정을 상하게 하지 않을 수 있다. 대개의 경우, 새로 온 동물들은 훨씬 많은 관심을 받게 되고 당신과 더 많은 놀이 시간을 갖게 된다. 이러한 상황은 질투심을 유발할 수 있다. 기존의 구성원은 당신과 함께 보내던 시간이 반으로 줄어들었다는 사실을 알고 아마도 새로운 동물을 받아들이는 것이 자신들에게는 손해라는 생각을 하게 될 것이다. 기존 가족 구성원들의 놀이 시간이 그 전과 변함없도록 하고, 새로운 동물이 기존 동물의 장난감을 쫓아다니지 않도록 하라. 새로운 동물에게 새 장난감을 사 주고, 만약 필요할 것 같으면 그들의 놀이 시간을 분리하라. 다음 이야기에서 알 수 있듯이, 새로운 동물을 기쁜 마음으로 받아들이는 동물조차도 가족 내에서의 자신의 역할을 빼앗긴다고 여겨지면 위협감을 느낄 것이다.

일리노이 주 먼드레인에 살고 있는 나의 고객 레베카 애들러는 고양이 저스틴에 관한 문제로 내게 전화를 했다. 문제는 일 년 전 쯤 새 고양이 버지스를 집에 데리고 오면서부터 시작되었다. 그때까지 저스틴은 '외동이'였다. 그들은 저스틴이 동반자를 원할 거라고 생각했다. 버지스가 오고부터 저스틴은 침대 밑으로 숨기 시작했고 모든 성향이 변했다. 저스틴은 버지스에게 화를 냈고, 매우 반사회적이고 분노에 찬 작은 소녀가 되었다. 그녀의 가족들은 저스틴이 변해 가는 모습을 보고 마음이 아팠다. 상황은 더욱 나빠져서, 버지스가 저스틴을 쫓아다니며 괴롭혔고, 그들 사이에 질투심이 있다는 것이 명백해 보였다.

저스틴의 비참함은 명백하게 드러났는데, 집에 손님이 오면 숨거나, 사람들이 자신을 쓰다듬으려고 할 때 공격하거나, 소리가 들리지 않게 야옹거리거나, 방광염에 반복적으로 걸리거나, 놀려고 하지 않는다는 사실이었다. 그녀가 더 이상 소리를 내서 목구멍을 울리지 않게 되자 가족들은 고양이의 가르랑거리는 음악 소리를 잊어버렸다. 레베카는 가족들이 저스틴의 삶을 망가뜨렸다고 느꼈다.

저스틴이 너무나 위축되고 침울해 있었기 때문에, 저스틴과 소통을 하는 것은 대단히 어려웠다. 나는 그 고양이를 진정시키기 위해서 바하 플라워 요법(Bach Flower Remedies : 여러 질환의 원인으로 추정되는 감정적 요인에 작용하여 질환을 완화하는 보조 요법으로, 여기에 쓰이는 플라워 에센스는 천연식품점이나 비타민 상점에서 구입할 수 있다.-역주)을 사용할 것을 제안했다. 나는 또한 레베카에게, 그들이 버지스를 집으로 데리고 온 것을 얼마나 미안하게 여기는지, 그 당시에는 저스틴이 어떻게 느끼는지를 깨닫지 못했으며, 여전히 저스틴을 사랑한다는 사실을 말해 주도록 했다.

나는 또한 버지스가 집으로 오기 이전에 가족들이 저스틴과 함께 했던 일들은 해 보라고 레베카에게 제안했다. 레베카는 버지스가 없는 공간에서 저스틴과 놀아야 할 필요가 있었다. 그렇게 함으로써 관심을 저스틴에게만 집중시킬 수 있고 또 버지스가 저스틴에게 달려들 것을 걱정하지 않아도 되었다.

저스틴은 원래의 모습을 되찾기 시작했다. 사람들과 보다 잘 어울리게 되었고, 숨는 일이 줄었다. 더 많이 이야기하기 시작했고, 꽤 소리를 내서 목구멍을 울리게 되었고, 다시 그들의 침대에서 잠을 자게 되었으며, 방광염에 걸리는 횟수도 눈에 띄게 줄어들었다.

긴장 관리

현재의 가족 구성원들이 새로운 멤버를 받아들이는 것에 대해서 어떻게 느끼는지에 관한 질문을 받았든 아니든 간에, 새로운 멤버를 가족에 포함시킬 때 당신에게 도움이 될 만한 몇 가지 힌트가 있다.

- 개개의 동물들이 안전감을 느낄 수 있도록 자신만의 수면 공간을

갖도록 하라.

- 동물들은 본능적으로 자신만의 영역을 중시하므로, 그들 각자의 식사 시간 동안 방해 받지 않는 자신만의 공간을 제공함으로써 자신의 음식을 위해서 서로 경쟁할 필요가 없도록 하라.
- 고양이들은 자신들의 화장실에 대해서 까다로울 수 있다. 화장실을 특별히 깨끗하게 관리하고, 고양이들의 수에 맞게끔 충분한 화장실을 제공하라.
- 각각의 동물들에게 할 일을 주어라.(이 문제는 이 장의 후반부에 자세하게 논의될 것이다.) 그들이 자신이 속한 가정에 적응하고 그들 각자의 역할이 얼마나 중요한지 확실히 알게 해 주어라. 그들이 맡은 일을 축하해 줌으로써 그들이 그저 가볍게 받아들여진 것은 아니라는 것을 상기시켜 주어라.
- 가족의 새로운 구성원이 오기 이전의 상태대로 일을 진행시켜라. 개개의 동물들과 당신이 가졌던 관계를 유지하라.
- 원래의 가족 구성원들이 원래 가졌던 평상시의 놀이 시간을 그대로 가질 수 있도록 하라. 새로 온 동물이 기존의 동물들이 소유했던 장난감을 가지려고 쫓아다니지 않게 하라. 당신은 아마도 놀이 시간에 그들을 분리시켜야 할 수도 있다.
- 원래의 가족 구성원들의 감정을 다치지 않게 하기 위해서 새로 온 동물보다 그들에게 먼저 인사하라.

일반적으로 고양이보다는 새로운 강아지를 가족 속으로 포함시키기가 쉽다. 새로운 고양이를 당신 가족의 다른 동물들에게 어떻게 대면시키는가에 대해서 보다 많은 정보를 원한다면 아니트라 프레이지어의 《뉴 내추럴 캣(The New Natural Cat)》이라는 책을 읽어 보라.

당신 동물들의 삶을 향상시키기

인간관계와 마찬가지로, 우리는 동물과의 관계에 있어서도 유념할 필요가 있다. 동물들이나 그들과의 관계를 그저 당연하게 받아들이지 말라. 그들의 감정과, 그들이 당신에게 무슨 말을 하는지, 그리고 당신이 그들에게 주는 메시지를 알아차려야 한다. 그 사실이 서로 간의 친구 관계 속에서 당신이 갖게 되는 기쁨을 극대화할 것이다.

듣는 법을 배우라

우리가 동물들과의 관계를 향상시킬 수 있는 여러 가지 다양한 방법 중에서 가장 중요한 것 하나는, 동물들의 말을 텔레파시를 통해서 듣는 법을 배우는 것이다. 대부분의 사람들이 컴퓨터로 소통할 수 있다면, 그들이 동물들과 소통을 할 수 있다는 것은 확실하다.

우리는 일반적으로 남의 말에 더 귀를 기울여야 할 필요가 있다. 당신이 다른 사람들의 말을 얼마나 잘 듣고 있는지 살펴보라. 누군가가 당신에게 말할 때 당신의 마음은 어디에 있는가? 당신은 다음 날 무엇을 할 것인가를 생각하면서 다른 생각을 하고 있지 않은가? 또는 그 사람에게 무엇이라고 말할 것인지를 생각하고 있지 않은

가? 혹시 그 말을 하기 위해서 상대방의 말을 끊지는 않는가?

이 책에서 내가 독자들과 나누는 모든 이야기는 동물들의 이야기에 귀를 기울이는 것의 중요성을 이해시키기 위한 것이다. 다음 이야기는 동물들의 메시지가 얼마나 정교하고 구체적이며 정확할 수 있는지를 우리에게 보여 주는 것이다.

지금까지 내가 맡았던 일 가운데 가장 기막힌 사례는 캘리포니아 주 밴 노이 주거 지역에서 고양이에게 총을 쏜 사람을 밝혀 내는 것이었다. 3주 동안 일곱 마리의 고양이가 총에 맞는 사건이 발생했다. 한 마리는 죽었고, 사만사라는 이름의 고양이는 다리를 절단해야 했다. 나는 사만사에게 그 총격이 일어나는 동안 무엇을 보았는지 물어보았지만, 그 고양이는 할 말이 별로 없었다. 단지 근처의 어느 발코니 위에 있는 푸른색의 무언가를 보여 주었을 뿐이다.

인근 주민들은 내게 그 동네를 휘젓고 돌아다니는 고양이 윌마와 이야기해 보라고 말해 주었다. 윌마는 내게, 단정하게 자른 머리 위로 야구 모자를 돌려 쓰고, 얼굴에 흉터가 있으며, 배기팬츠를 입은 한 젊은 남자를 묘사해 주었다. 그는 하얀 티셔츠를 입고, 커다란 가방을 매고 있었다.

그 지역 사회에서는 윌마가 알려 준 인상 묘사를 돌리고 모두가 감시에 나섰고, 총격이 일어난 발코니를 찾아냈다. 그곳은 둘레가 푸른색으로 장식되어 있었으며, 젊은 남자의 아버지로 밝혀진 발코니의 주인은 푸른색 트럭을 가지고 있었다. 그곳에 살던 그 청년의 커다란 가방 안에는 비비총이 들어 있었다. 이것이 바로 고양이가 해결한 사건이다. 윌마의 묘사 덕에, 그 범죄자는 잡혔고 총격도 끝났다. 그 지역 사회의 모든 사람들은 윌마의 역할에 고마워했다.

당신이 알 수 있듯이, 동물들은 관찰력이 매우 뛰어나고 주변에서 일어나는 상황을 잘 감지한다. 그들은 종종 우리에게 구체적인 정보를 제공할 수 있다.

당신의 생각에 유념하라

우리는 또한 우리의 동물에 관련된 우리 자신의 생각해도 유념할 필요가 있다. 당신이 만약 충분히 오랫동안 어떤 생각을 하고 그 생각에 많은 에너지를 쏟아 붓는다면, 당신의 동물은 비록 당신이 자리에 앉아서 그에게 직접적으로 말해 주지 않았다 하더라도 아마 그 생각을 알아차릴 것이다. 당신의 생각이 강력하다면 동물들은 텔레파시에 예민하기 때문에 이런 일이 발생한다. 어떤 사람들은 아마도, "글쎄, 그렇다면 내가 의도적으로 동물들과 소통을 하려고 노력하지 않을 때 동물들은 왜 나의 모든 생각을 다 알아차리지 못하는 걸까?"라고 말할지도 모른다. 동물들은 하루 종일 앉아서 우리가 하는 말이나 우리가 마음속으로 중얼거리는 생각을 듣고 있는 것이 아니다. 그들에게는 우리를 관찰하는 것보다 나은 할 일이 있다. 그리고 만약 그들이 그렇게 한다면 그들은 우리에 의해서 완전히 녹초가 되어 버릴 것이다. 그러나 다음 이야기에서 알 수 있듯이, 동물들은 우리가 생각하고 있는 것을 반영할 수 있다.

    아이다호 주 쿠나에 사는 고객이 내게 전화를 걸어, 자신의 숫망아지가 병이 들었는데 여러 수의사를 만나 봤지만 아무 소용이 없었고, 어떻게 해야 망아지를 도와줄 수 있는지 알 수 없다고 말했다. 망아지의 털은 빠지고 있었고, 전신에 가려움증을 느꼈으며 어떤 약이나 치료법도 도움이 되지 않았다고 했다. 내가 그 말에게 어떤 상황인지를 알려 달라고 부탁했을 때, 나는 계속해서 그가 자신이 암망아지가 아니고 숫망아지라는 사실에 실망하고 있다는 생각을 하게 되었다. 그는 자기 자신을 너무 싫어한다는 것이었다. 내가 이 사실을 그 가족들에게 알리자 모두 충격을 느꼈다. 이 망아지의 어미가 임신을 했을 때 가족들 모두는 그들이 얼마나 암망아지를 원하는지 그리고 숫망아지가 태어나게 되면 얼마나 실망이 클지 생각했었다고 했다. 그 누구도 자신을 좋아하지 않는데, 이 말이 어떻게 자신을 사랑할 수 있었겠는가?

    우리가 하는 생각은 비록 엄마의 자궁 안에 들어 있다고 하더라도 그 존재에게 감지될 수 있다. 염두에 두지 않은 생각도 동물의 자부심에 영향을 미칠 수 있고, 이로 인해 신체적인 병을 불러 올 수도 있는 것이다.

그들의 관점을 물어보라

동물들에 관해서, 그리고 그들이 느끼고 생각하는 것에 관해서 마음대로 추측하지 않도록 우리 자신을 훈련시키는 것은 중요한 일이다. 그들은 자신만의 생각과 감정, 직관을 가지고 있는 개체이다. 우리는 동물들의 행동에 관한 선입견을 갖지 않도록 자제해야 한다. 우리는 동물들에게서 배울 수 있다. 그들로 하여금 당신 삶에서 변화를 가져오는 것을 돕도록 하라. 그들이 그들 자신일 수 있도록 두라.

플로리다 주 탐파의 한 가정에서 주관했던 워크숍에서, 나를 포함한 스무 명의 사람들이 넓은 거실에 둘러앉아 있었다. 집주인의 고양이 프레셔스는 옷장 안에 숨어 있었다. 모든 사람들이 프레셔스는 겁이 나서 이야기하고 싶어 하지 않는다고 생각했다. 아무도 그에게 물어볼 생각을 하지 않았다. 내가 프레셔스에게 왜 옷장 속에 들어가 있느냐고 물어보았을 때, 우리와 이야기하고 싶지만 많은 사람들과 함께 있는 것이 안전하다는 보증이 필요하다고 말했다. 나는 사람들에게, 각자 마음의 중심에 집중하고, 그들이 가지고 있는 모든 사랑의 감정을 불러 모으고 마음 중심으로부터 그 고양이에게로 사랑스럽고 연한 핑크빛 에너지가 발산되고 있다고 상상하도록 부탁했다. 자, 보시라, 옷장에서 누가 나왔는지 말이다. 프레셔스는 둘러앉은 사람들의 가장자리로 와서 나에게 재확인을 요청했고, 내가 프레셔스에게 괜찮다고 말해 주자 한 여성의 무릎에 뛰어올라 우리 모두를 놀라게 했다. 그녀는 프레셔스에게 자신에게 다가오라고 조용하게 부탁했다고 말했다. 프레셔스는 그녀를 발로 안마해 주면서 부드러운 털이 있는 얼굴을 사랑스럽게 그녀의 얼굴에 비벼 댔다. 프레셔스의 보호자는 눈물을 흘리며 보고 있었다. 그 보호자는 프레셔스는 자신을 제외하고는 그 누구도 가까이 오지 못하게 했고 그녀는 자신의 고양이가 이러는 것이 프레셔스가 자신의 사랑을 나타내는 방법이라고 했다. 프레셔스는 이런 행동의 이전에는 누구에게도 한 적이 없었다. 프레셔스의 보호자는 자신의 고양이가 그런 애정을 다른 사람에게 보여 주는 것을 목격하고 감동을 받았다.

우리 눈으로 보고 경험하기에 얼마나 따스하고 정겨운 순간인가. 우리는 한 존재가 다른 존재에게 사랑을 보내는 것을 볼 수 있었다. 동물과의 이 정겨운 순간은 우리가 깨닫는 것보다 훨씬 자주 발생하며, 때로는 우리가 너무 바쁘거나 그 순간에 다른 일을 하고 있어서 알아차리지 못할 때도 있다. 이 고양이는 우리에게 모든 순간 어떻게 깨어 있어야 하는지를 가르쳐 주고 있다.

동물에게 그의 행동에 관해 질문하고, 그가 우려하는 바를 깊이 생각해 보는 것이 중요하다는 것을 당신은 알았을 것이다. 결과적으로, 그 그룹은 자신들이 발산하는 에너지를 변화시킴으로써 의도적으로 그들의 마음속에 자리를 잡기 위해 애썼다. 그리고 나자 그 고양이는 자연스럽게 자신의 사랑이 흘러가도록 두는 것이 편안하디고 느꼈다.

그들의 감정을 인정하라

동물들은 생각하고 느끼는 개체들이다. 어떤 상황 속에서 당신의 동물들의 요구 사항을 알아차리지 못하고 당신의 명령에 따르게 만드는 것은 몰인정하고 생각이 없는 행동이다. 만약 당신의 동물이 어느 날 당신과 함께 특정한 일을 하고 싶어 하지 않는다면, 단순히 일을 진전시키기보다는 그 문제에 관한 감정을 알아주고 협조를 구하거나, 계획을 조정해 보라. 당신은 협상할 필요가 있다. 이것은 그 어떤 관계든 잘 이루어지도록 하는 데 중요한 요소다.

나는 워크숍을 운영하는 데 도움을 주는 생기 있고 독립적인 사냥 고양이 조이 보이에게서 이것을 배웠다. 어느 아름다운 날, 조이 보이는 밖으로 나가고 싶어서 조바심을 내고 있었지만, 나의 클래스는 이미 모두 모여 시작할 준비가 되어 있었다. 나는 모든 사람들 앞에서, "조이 보이, 네가 지금 당장 밖으로 나가고 싶어 하는 건 알지만 지금 나는 정말 네 도움이 필요하단다."라고 말했다. 고양이는 잠시 생각하더니 문 주변을 킁킁거리는 것을 그만두고 교실 중앙의 소파 발받침 위로 와서는 엎드려 그 이후로 몇 시간 동안을 집중해서 클래스에 참여한 사람들이 관계란 무엇인가를 이해하도 도와주었다. 우리가 파트너를 존중하고 그의 감정이나 어떤 일을 하는 방식을 이해하는 것이 보다 나은 소통 방식이다. 그리고 그 방식은 결과를 얻게 된다.

그들에게 정보를 주라

대부분의 사람들에게 있어서, 무슨 일이 일어나고 있는지―우리의 하루에 어떤 일이 있는지, 우리의 음식이 어디서 오는지, 우리가 어디로 가게 될 것인지, 또는 우리의 삶에 누가 들어오고 우리 삶에서 누가 떠날 것인지를―알지 못하는 것은 혼란스럽고 불편한 일이다. 우리는 무슨 일이 일어날 것인지 동물들은 알 것이라고 추측한다. 그러나 우리가 그들에게 말해 주지 않는다면 그들이 어떻게 알 수 있을 것인가?

정보라는 것은 우리에게 결정을 내릴 수 있게 한다. 정보를 갖게 되면, 우리는 힘이 생겼다고 느끼고 삶을 보다 잘 조절할 수 있게 된다. 다른 누군가가 우리를 대신해서 결정하고, 우리는 참여할 수 없다면 우리는 무력감을 느낄 것이다. 무력감은 동물에게나 사람에게나 우울증을 야기할 수 있다.

동물들도 우리와 마찬가지로 정보를 필요로 한다. 당신이 휴가나 업무 관계로 집을 떠나 있어야 한다면, 당신의 동물에게 당신이 얼마나 오랫동안 떠나 있을 것인지를 말하라. 이틀이나 닷새 또는 열흘 동안이라고 구체적으로 말해 주어라. 그리고 나서 당신이 문을 거쳐 들어와 그를 다시 만나게 되어 기뻐하는 심리적 이미지를 만들어 보여 주어라. 이런 방법으로 인해, 그는 당신이 떠난다는 사실보다 돌아온다는 사실에 초점을 맞추게 될 것이다

비록 우리는 항상 동물들은 시간을 이해하지 못한다고 들어 왔지만, 우리는 이제 그들이 실제로는 이해할 수 있다는 것을 이해하

고 있다. 이 주제에 관한 저서 중에는 루퍼트 쉘드레이크(참고 문헌 목록 참조)가 쓴 《자신의 주인이 언제 귀가하는지 알고 있는 개들과 동물들의 알려지지 않은 다른 능력들 : 조사 보고서(Dogs That now When Their Owners Are Coming Home and Other Unexplained Powers of Animals: An Investigation)》가 있다. 나는 경험에 의해서 그들이 시간을 이해한다는 것을 알고 있다. 그들은 자신이 몇 살인지 알고 있다. 그들은 해가 지고 떠오르며 그것이 하루를 이루고 있다는 것을 알고 있다. 어떤 사람들은 일출과 일몰의 횟수를 세는 방법을 이용해서 동물들에게 이 사실을 보여 준다. 나는 단순히 그들에게 며칠 동안이나 내가 집을 비우게 될 것인지를 말해 준다. 시간의 개념을 설명하는 것에 대해서 걱정하지 말라. 당신이 동물과 이야기하게 되면, 우리가 배웠듯이 보이지 않는 많은 일들이 자동적으로 발생한다. 그들은 그들이 이해할 수 있는 방법으로 정보를 받아들이게 된다.

시각화는 동물들에게 무엇을 기대해야 하는지 알게 할 때 영향력 있는 도구가 된다. 그 방법은 나의 고객 주디의 개 보스코에게 확실한 도움이 되었다.

버지니아 주 페어펙스에 살고 있는 검정 코커 스패니얼종 개 보스코는 보호자 주디가 휴가를 떠나면 매우 우울해했다. 내가 보스코에게 무엇을 원하는지 또는 어떻게 하면 나아질 것인지를 물어보았을 때, 보스코는 주디가 휴가를 갈 때 함께 가고 싶다고 말했다. 여기부터가 주디에게서 나온 정보가 보스코에게 도움이 되는 지점이다.

보스코는 주디와 함께 여행을 하는 것이 자신에게 어떤 의미인지를 진정으로 알고 싶어 했다. 나는 한참 동안 차를 타고 공항으로 가는 모습을 이미지로 보스코에게 전송해 주었다. 나는 제한 구역의 운반 상자(가방)에 넣어지는 모습을 그에게 보여 주었다. 나는 보스코에게 비행기에 실릴 때까지 아마도 몇 시간 동안 혼자 거기서 몇 시간을 보내야 할 것이라고 말해 주었다. 그리고 나서 보스코가 그들의 최종 목적지에 도착해서 주디와 다시 만나게 될 때까지 몇 시간을 더 가게 될 것이라고 알려 주었다. 보스코는 그 '휴가'라는 것이 진정 자신에게 무엇을 의미하는지를 듣자 주디가 돌아올 때까지 집에 머무르는 것에 상당히 만족해 했다. 주디 또한 주의를 기울여서 보스코의 요구에 걸맞은 애완동물 돌보미를 골랐고, 그가 애정 어린 보호를 받을 것이라는 사실을 확신시켜 주었다.

당신의 동물과의 교감에 있어서 이렇게 완벽을 기하는 것은 중요한 일이다. 동물의 답이나 요구를 무작정 받아들이는 대신, 그 사실이 삶에 어떤 영향을 미칠 것인지 전적으로 이해할 수 있도록 만들어 주라. 그는 당신의 마음을 통해 당신이 여행에 대해서 얼마나 흥분해 있는지 듣고, 당연히 당신과 함께하기를 원한다. 그러나 그가 듣지 못한 부분은 당신과 함께 휴가를 보내기 위해서 그가 받아들여야 하는 여정이다. 그가 전체의 그림을 보고 이해할 수 있도록 하는 것은 당신의 책임이다.

만약 당신의 동물이 동물병원에서 밤을 보내야 한다면 말해 주어라. 이 순간이 바로 당신의 시각화 기술이 필요한 시점이다. 그가 그곳에서 머물러 있어야 할 것이라고 말해 준 뒤, 그 다음 날 당신이 문을 열고 그를 데리러 가는 모습을 심리적 이미지로 만들어 보여 주어라. 당신이 줄을 그의 목걸이에 걸거나 그를 여행용 캐리어에 넣어서, 둘이 함께 차에 타고 다시 집으로 돌아오는 모습을 보여 주어라. 당신은 누군가가 자신을 데리러 다시 돌아올지 모르는 채 병원에서 밤을 지새워야 하는 게 어떤 일일지 상상이나 할 수 있겠는가? 우리가 구체적으로 말해 주지 않는다면 어떻게 동물들이 우리의 계획을 알 수 있겠는가? 당신의 생각에 집중해서 의사를 소통하라, 소통하라, 소통하라.

당신의 동물에게 집 안에서 할 일을 맡겨라
동물에게 일을 맡기는 것은—혹은 그가 자신 스스로 선택한 역할을 알아차리는 것—아마도 당신이 그와 함께 나누는 것 중에 가장 기본적인 대화가 될 것이다. 어떤 의미에서 당신은 그의 본질을 알게 될 것이다. 사람들이 삶에서 자신의 역할이나 위치를 알기 원하듯 동물들 또한 목표를 갖기 원하며, 그들 대부분은 자신들의 목표가 무엇인지 알고 있다.

해야 할 일이나 직업이 없어서 자신의 삶에는 별다른 목표가 없다는 이유로 우울증에 빠져 있는 은퇴자를 생각해 보라. 그는 까탈스럽고 극단적으로 외로워질 것이다. 그가 일을 하고 있었을 때는 어딘가에 소속되어 있다는 걸 실감하고, 자신이 필요성이 있는 중요한 사교적 인간이라고 느꼈을 것이다. 이런 사실은 동물들에게도 적용된다.

가족이 다수의 동물로 구성되어 있다면, 더더욱 개개의 구성원들이 목표감을 느끼도록 할 필요가 있다. 만약 처음부터 동물들의 역할 간 경계가 분명하다면 형제간의 경쟁심은 대부분의 경우에 피할 수 있다.

때때로 나는 그 어떤 일도 하고 싶어 하지 않는 동물을 본 적이 있긴 하지만, 그것은 대단히 드문 경우다. 이런 동물들은 대개의 경우 긴장을 풀고, 삶을 즐기고, 휴식하기 위해서 이 삶을 살고 있는 것이다. 동물들도 우리처럼 각자 다른 성향과 요구 사항을 가지고 있고, 그들의 파트너(사람)처럼 어떤 동물들은 그저 게으를 수 있는 것이다!

나의 개 제시는 가족 내에서 자신 스스로에게 할 일을 맡았다. 제시는 그 어떤 것도 요구한 적이 없었다. 그녀는 처음부터 자신이 해야 할 일을 찾아나섰다. 그녀는 자신이 무엇을 하고 싶어 하는지, 무엇이 자신을 행복하게 만들어 줄지 알고 있었다. 그녀는 공식적으로 누군가를 환영하는 역할의 구성원이었고, 누군가가 도착하면 우리에게 알려 주었으며, 집을 감시 경계하고, 고양이들을 주시했으며, 내가 놀이 시간을 균형 있게 유지하도록 도와주었다. 그녀는 또한 나의 지역 동물 교류 워크숍에서 조수가 되어 주었다. 제시와 내가 함께하는 입문 단계의 워크숍에 참석하고 있었던 한 학생은 제시가 내 사무실의 매니저로 있는 이미지를 떠올렸다. 제시는 더 많은 일을 떠맡아 조직적으로 분류하게 될수록, 자기와 함께든 아니든 내가 더 재미있게 놀 수 있는 시간을 만들어 주었다. 동물들이 이처럼 이타적인 행동을 하는 것은 드문 일이 아니다.

동물들이 자신의 역할을 수행하도록 하는 것은 그들과 우리의 관계에 있어서 대단히 중요하다. 일을 갖는다는 것은 너무나 중요해서 그것은 개에게 삶을 임대해 주는 것과 같다.

어느 날, 코네티컷 주 샤론에 사는 토니 터커가 자신의 비숑 프리제종 개 위니에 관한 일로 연락을 해 왔다. 그녀는 위니를 검은 눈과 새까만 코를 가진 매혹적인 작은 파우더 퍼프라고 묘사했다. 토니는 위니를 도그쇼에 내보내 사람들에게 보여 주고 싶어 했지만, 거기에는 문제가 하나 있었다. 위니가 도그쇼 경기장에 비해서 너무나 작았던 것이다. 토니는 그녀를 팔 생각을 하게 되었다. 시간이 지나는 동안 위니의 행동은 변했다. 주뼛거리고 주저하는 태도를 보였고 자신의 모든 기쁨과 강아지 시절의 열정을 모두 잃어버렸다. 그녀는 집 안의 다른 비숑 무리들로부터 벗어나 있게 되었다.

내가 위니와 이야기했을 때, 위니는 자신이 가족 내에서 다른 개들보다 덜 중요한 존재이며 자신의 위치가 불안하다고 느낀다고 했다. 위니는 토니가 더 이상 자신을 좋아하지 않고, 어딘가로 보내 버리고 싶어 한다고 생각했다. 토니는 위니를 계속해서 키울지 아닐지 결정을 하지 못한 것과, 자신의 혼란스러운 생각을 전부 기억하고 있었다. 나는 토니에게 어느 쪽으로든 결정을 내리라고 조언했다. 이처럼 결정 나지 않은 중간 상태에서 사는 것은 위니에게 너무나 힘든 일이었다.

　망설임 없이 토니는 위니를 들어올려 사랑스럽게 안고는 위니가 얼마나 특별한 존재이며, 얼마나 사랑받고 있는지, 그리고 영원히 함께 할 것이라고 확신시켜 주었다.(나는 위니가 자신을 중요하지 않은 존재라고 느끼고 있으므로 특별한 역할을 부과해 주어야 한다고 토니에게 말해 주었다.)

　동물 에이전트를 만나고 나서 토니는 위니를 위한 특별한 역할을 찾아냈다. 모델로 일하게 되자 위니의 행동은 즉각적으로 변했다. 위니는 사람들의 관심과 조명, 자신의 겉모양을 다듬고 치장하는 것을 좋아했으며, 중앙 무대에 올라서는 것을 좋아했다. 자신의 영역과 목표를 확실하게 찾아냈으며, 책, 텔레비전, 잡지, 카탈로그와 같은 상당한 포트폴리오를 만들어 냈다. 위니는 도그쇼 챔피언까지 되어 모두에게 놀라움을 안겨 주기까지 했다.

　우리는 우리의 동물들에게 그들의 성향과 삶에서의 야망에 적합하고 그들이 하기를 원하는 일을 부과해 주어야 한다. 동물의 가장 뚜렷한 특징과 특별한 능력에 기반을 두고 그에게 할 일을 만들어 주어라. 매일매일 (각각의 동물에게) 개별적으로 일을 잘 해냈다고 치하해 주어라. 동물들의 태도를 통해 자부심을 간지리리! 예를 들어, 당신에게 아이들을 좋아하는 개가 있다면 아이들이 뒤뜰에서 놀고 있을 때 돌봐 달라고 부탁하라. 당신은 이런 일을 베이비 시팅을 좋아하지 않는 개에게 맡겨서는 안 된다. 또는 당신의 고양이가 사람들 옆에 있을 때 수줍어한다면 그에게 공식적으로 누군가를 환영하며 맞아들이는 구성원으로서의 역할을 맡겨서는 안 된다. 그러한 과제는 동물이 즐기지도 못할 뿐더러 당신을 위해서 수행하면서 성공적으로 여겨지지도 않을 것이다.

당신의 동물들이 기꺼이 받아들일 만한 가능성이 있는 몇몇 일들이다.

- 공식적으로 인사하는 역할
- 보초를 서는 역할
- 집 안의 모든 벌레를 잡아 내기
- 아이들이 뒤뜰에 있을 때 돌봐 주기
- 특별한 도움이 필요한 가족 내의 다른 동물들을 돌봐 주기. 특히 만성적인 질병이 있는 동물의 경우
- 방문객이 왔을 경우 신호해 주기
- 중재자 역할 하기. 가족 구성원 간에 불협화음을 평화적이고 관용적인 수단을 사용해서 해결하기
- 가족의 방문객에게 사랑을 쏟아 부어 주기
- 가정을 웃음과 빛으로 가득 채우기
- 가족 내 연로한 이에게 특별한 친구가 되어 주기

당신의 집에 더 많은 동물이 있을수록 그들 각자가 자신만의 역할을 갖는 것은 더욱 중요해진다. 당신의 집에 고양이가 여덟 마리 있는데 아홉 번째 고양이를 맞이하려고 한다면, 그 고양이는 주변을

둘러보고 이렇게 말할지도 모른다. "내가 여기서 무엇을 해야 할까? 해야 할 모든 일은 이미 누군가가 다 하고 있잖아." 아마도 그건 사실일 수 있다―당신은 그 동물을 위해서 다른 할 일을 만들어 내야 할 것이다.

내 친구 재키는 여러 마리의 고양이를 키우고 있는데, 그중 한 마리가 매우 침체되어 보였다. 그 고양이가 높은 곳을 좋아하는 것처럼 보였기 때문에, 고양이가 안전하게 앞뒤로 점프할 수 있는 낮고 평평한 지붕에서 그가 새로운 일―집을 지키는 것―을 실행하도록 했다. 현재 그 고양이는 자신의 역할에 너무나 만족해서 식사 시간에 안으로 데려오는 데 어려움을 느낄 정도라고 한다!

동물들이 기꺼이 맡고자 하는 일 가운데서 언급되지 않은 것 하나는 그것이 감정적인 것이든 육체적인 것이든 우리를 고통으로부터 보호하는 일이다. 특히 우리가 주어진 상황에 대처하지 못하고 있을 때 동물들은 우리의 고통을 대신해 준다. 이 경우가 바로 우리가 그들을 직무에서 자유롭게 해 주어야 하는 경우다. 우리는 동물들에게, 우리를 도와주는 것에는 감사하지만 동물들도 스스로를 돌봐야 하고, 우리에 대한 책임은 우리 스스로 져야 한다는 것을 말해 주어야 한다. 바하 플라워 요법을 이용한 치료는 동물들이 우리를 돌봐주는 데서 벗어나는 데 큰 도움이 될 수 있다. 바하 플라워에 대해서는 6장을 더 읽어 보거나, 정보 자료를 위해서는 이 책의 끝부분에 있는 참고 자료를 보라.

우리가 우리 자신을 책임질 수 있어야 한다는 사실은 매우 중요하다. 우리가 지니고 있는 면모 중에서 비평하고 판단하고 불편하게 느끼는 점들을 지속적으로 개선해 나가야 한다. 만약 당신이 문제를 숨기려 해도 그 상태대로 남겨지지는 않을 것이다. 당신의 동물은 텔레파시를 통해서 문제를 파악하고 해결하려고 노력할 것이다. 만약 동물이 그 감정에 지나치게 오랫동안 매달려 있게 되면, 사람들이 그렇듯이 질병에 걸리게 될 것이다. 그러므로 당신은 감정적으로 균형을 이루어 당신의 동물들을 돕도록 하라.

크기나 모양, 색깔, 종류와 종에 상관없이 동물들은 사랑과 위안 그리고 기쁨의 생명체들이다. 그들은 우리를 웃게 하고, 육체적·감정적으로 우리를 보호해 주며, 우리가 우리 자신에 대해서 보다 잘 이해할 수 있도록 도와준다.

6
문제 행동에 관한 해결책 찾기

우리의 목표는 동물들과 다정하고 사이좋게 살아가는 것이다. 이런 목적은 기꺼이 듣고, 소통하고, 배우고, 적응하려는 우리의 노력으로 달성할 수 있다. 그렇게 함으로써, 대부분의 문제를 피할 수 있다. 하지만 문제가 발생했을 때 갈등을 푸는 데 도움이 되는 간단하고 실용적인 방법들이 있다.

사람들이 나에게 상담해 오는 주요한 이유 가운데 하나는 바로 동물들의 특이하고 기이하고 또는 심지어 파괴적이기까지 한 행동을 이해하고자 하는—덧붙여 변화시키려는 기대를 안고—간절한 필요 때문이다. 공격성이나 배변 훈련과 같이 여기서 고심하고 있는 몇몇 문제들을 많은 책과 훈련 프로그램에서 다루고 있지만, 단순한 의사 전달이 문제 해결에 매우 효과적인 수단이 될 수 있다. 이 책에서 배운 텔레파시 기술을 이용해 문제를 이해하고 풀 수 있도록 동물과 함께 노력할 수 있다.

동물들은 우리의 이해를 구하기 위해 그 어떤 일이라도 한다. 일반적으로 이상 행동은 동물들의 생활에 무언가가 잘못됐다는 것을 나타내는 신호다. 종종 우리는 동물들이 우리에게 알려 주려고 하는 것을 잘못 해석하거나 근거 없는 억측을 하곤 한다. 무엇이 잘못됐는지 정확하게 규명하기까지는 모두가 헛수고일 뿐이다. 해법을 찾기 위해서는 문제가 정신적인 것인지, 감정적인 것인지 또는 신체적인 것인지 아니면 복합적인 것인지를 먼저 알고, 그에 맞춰 처리해야 한다. 만약 오해나 혼란에서 비롯된 문제 또는 감정적인 문제에 신체적인 해법을 적용한다면 결코 문제를 완전히 해결하지 못할 것이다.

우리는 문제를 잘못 분석할 뿐 아니라 동물들의 행동을 잘못된 동기 탓으로 돌리기도 한다. 동물들이 그렇게 행동하는 데는 우리가 결코 추측할 수 없는 이유가 있을 뿐만 아니라 동물들은 문제 행동을 줄이려면 어떻게 하면 되는지 정확하게 우리에게 말해 줄 수 있다. 우리는 물어보기만 하면 된다!

동물들은 왜 그렇게 행동했을까

동물들이 왜 이상한 행동을 하는지 몇 가지 원인을 살펴보자. 먼저 신체적인 요인을 파악하기 위해서 수의사의 조언을 구하는 게 중요하다. 몸이 아프거나 정신적인 고통을 겪고 있는 동물은 특이하고, 공격적이며 또는 파괴적인 행동을 나타낼 수 있다. 만약 문제가 신체적인 것이 아니라면 대부분 정신적인 것일 가능성이 높다. 동물은 우리와 마찬가지로 감정적인 존재이기 때문에, 경험과 환경에 대해 다양한 방식으로 대응한다. 공포, 불안감, 학대 또는 단순히 당신의 기대가 무엇인지 충분히 소통이 되지 않았다는 이유만으로도 동물은 행동에 옮길 수 있다. 동물들은 또한 여러 동물을 키우는 집에서의 영역 갈등이나 경쟁에 대한 스트레스에도 반응한다. 보살핌이나 배려가 부족해서 우울과 불행이 올 수도 있다. 또한 인간의 가정에서 일어나는 불균형과 긴장에 반응하는 것 역시 동물에게는 특이한 일이 아니다. 우리 인간과 마찬가지로 동물 역시 자신의 가정과 환경의 변화에 대해 반응을 보일 것이다.

무슨 일인지 알아내기

감정적으로 화가 나거나 문제가 생기면, 동물들은 다양한 방식을 통해 행동으로 나타낸다. 그 행동이 무엇이든 간에—뒤뜰에 구멍을 파는 것이든 또는 우편배달부에게 으르렁대는 것이든—문제와 해결책을 찾는 과정은 항상 똑같다.

　인내심을 갖고 친절하게 그리고 추측하지 말고 동물에게 접근하기 시작하자. 그러면 동물 쪽에서도 마음을 터놓고 당신과 소통할 것이다. 만약 화를 내거나 질책하는 태도로 동물에게 접근한다면 동물은 마음의 문을 닫아 걸고 당신과 소통하지 않을 것이며, 해결책을 찾는 데도 비협조적일 것이다.

　마음을 편하게 갖고 동물에게 집중하는 것이 가장 중요하다. 동물과 효과적으로 소통하는 능력을 확신하기 위해서 앞 장에서 다룬 기초를 다시 한번 되짚어 보아도 좋다. 이제 준비가 되었다면 동물과 함께 앉아서 다음의 기초적인 질문들을 해 보자.

- 왜 이렇게 행동하는지 말해 줘(명확하고 상세하게 그 행동을 시각화해서 설명하면서).
- 무엇이 너를 괴롭히는지, 그게 신체적인 건지, 정신적인 건지, 아니면 감정적인 건지 말해 줘.
- 네 행동을 바꾸려면 무엇이 필요하지?
- 상황을 개선하기 위해 내가 할 수 있는 게 뭐가 있을까?

어떤 문제들은—심지어 심각하고 아주 오래된 문제들도—너무 쉽게 해결돼서 당신이 놀랄 수도 있다.

해법 찾기

가장 단순한 해결책이 최고의 해결책이다. 어떤 행동 문제들은 동물과 마음을 터놓고 그들의 잘못된 행동이나 있을 법한 오해에 대해 당신이 어떻게 느끼고 있는지 표현하는 것만으로도 해결될 수 있다. 동물들이 얼마나 우리를 기쁘게 해 주고 싶어 하는지, 그리고 우리가 느끼는 고충을 동물들이 알게 하는 것만으로 얼마나 큰 효과를 볼 수 있는지에 대해 사람들은 과소평가하곤 한다. 만약 동물들이 자신의 행동 때문에 우리가 얼마나 좌절했는지 또는 화가 났는지 알게 된다면, 그들은 대개 자기 행동을 바꿀 것이다—최소한 노력은 할 것이다.

동물과 함께 작업하는 데 있어, 오래된 습관을 멈추도록 설득하려면 여러 차례 시도해야 한다는 것을 깨닫도록 하자. 즉각적인 결과를 얻지 못한다고 해서 당신의 의도를 알리는 데 실패했다고 생각하지 말자. 인간이 그렇듯, 동물이 나쁜 습관을 허무는 데는 시간이 필요하다―담배를 끊거나 손톱을 물어뜯는 습관을 고치는 게 얼마나 힘든 일인지 생각해 보라. 반복이 해답이다; 동물이 마침내 정보를 구체화할 때까지 여러 차례 과정을 되풀이해야 할 수도 있다. 동물이 우리를 받아들이기를 바랄 때만큼이나 많은 인내심을 가져야 한다.

캘리포니아 주 벤추라에 사는 마티 마이어는 나의 제자이자 현재 성공한 애니멀 커뮤니케이터인데, 말을 탈 때 종종 자기 개 제시를 데리고 나갔다. 하지만 제시가 자전거 타는 사람 뒤를 쫓기 시작하자 마티는 화가 나서 자기가 얼마나 불편한지 개에게 얘기했다. 개는 마티의 관심이 자기에게 향하고 있지 않으면 말 뒤를 따라가는 게 얼마나 지루한 일인지 설명했다. 마티는 개에게 좀 더 주의를 기울였고, 당분간은 괜찮았다.

하지만 곧 개는 다시 자전거를 쫓기 시작했다. 마티는 극도로 좌절하고 화가 났다. 제시를 데리고 다니는 일이 지나친 스트레스가 되기 시작했다. 마티는 개에게 그렇게 얘기하고 결실을 보긴 했지만, 개가 그런 행동을 영원히 그만두게 되기까지는 여러 번 같은 말을 되풀이해야만 했다. 그런 본질적인 습관이라면, 콕 집어 정곡에 닿을 때까지 여러 차례 반복이 필요한 것이다.

동물과 마주하게 되는 문제들을 각각 고유한 해결책을 갖고 있으며, 대개 그 해결책은 동물 자신이 가르쳐 줄 것이다. 앞 페이지에 나온 기본적 질문들을 사용해서 동물이 겪고 있는 고통의 근원이 무엇인지 알고 문제를 어떻게 해결할지 방법을 배워 보자. 공격성, 배변 훈련의 어려움 그리고 파괴적인 습성 등과 같이 전형적인 행동 문제를 극복한 수많은 동물들과 그 주인들의 이야기를 들어 보자.

공격성

공격적 행동―다른 사람이나 동물들을 물려고 하거나 물어뜯거나 공격하는―은 사람들이 집에서 동물을 내보내는 가장 큰 이유 가운데 하나다. 하지만 공격성이 항상 그 동물의 성격이 나쁘다거나 다루기 힘들다는 걸 의미하지는 않는다. 공격성은 종종 동물이 심각한 정서적 스트레스를 받고 있거나 신체적인 고통을 겪고 있다는 신호다. 사랑스러운 자기 개가 사납게 변해 간다고 걱정하는 어떤 보더콜리 주인의 이야기는 동물의 행동에 대한 오해가 빚어 내는 서글픈 예다.

캘리포니아 주 라구나 비치에 사는 고객 주디스가 자신의 보더콜리종 개 니콜 문제로 전화해 왔다. 니콜은 예전에는 상냥한 개였지만, 언제부턴가 누구든지 가까이 오는 사람에게 달려들어 물려는 행동을 시작했다. 니콜은 집 안 여기저기 버려져 있는 종이로 된 물건들을 먹곤 했다—그냥 갈갈이 찢기만 하는 게 아니라 완전히 먹어치우는 것이다. 주디스가 야외에서 바비큐 그릴을 사용할 때면, 니콜은 수영장의 첫 번째 계단에 드러눕는 기이한 행동을 보였다. 이것은 물새 사냥개(water dog)의 전형적인 행동이지만 니콜은 분명히 물을 싫어할뿐더러 절대 발을 물에 담그지도 않았다.

문제가 신체적인 것처럼 보이진 않았기 때문에 주디스는 수의사에게 물어볼 필요가 없다고 생각하고 동물 행동학자들에게 상담을 했다.(이 이야기를 통해 배울 점은, 동물이 어떤 종류의 문제를 보이든지 맨 먼저 수의사에게 보이는 것이 최선이라는 점이다) 그 어떤 동물 행동학자도 니콜의 이상한 행동에 대해 설명하지 못했고, 그 개를 없애는 것만이 유일한 해결책이라고 제안했다.

주디스가 최후에 의지한 사람이 바로 나였다. 나를 소개하려고 개에게 다가가자 니콜은 즉각 메시지를 던졌다. "날 건드리지 마!" 나는 니콜이 원하는 것을 존중하고 거리를 지키겠다고 마음을 담아 약속했다. 그리고는 주디스가 바비큐를 할 때 무슨 일이 일어났는지 설명해 달라고 했다. 동물과 함께한 수많은 경험 중에서도 난생 처음으로, 실제로 고기 굽는 냄새가 나는 듯한 강력한 감각적인 느낌을 받았다. "그 냄새를 맡았을 때 너무 괴로웠어요. 속이 뒤집혔어요."라고 니콜이 말하는 소리를 듣고, 나도 똑같은 느낌을 온 몸으로 경험했다. 그리고 나서 니콜은 수영장으로 뛰어가 물가에 눕는 이미지를 내게 전달했다. "그렇게 하자 고통이 사라졌어요." 나는 이해했다―니콜은 배가 아팠고 물은 시원했다. 가엾은 그 동물은 너무나 아팠고, 치료가 절실했던 것이다.

주디스는 즉시 수의사에게 니콜을 데려가서 니콜의 간에 기능 장애가 있다는 걸 알아냈다. 소화계에 담즙이 너무 많아서 실제로 위가 아팠던 것이다. 니콜이 왜 눈에 보이는 종이들을 죄다 먹어 치웠는지 설명해 주는 부분이다―담즙을 흡수하게 도왔던 것이다. 니콜은 몸이 너무나 불편해서 사람이 쓰다듬어 줄 수 있도록 서 있을 수가 없었고, 너무나 아팠기 때문에 동물들이 종종 그렇듯 사람들에게 떨어지라고 경고하느라 그렇게 물려고 했던 것이다. 자기 자신을 구하기 위해 이렇게 기발한 방법을 사용한 이 개가 얼마나 똑똑한지 생각해 보라.

주디스나 나에게 이 얼마나 중요한 교훈인가. 간절하게 도움을 요청하는 이 동물의 행동이 사나운 것으로 잘못 해석되었던 것이다. 만약 주디스가 뭐가 문제인지 물어보았다면, 니콜의 몸에 문제가 있다는 걸, 배가 아프다는 걸 알 수 있었을 것이다. 만약 왜 종이를 삼켜 버리는지, 왜 수영장에 눕는지 물어보았다면, 주디스는 니콜이 고통을 완화시키려고 그랬다는 사실을 알 수 있었을 것이다. 하지만 이 개는 거의 목숨을 잃을 뻔했다! 얼마나 많은 동물들이 이해할 수 없는 행동에 대한 오해 때문에 안락사를 당하는지 헤아릴 수조차 없을 지경이다. 그들이 우리에게 바라는 것은 단지 물어보고 들어주는 것뿐인데 말이다.

배변 훈련

배변 훈련은 강아지나 새끼 고양이가 말을 듣지 않을 때 쉽게 인내심을 잃는 사람, 나이 든 동물이 집을 더럽힐 때 화를 내는 사람에게 있어 가장 큰 좌절 요인이 될 수 있다. 코를 양탄자에 대고 문지르거나 신문지로 때리는 것 같은 가혹한 훈련 방법으로는 문제의 핵심에 다가갈 수 없다. 게다가 이런 방법들은 부적절하고 모멸적이다. 어린 동물이라고 해서 어지럽히면 안 된다는 것을 모르지는 않는다. 단지 어떻게 해야 할지 방법을 모르는 것이다. 현관의 개 출입구를 통과하는 방법, 긁거나 짖는 행동을 통해 자기를 나가게 해 달라고 주인에게 말하는 것 등을 포함해 화장실까지 가기 위해 거쳐야 할 단계들을 처음부터 끝까지 전부 다 보여 줘야 할 수도 있다. 때로는 딱 한 단계를 빠뜨리는 것만으로 큰 혼란을 야기할 수도 있다.

두 살배기 치와와 패티는 배변 훈련을 받았지만 아직도 집 안에 사고를 친다.

캘리포니아 주 버뱅크에 사는 고객 콜린의 집에 도착했을 때, 패티는 자신이 집을 더럽히는 이런 상황이 혼란스럽고, 자신이 나가고 싶을 때 주인에게 어떻게 말해야 할지 잘 알지 못한다고 알려 왔다. 확실히, 패티와 콜린 사이에는 정확한 신호가 정해지지 않았고, 콜린은 패티가 나갈 때쯤 되었다고 생각할 때 가끔 문을 열어 주곤 했다. 콜린은 자신의 또 다른 개인 수컷 복서종 채드가 자기에게 쓰는 것과 같은 신호를 사용하라고 제안했지만 패티는 거절했다. 패티는 자신만의 신호를 원했다. 우리는 패티가 나가고 싶을 때는 앞발로 양탄자나 콜린의 다리를 긁도록 하기로 합의했다.

5분에서 10분 사이에 나는 패티가 다른 방에서 양탄자를 긁는 소리를 듣고 콜린으로 하여금 패티를 나가게 하도록 했다. 패티는 이미 자신의 신호를 행동으로 옮기고 있었던 것이다. 콜린이 문을 열고 패티를 나가게 해 주었음은 물론이다. 우리는 패티가 그토록 빨리 배웠다는 사실을 축하했다. 하지만 거기에 한 가지 빠진 부분이 있었다. 패티는 콜린의 앞에서 신호를 보내야 했던 것이다. 만약 콜린이 위층에 있고 패티가 아래층에서 신호를 보냈다면 우리의 모든 노력은 헛수고가 되고, 패티는 이전보다 더욱 더 혼란을 느꼈을 것이다.

다 자란 동물들이 용변을 아무데나 봐 더럽히는 행위에는 다양한 이유가 있을 수 있다―영역을 표시하기 위해, 특히 새 집에서; 방광염 같은 신체적인 문제; 또는 새로운 동물이 들어오거나 실내 장식을 새로 하는 것 같은 큰 변동이 있을 때처럼 스트레스 가득한 환경 요인이 그 원인이다. 고양이라면 단순히 고양이용 화장실만 원할지도 모르지만 말이다.

다 큰 동물이 용변을 아무데나 보는 문제에 대처하려면 신체적인 문제를 배제하기 위해 언제나 수의사에게 먼저 데려가도록 한다. 건강에 문제가 없다면 무슨 이유로 그런 행동을 하는지 동물에게 물어본다. 다시 한번 말하지만, 우리가 저지를 수 있는 가장 큰 실수는 이유를 알고 있다고 가정하는 것이다.

　캘리포니아 주 컬버 시티에 사는 폴 에셀린은 절망적인 상태에서 전화를 해 왔다. 그가 키우는 고양이 라스베리는 지난 10년 동안 가족들이 집을 비울 때마다 거실 양탄자에 용변을 봐 버리곤 했던 것이다. 가족들은 수의사도 찾아가 보고 여러 가지 해법을 찾으려 노력했지만 모두 헛수고였다. 폴은 가족들이 집을 비운 것에 대한 항의 표시로 고양이가 그런다고 가정하고, 나에게 그런 행동을 멈추게 할 수 있는지 물어왔다.

　라스베리와 접촉했을 때, 라스베리는 자기가 가족에게 화가 난 것이 아니라고 말했다. 반대로 라스베리는 가족들이 떠날 때마다 공포를 느꼈으며, 그들이 돌아오지 않을까 봐 두려웠다는 것이다. 동물에게 있어 용변을 보는 행위는 영역을 표시하는 행위다. 라스베리에게 있어서 이것은 여기가 자기 집이라는 것을 의미했던 것이다. 라스베리는 안정감을 느끼기 위해 그런 행동을 하고 있었다.

　버려질지 모른다는 두려움을 누그러뜨리려면 어떻게 하면 좋을지 묻자 라스베리는 이렇게 대답했다. "나는 이곳이 언제까지나 영원한 나의 집이 맞는지 알고 싶어요. 그들이 언제 떠나고 언제 돌아올지 알고 싶다고요."

　나는 폴과 가족들에게, 다음에 그들이 집을 떠날 때는 라스베리와 마주앉아 얼마나 오랫동안 집을 떠나 있을지 설명해 주도록 했다. 나는 동물들이 시간을 매우 잘 이해하고 있다는 점을 확신시켰다.

또한 여행이 끝난 다음 라스베리를 다시 보게 되어 기뻐하며 현관에 도착하는 가족들의 이미지를 전하도록 권유했다. 마음속에 행복한 귀가에 대한 강렬한 이미지를 구축하게 되자, 라스베리는 그들이 떠난다는 것보다 돌아온다는 사실에 집중할 수 있었고, 가족들이 진심으로 집에 돌아오려고 한다는 사실에 안도했다.

반려동물의 바람을 이렇게 직접적으로 충족시켜 주라고 하면 많은 사람들은 "농담이지?"라고 한다. 하지만 이 가족은 무슨 일이든 다 해 보려고 했다. 그들은 고양이가 원했던 안도감을 주었고, 그에 상응하여 고양이 쪽에서도 약속을 지켰다. 그 뒤로 라스베리는 거실 양탄자를 더럽히는 일이 없었다.

가정에서 일어나는 동물들 간의 갈등

사람과 마찬가지로, 함께 사는 동물들 사이에서도 갈등은 피할 수 없는 문제다. 동물들은 주인의 애정 또는 고유 영역을 놓고 서로 경쟁할 수 있다. 동물들은 또한 집 안에서 자신의 역할—5장에서 논한 것처럼 목적의식을 주는 일—에 대해 불안감을 느낄 때 행동에 나설 수 있다. 동물들은 서로 티격태격하고, 감정을 상하고, 다른 동물을 공격하거나 물러나거나 하는 방법으로 반응할 수도 있다. 대개 그런 다툼은 동물들 스스로 해결하기 마련이지만, 우리가 약간의 중재를 통해 문제 상황을 개선할 수 있다. 다음 이야기는 가정 내에서 동물들 사이에 일어나는 가장 일반적인 갈등 상황들을 잘 보여 준다.

일리노이 주 호프만 이스테이츠에 사는 로렐 그레이엄은 우수한 코커 스패니얼을 여러 마리 키우고 있는데, 그중 몇몇은 도그쇼에 나가는 개였다. 로렐은 집에서 키우는 골디가 우울한 행동을 보이자 나에게 전화를 해 왔다. 내가 골디에게 왜 그러는지 묻자, 골디는 도그쇼에 나가는 개 민디가 육체적·정신적으로 자기를 괴롭힌다고 말했다. 하지만 골디를 더 힘들게 하는 것은 민디를 비롯한 다른 모든 개들이 매번 리본을 상으로 받아 오고 특별한 주목을 받는다는 사실이었다. 골디는 도그쇼에 서고 싶지는 않지만, 자신이 특별하다는 걸 느끼고 싶다고 했다.

나는 곧 특별한 리본을 단 골디를 데리고 집 주변을 행진하는 로렐의 이미지를 떠올렸다. 나는 로렐에게 이런 모습을 설명하고는, 골디가 얼마나 특별한지 또 집을 돌보는 일을 얼마나 잘하고 있는지 다른 개들에게 알리는 방편으로 그대로 실행하도록 했다. 로렐이 그대로 하자 골디는 기분이 나아졌을 뿐만 아니라 다시는 민디에게 괴롭힘을 당하지 않게 되었다. 실제로, 로렐이 해 준 '리본 세리머니' 행사 덕에 집 안의 모든 개들이 새로운 존경심을 갖고 골디를 대하게 되었다.

하지만 민디는 남을 괴롭히는 버릇을 버리지 못하고 종양 때문에 병세가 위중한 또 다른 코커 스패니얼 비비를 못살게 굴기 시작했다. 민디에게 왜 그러는지 묻자, 비비가 주목을 받는 게 화가 나고, 도대체 왜 비비를 그렇게 애지중지하는지 이해할 수 없다고 고백했다. 나는 로렐에게 비비가 얼마나 아픈지 민디에게 설명해 주고 인내심을 갖도록 요구하라고 권했다. 로렐이 이런 의사를 전달하자 민디는 괴롭히는 행동을 그만두었고, 집 안은 다시 평화를 되찾았다.

때때로 동물들은 질투나 경쟁심 또는 오해 때문이 아니라 자기 문제를 다른 동물들에게 전가하기 때문에 싸운다. 다시 한번 밝히지만, 선입관을 갖고 상황을 판단하기보다는 열린 마음을 갖고 대하는 것이 얼마나 중요한지를 깨닫자. 다음의 경우를 살펴보자. 고양이들이 서로에게 화가 나 있다고 가정하기 쉽지만 실제로는 완벽한 오해였던 것이다.

하와이 주 키헤이에 사는 셜린이 회색 얼룩고양이 실버가 위스커스(다른 고양이)를 계속 두들겨 팬다고 전화를 했다. 나중에 위스커스는 오줌을 깔기는 문제 행동을 나타내게 되었고, 셜린은 속수무책이었다. 실버에게 왜 그런 행동을 하느냐고 묻자, 꼼짝없이 실내에 들어앉아 있는 게 비참하고 밖에 나가고 싶다고 했다. 그들이 사는 집은 벽으로 둘러싸인 테라스가 있었지만, 셜린은 감독하는 사람 없이 고양이를 집 밖에 내보내는 게 두렵다고 했다. 셜린은 고양이들이 벽을 기어 올라가 다시 돌아오지 못할까 봐, 또 먹이를 찾아 돌아다니는 수코양이들에게 공격당할까 봐 걱정하고 있었다. 실버는 수코양이들이 울부짖는 소리를 들을 수 있는데 그들을 볼 수 없다는 것이 괴롭다고 말했다. 그런 상황과 집 안에서 보호자 역할을 하지 못한다는 사실이 자신을 걷잡을 수 없는 통제 불능의 상태로 만든다고 했다. 실버는 자신의 절망을 위스커스에게 쏟아 내고 있었다.

위스커스는 얻어맞은 데 대한 반발로 오줌을 깔기는 게 아니라, 그렇게 함으로써 신체적인 위안을 얻을 수 있기 때문이라고 했다. 위스커스는 아팠지만, 수의사는 문제가 무언지 파악하지 못하고 있었다. 나는 알아내기 어려운 감염을 진단하고, 치료하는 대체의학 수의사를 소개해 주었고, 그 수의사는 위스커스에게 침술을 통한 보충 치료와 식이 조절을 해 주었다.

그것으로 문제가 하나 풀렸다. 그 다음 방법으로 셜린은 테라스가 내려다보이는 위층 침실에 있는 책상 하나를 깨끗이 치웠다. 이 높은 자리는 공격적인 이 고양이에게 테라스 벽이 훤히 내려다보이는 전경을 제공했다. 새롭게 얻은 보호자 역할이 너무나 마음에 들어서 실버는 3주 동안 매일 새로운 '감시대'에 서서 망을 보았다. 하루는 셜린이 보지 않는 사이에 실버가 테라스로 몰래 나갔다. 셜린이 예상했던 공포에 질리려는 찰나, 실버는 휙 하고 벽을 건너 제자리로 돌아와 안으로 들어갔다. 마치 자유가 어떤 것인지 한번 살펴보고 싶었을 뿐이며, 책상이 최선의 자리라는 결론을 내리고 만족했다는 투였다.

오줌을 깔기거나 공격적인 행동은 중단했다. 고양이들은 서로 장난치기 시작했고 집 안은 다시 정상으로 되돌아갔다.

무엇이 잘못되었는지 동물들이 모르고 있을 때

때로는 무엇이 잘못되었는지 아무리 동물에게 물어도 답을 얻지 못하는 경우가 있다. 아무리 노력해도 말이다. 이런 일이 일어나더라도 당신의 잘못이라고 가정하지는 말자. 동물로부터 아무런 답을 얻지 못하면, 나는 우선 동물 자신의 문제가 아니기 때문에 설명하지 못하는 것이 아닐까 하고 추측해 본다. 동물은 자기 주인에게서 습득한 강렬한 감정을 행동에 옮기기 쉽다. 이런 보편적인 문제에 관해서는 11장 〈사랑하는 방법 배우기〉에서 좀 더 다루기로 하자.

하지만 동물들이 대답하지 않는 데는 다른 이유들도 있다. 일시적으로 다른 일에 마음을 빼앗기고 있는 경우가 그것이다. 또 다른 경우는 무엇이 문제인지 모르기 때문이다. 어떤 경우에는, 문제를 알고 있되 말하고 싶지 않을 수도 있다. 이것은 특히 학대받은 동물에게 해당되는 경우이다.

오래되었거나 복합적인 문제에는 단순한 해결책이 없을 수도 있다. 만약 어떤 동물이 언어 또는 신체적·감정적으로 학대당했다면 그 동물은 문제 행동을 푸는 데 어떤 것이 필요한지 모를 수도 있다. 이런 경우 해결책을 찾는 일은 마치 양파 껍질을 벗기는 것처럼 한 번에 하나씩 쉽고 부드럽게 다루어야 한다.

대체의학 치료법

오래된 문제를 갖고 있는 동물을 다룰 때는 대체의학적인 치료법을 사용하는 것이 도움이 된다. 나는 동물들과의 작업에 있어 종종 바하 플라워 요법이나 텔링턴 티터치(Ttouch), 기 치료 같은 치료법들을 포함시킨다. (이에 대해서는 9장 〈아프거나 다친 동물들 위로하기〉에 더 많이 나와 있으며, 추천도서 목록에서도 찾아볼 수 있다.)

바하 플라워 요법은 영국의 과학자이자 물리학자인 에드워드 바하가 1930년에 개발한 간단한 식물 에센스를 말한다. 그의 38가지 치료약들은 인간과 동물의 감정적인 스트레스를 경감시켜 주는 부드럽고 안전한 요법이다. 나는 특히 정신적 고통을 겪고 있거나 불안에 떠는 동물들에게 진정 효과가 있는 레스큐 리메디(Rescue Remedy : 꽃에서 채집한 정유로, 심신을 안정시키는 효과가 있다.-역주)를 종종 추천한다. 건강식품이나 비타민을 파는 가게에서는 대개 이 제품을 취급하고 있는데, 한 방울씩 짜서 쓸 수 있는 조그만 갈색 병에 들어 있다. 각 식물 추출물은 하나의 특정한 치료법을 갖고 있는데 복합적인 문제를 다루려면 섞어서 같이 사용할 수도 있다. 에센스에 대해 더 알고 싶다면 해당 회사에 안내서를 요청하자.

이 에센스들은 음식이나 물에 섞는 등의 다양한 방법으로 동물에게 투여할 수 있다. 바하 플라워 공식 카운슬러인 바바라 마이어스가 제안하는 치료 요법은 대략 다음과 같다.

- 동물의 물그릇에 10방울을 떨어뜨린다. 공동으로 사용하는 물그릇이라도 상관없다. 치료를 받는 중이든 아니든 상관없이 이 치료약은 모든 동물에게 안전하다.
- 물 1테이블스푼에 2방울의 치료제를 희석시켜 입 안에 떠 넣거나

음식에 넣는다. 만약 레스큐 리메디라면 4방울을 사용하도록 한다.
- 동물의 코나 귀에 2방울을 떨어뜨려 문질러 준다.
- 하루에 4회 시행한다. 극도의 스트레스를 받는 경우라면 30분에 한 번씩 사용해도 좋다. 레스큐 리메디는 위기 상황에서 5~8분마다 한 번씩 사용할 수 있다.

나는 탐라 킹의 개 샤이나처럼 매우 심각한 문제를 겪는 동물에게 있어 바하 플라워와 다른 대체 요법들이 정말로 유익한 결과를 가져온다는 사실을 발견했다.

캘리포니아 주 LA에 사는 탐라 킹은 여섯 살배기 허스키 믹스견 샤이나의 주인이 죽자 샤이나를 맡아 키우게 되었다. 샤이나는 영리하고 훈련이 잘된 개였지만 주인과 떼려야 뗄 수 없는 사이였다. 주인이 병석에 누워 있는 동안, 병원에 입원하게 될 때마다 샤이나는 사육장에 보내졌다. 마지막으로 두 달 간 사육장에 머물렀을 때 주인은 세상을 떠났고, 샤이나는 극도로 흥분한 채 주인을 그리워하며 하루 종일 탐라의 집 주변을 서성거렸다. 유일하게 샤이나가 행복해 보이는 때는 탐라와 가족들이 하이킹에 데려갈 때뿐이었다. 집에 돌아오자마자 다시 서성거리기 시작하는 샤이나를 보면서 탐라는 어떻게 해야 고통을 줄여 줄 수 있을지 고민했다.

내가 탐라의 집에 도착했을 때 샤이나는 불안해하고 있었다. 이전에는 샤이나의 모든 생활이 주인을 중심으로 돌아가고 있었고, 다른 사람들과 어울리는 경우는 거의 없었다. 탐라와 내가 거실에 앉아 있는 동안, 샤이나는 물을 마실 때를 제외하고는 집 주변을 계속 서성였다. 샤이나가 알고 있는 것은 오직 한 가지, 집으로 돌아가고 싶다는 것뿐이었다. 샤이나와 소통하기까지 일단 샤이나의 주목을 끌 필요가 있었다.

샤이나가 걱정과 공포에 빠지지 않으려면 누군가와 신체적으로 밀접해질 필요가 있었다. 나는 샤이나에게 목줄을 매 주었는데, 인간과의 연결 그리고 친밀감을 제공한다는 이유로 어떤 개들에게는 이 목줄이 위안을 주기 때문이다. 다음으로 나는 샤이나의 불안감으로부터 에너지를 다른 곳으로 돌리기 위한 '그라운딩 기법'을 활용했다. 샤이나를 데리고 방을 둘러본 뒤, 어떤 물체를 쳐다보도록 한다. "샤이나, 저 커피 테이블을 봐."라고 말하면서 손가락으로 부드럽게 탁자를 두드린다. 샤이나가 쳐다보면 잘했다고 말해 준다. 그리고 나서 방 안에 있는 다른 물건을 쳐다보도록 하고 다시 부드럽게 두드린다. 샤이나가 물건에 초점을 맞추고 나면 항상 축하해 준다. 이런 그라운딩 기법은 동물이 심란한 마음에 사로잡히는 대신 한 가지에 집중하게 함으로써 마음을 진정시켜 준다.

일단 샤이나의 주목을 끌고 나자, 나는 샤이나에게 왜 이 집에 오게 됐는지 알고 있느냐고 물었다. 샤이나는 혼란스럽다고 대답했다. 샤이나가 원하는 건 단지 집에 가고 싶다는 것 한 가지뿐이었다. 샤이나는 주인이 자기에게 의지했다는 것을 알고 있었고, 일상으로 돌아가 주인의 얼굴을 핥아 잠을 깨워 주고 싶어 했다. 샤이나는 자기 일을 할 수 없다는 두려움에 제정신이 아니었다.

샤이나에게 진실을 밝혀야만 했다. 주인이 샤이나를 데리러 돌아오지 않는다는 것—그는 이제 영혼의 세계에 속한 사람이란 사실을. 샤이나는 작별 인사조차 할 수 없었다는 사실에 괴로워하는 한편 자기가 주인에게 돌아가지 못한 것이 죽음에 한 원인이라고까지 느꼈다. 나는 샤이나에게, 주인을 도울 수 있는 일은 아무것도 없었다고, 그리고 주인에게 작별 인사를 하는 일이 샤이나에게 그토록 중요한 일이라는 걸 아무도 알지 못했다고 말해 줬다. 이 부분이 우리의 소통에서 대단히 중요한 부분이었다. 샤이나는 오해하고 있었고, 진실을 이해시키는 게 중요했던 것이다.

조금씩 샤이나는 긴장을 풀기 시작했다. 샤이나를 만져 보고 나서, 나는 샤이나를 치유하는 과정의 또 다른 중요한 부분은 바로 육체적인 것이라고 판단했다. 샤이나의 몸은 끊임없는 걱정과 서성거림으로 인해 스트레스를 받고 경직되어 있었던 것이다. 샤이나에게 허락을 얻어 나는 티터치(Ttouch)와 기 치료를 혼합시킨 운동 요법을 이용한 바디워크(Bodywork : 대체의학에서 손끝으로 다루는 치료법, 호흡 수련, 기 의학 등을 포함하는 것으로, 신체를 대상으로 하는 개인 개발 기술이나 치료 기술을 표현하는 용어-역주)를 하기 시작했다. 기 치료란 동물을 치유하고 사랑하고 달래고자 하는 목적에서 당신의 손을 통해 기가 지나게 하는 단순한 요법이다. 나는 또한 탐라에게 샤이나의 치유 과정을 돕기 위해 바하 플라워 요법을 사용하도록 했다. 샤이나의 긴장을 풀어 주기 위해 슬픔을 경감시키는 데도 도움이 되는 레스큐 리메디를, 상실감·변화·향수병에 대처하는 데 도움을 줄 만한 다른 바하 플라워들도 권했다. 바디워크를 끝낸 다음 샤이나는 몇 주 만에 처음으로 깊은 잠에 빠져들었다. 탐라는 샤이나가 그토록 평안해 보인 적이 없었다고 했다.

불안에 떠는 동물 돕기

동물이 불안해할 때 진정시키는 아주 쉬운 기법이 있다. 탐라와 샤이나의 이야기에서 다룬 그라운딩 기법과 간단한 호흡 훈련이 그것이다. 사람들이 자신을 진정시킬 때 호흡법을 이용하는 것과 마찬가지로 동물이 긴장을 풀도록 돕는 데도 같은 방법을 사용할 수 있다. 실제로 동물들이 불안해하거나 위기에 놓일 때까지 기다릴 것이 아니라 예방책으로써 모든 애완동물과 함께 이 운동을 이용할 것을 권한다. 그렇게 되면 동물이 충격을 받거나 아픈 상황에 처했을 때, 당신과 당신의 애완동물은 이미 이 호흡법에 익숙해져 있게 될 것이다.

애완동물과 함께 조용한 장소에 침착하게 자리를 잡고 앉는다. 당신과 한 팀이 되어 함께하자고 소리 내어 동물에게 묻는다. 천천히 깊은 호흡을 하기 시작하는데, 당신이 숨을 내쉬고 들이쉬는 것을 동물이 확실히 들을 수 있게 한다. 신체적으로 이완된 상태라는 것을 눈으로 확인할 수 있을 때까지 5분 이상 계속한다. 바로 이것이다! 스트레스 받고 화가 나 있는 동물들을 다룰 때 이 간단한 운동이 효과를 발휘한다.

내가 키우는 고양이 스쿠터를 수술시키려고 수의사에게 데려갔을 때 이 호흡 훈련을 했다. 진정제 패치를 붙이려면 털을 깎아야 했는데, 수의간호사가 가위를 들고 다가가자 스쿠터는 내 팔로 훌쩍 뛰어올랐다. 수의사가 다시 한 번 시도했지만 헛수고였다. 나는 스쿠터와 얘기할 동안 잠시 기다려 달라고 했다. 나는 스쿠터에게 왜 털을 깎아야 하는지 설명하고, 가위가 재미있는 소리를 낼 거라고 말해 줬다. 내 손가락을 스쿠터의 몸 옆에 대고 아래위로 빠르게 움직이면서 몸이 진동하는 느낌을 받게 될 것이라는 경험을 하게 했다. 무슨 일이 일어날 것인지 일단 스쿠터가 이해하고 나자 나는 함께 호흡하자고 했다. 집에서 정기적으로 이 호흡 운동을 해 왔기 때문에 스쿠터가 진정되리라는 것을 알고 있었다. 우리는 숨을 들이쉬고 내쉬며 함께 호흡하기 시작했고 스쿠터는 나를 그대로 따라했다. 내가 수의간호사에게 신호를 보냈을 때, 스쿠터는 수의간호사가 털을 깎도록 긴장을 풀고 가만히 앉아 있었다. 그녀는 놀라서, 만약 자기가 직접 보지 않았다면 결코 믿을 수 없었을 것이라고 말했다.

동물을 진정시키는 요령

1. 만약 동물이 오랫동안 괴로워하거나 이상한 행동을 하면 수의사 또는 자격증이 있는 대체의학 치료사와 상의하라. 다른 해법을 찾거나 여기에 있는 치료 방법을 시도하기 전에 신체적인 원인이 없음을 확인하라. 이상한 행동은 심각한 심지어는 생명을 위협할 정도로 심각한 질환이 있다는 신호일 수 있다.

2. 불안해하는 동물 앞에서 침착하게 행동하도록 하자. 모범을 보이도록 한다. 자신의 신체 언어와 목소리를 잘 인식하도록 하자. 빤히 쳐다보면 위협적으로 느낄 수 있으므로 피하도록 한다.

3. 당신의 마음 한가운데에서부터 사랑스러운 밝은 분홍빛 에너지가 동물 주변으로 흘러가도록 한다. 이는 동물의 긴장을 풀고 마음을 달래 주며 당신이 앞에 있음으로써 동물이 안도감을 느끼도록 한다.

4. 앞 페이지에 나와 있는 간단한 호흡 수련을 동물과 함께한다. 호흡 수련은 인간과 동물 모두 긴장을 풀고 마음을 비우며 스트레스에 대한 생리학적 반응을 변화시키도록 돕는다.

5. 부드럽게, 친절하게, 천천히 얘기한다. 행동 또한 천천히, 부드럽게 한다.

6. 조용한 방 안에 함께 들어가거나 목줄을 좋아하는 동물일 경우에는 목줄을 맨 채 집 주변이나 뒤뜰을 함께 걷는 행위가 동물과의 신체적 친밀감을 높이는 데 도움이 된다.

7. 동물의 주목을 끌었을 때는, 탐라의 이야기에서 언급된 것처럼 그라운딩 기법을 사용해 한곳에 집중하도록 돕는다.

8. 동물이 만져도 괜찮다고 한다면, 부드럽게 쓰다듬어 준다. 일단 당신의 손길에 잘 반응한다면 마사지나 기 치료 같은 바디워크에도 역시 잘 반응할 것이다. 만약 몸이 경직돼 있으면, 그 동물은 침착하고 집중적인 게 아니라 공포심에서 자동적

으로 반응할 것이다. 신체를 진정시키는 것이 정서적인 긴장을 풀어 주고 자신감을 높이며 자존감을 회복하는 데 도움이 된다. 9장 〈아프거나 다친 동물들 위로하기〉에서 에너지 균형 기법을 배우게 될 것이다.

9. 다른 대체 요법들도 생각해 보자. 나는 종종 고객들을 텔링턴 티터치 전문가들에게 고객들을 위탁하기도 한다. 그들의 독특한 운동 요법뿐만 아니라 동물을 데리고 여러 장애물을 함께 통과하는 미로 훈련 역시 강력한 그라운딩 기법이자 신뢰 구축 기법이다. 뿐만 아니라 침술, 지압, 마사지 그리고 약초 치료와 동종 요법 역시 동물들에게 잘 듣는다.

문제 행동의 원인이 무엇인지 파악하기 위해서는 동물과 소통해야 한다. 공격성이 문제든 배변 훈련 문제든 상관없이 동물에게 직접 원인을 알아내도록 하자. 일단 문제의 핵심이 무엇인지 이해하고 나면, 어떻게 대처해야 할지 알게 될 것이다. 그런 다음에는 일의 진전 상황과 더 필요한 것이 무엇인지 파악하기 위해 소통을 계속한다. 복잡한 문제를 푸는 데는 시간이 걸리고 반복과 인내가 필요하다는 것을 기억하자.

컬러의 심리학

근심이 많은 동물을 키우고 있다면 동물이 입고 있는 스웨터나 담요, 목걸이 같은 물건의 컬러가 무엇인지 숙지하라. 붉은색은 불안을 증폭시킬 수 있는 데 반해 파란색이나 초록색은 불안을 누그러뜨린다.

동물들은 흑백을 제외하고는 컬러를 구별할 수 없다고 들어오긴 했지만, 최근의 연구는 다른 결과를 보이고 있다. 〈미국 수의학 약품 협회 과학 보고서 저널 : 약품의 선두 주자(Journal of American Veterinary Medicine Association Scientific Reports : Leading Edge of Medicine)〉에는 다음과 같이 나와 있다.

색깔을 구분할 수 있는 개의 능력에 관해서는 여러 연구가 있었고 종종 결과가 상충된다. 초기에 이루어진 수많은 행동 연구는 개들에게는 컬러를 구별할 수 있는 능력이 결여되어 있으며, 혹시 컬러를 구분할 수 있다고 해도 개에게는 컬러보다는 형태나 선명도가 훨씬 중요하다고 밝히고 있다. 하지만 이러한 예전의 연구들은 제대로 검증되지 못한 경우가 많았으며, 보다 잘 검증된 최근의 연구들에서는 개들이 컬러 식별 능력을 갖고 있고 이를 사용한다고 명시하고 있다.

이것이 확실한 증거에 기초한 발표는 아니지만 시작이 될 수는 있다. 과학 연구라는 것이 그렇다—모순되고, 혼란스러우며 종종 결론에 이르지 못하는 것이다—우리는 우리 마음이 진실이라고 알고 있는 데서부터 시작해야 한다. 그간의 작업을 통해 나는 동물이 컬러를 구별할 수 있다는 데 절대적으로 긍정적인 입장이다. 그 이유는 동물들이 자신의 상황을 설명할 때 건물이나 자동차 또는 자기 주변에 있는 다른 물건들의 컬러에 대해 말하기 때문이다.

색은 인간과 동물 모두에게 있어 엄청난 심리적 효과를 가진다. 많은 대체 의학 연구가들은 우리 몸에는 차크라라고 하는 기가 모이는 부위가 일곱 군데 있으며, 부위별로 각각 다른 컬러가 있다고 믿는다. 분홍색은 심장 차크라와 밀접한 관련이 있다. 이것이 바로 내가 동물들에게 진정 에너지를 보낼 때 분홍색을 사용하는 이유다. 다음 장에 나오는 동물들과의 텔레파시 소통에서 컬러의 사용에 대해 더 많은 것을 배우게 될 것이다.

크리스 그리스컴은 자신의 책 《감정의 치유》에서 이렇게 말했다.

색은 우리가 알고 있는 것 이상으로 훨씬 더 중요한 에너지다. 컬러는 물리적 법칙에 따라 움직이는 특정 주파수를 갖고 있으며, 우리에게 직접적으로 영향을 미친다. 우리는 푸른색이나 초록색 같은 한색은 마음을 느긋하게 하는 기운을 갖고 있으며, 빨강이나 오렌지 같은 강력한 컬러들은 몸과 마음을 자극한다는 것을 알고 있다.

보라색은 부정적인 기운을 없앤다고 그녀는 말한다. 파랑은 관계와 영혼의 컬러이며 초록은 균형과 치유의 컬러이다. 노랑은 의식과 마음의 색이다. 오렌지는 용기와 창의적인 확장을 제공한다. 빨강은 행동·에너지·분노의 컬러이다. 터키색은 보호의 컬러이다. 동물의 침구나 목걸이, 심지어 밥그릇을 고를 때에도 이러한 컬러의 속성을 고려하도록 하자.

사람이 문제일 때

지금껏 논한 대로, 동물들은 우리들의 감정에 아주 민감하다. 그런 사실을 알지 못한 채 종종 우리가 문제 행동의 원인이 되는 수가 있다. 받아들이기 힘든 사실이기는 하지만, 동물들을 돕기 위해 우리 행동을 바꾸는 것은 바로 우리의 책임이다.

가장 쉬운 일은 자신의 행동을 잘 알고 동물에게 모범을 보이는 것이다. 침착하고 다정한 당신의 에너지는 동물병원이나 애견 미용실이나 무슨 경기나 쇼에 갔을 때, 또는 어떤 경우든 불안을 느낄만한 장소에 가게 됐을 때 동물들에게 큰 위안이 된다. 자신의 동물에 대한 기대치를 현실적으로 갖고, 대회에 나갔을 때든 집 안에서든—이기거나 지거나—조건 없는 사랑을 보여 주는 것이 중요하다.

쇼에 나가는 동물들과의 소통

동물들은 우리를 기쁘게 하는 것이 임무이기 때문에 우리의 기대에 부응하고자 하는 압력을 받기 쉽다. 특히 동물 쇼 같은 경쟁 상황에서 더 그렇다. 몇몇 개들이 말하기를 쇼에 나가면 주인이 너무나 초조해하기 때문에 주인의 불안감은 목줄을 타고 내려온다고 한다. 우리 마음에 걱정이 너무 많을 때 우리는 동물들과 정확하게 소통할 수 없다. 어떤 동물들은 쇼에 나갔을 때 집에서만큼 잘하지 못한다는 건 놀랄 만한 일이 아니다.

당신의 불안감으로 쇼에 나가는 동물에게 큰 짐을 지우지 말라. 긴장을 푸는 법을 배워라. 그러면 동물과 소통하는 라인을 열어 둘 수 있다. 다음의 팁들을 이용해 보라.

- 쇼에 나갈 때, 집에서 연습할 때 입던 옷을 입어라. 경기장에 서면 가슴이 벌렁거리고 초조하게 되는데, 익숙하지 않은 옷을 입으면 더욱 더 불편할 것이다. 경기장에서 정장을 입어야 한다면, 쇼에 섰을 때와 연습할 때 같은 옷을 입자. 믿거나 말거나 이것은 엄청나게 도움이 된다.
- 당신의 신경을 이완시키기 위해 레스큐 리메디 같은 바하 플라워 요법을 사용하거나 호흡법을 이용해 보라.
- 쇼에서 무언가 새로운 것을 시도한다거나 순서를 바꾸려고 하지 말라. 모든 것을 연습 때와 똑같이 유지하라.
- 시각화를 시도해 보라. 동물과 함께, 편안한 마음으로, 모든 동작을 아름답게 해 내는 자신의 모습을 상상해 보라. 쇼에서 보여 주고 싶은 모습 그대로의 당신과 동물의 모습을 그려 보라.
- 두려움을 느끼면 우리의 에너지는 우리의 몸을 올라와 머리를 통해 나가 공중으로 흩어져 버린다. 이런 그라운딩 기술들을 시도해 보라.

발바닥에서 뿌리가 자라나며 그 뿌리가 땅속 깊숙이 자라나가는 모습을 시각화하라. 이 뿌리들은 당신이 소통을 유지하는 것을 도와줄 것이다.

호흡 수련을 할 때는 에너지를 아래쪽으로 발산하여 당신의 발을 통해 접지되어 있도록 하라.

몇 년 전에는 자동차 뒷유리에 인형들이 놓여 있는 것을 흔히 볼 수 있었다. 그 인형들을 넘어뜨리면 언제나 중심을 잡고 다시 올라오곤 했다. 이것은 그 인형의 바닥이 매우 무겁기 때문이다. 무슨 일이 일어나든지 언제나 중심으로 돌아오는 것이다. 당신도 항상 중심으로 돌아올 수 있도록 이런 이미지를 자신에게 적용해 보라. 단단한 기반을 만들 수 있게 당신의 에너지가 아래쪽으로 움직인다고 생각하라.

다음의 제안은 이상하게 여겨질 수도 있겠지만, 참고 들어 보기를 바란다. 자연에 있는 어떤 원소들은 힘을 접지시킨다. 그들을 이용해 자신을 접지해 보는 것은 어떨까? 구리도 바로 그런 원소 가운데 하나다. 1센트짜리 동전을 발바닥에 테이프로 붙여서 자신의 에너지가 지면에 더 가깝게 닿도록 한다. 호안석이란 이름의 준보석 역시 접지에 좋다. 작은 호안석을 두 개 사서—화석이나 광물을 파는 가게 또는 형이상학 전문서점에서 쉽게 찾을 수 있다.—양말 안쪽에 한 개씩 넣어라.

● 마음속에 애완동물에 대한 생각을 담고 일상을 유지하라. 걱정거리들로 마음을 번잡스럽게 만들지 말라. 동물은 당신의 불안감을 느끼고 그로 인해 혼란에 빠진다는 사실을 기억하라. 당신이 개가 목줄이 풀려 있는 때라도, 보이지 않는 목줄이 연결되어 있어서 당신과 더 잘 연결되어 있다고 상상하라. 텔레파시로 동물과 계속 소통

하면서 무슨 일을 할지 보여 주라.

만약 말들을 훈련시키거나 말을 쇼에 내보낸다면, 당신은 당신의 승마 능력이나 훈련 방법과 관련한 정보를 얻고자 할 수도 있다. 훈련이나 승마가 즐거운지 말에게 물어보라. 안장이 마음에 드는지? 잘 맞는지? 재갈이나 굴레는 어떤지? 안장 위에 앉은 사람은 또 어떤지? 기수가 기술을 연마하려면 어떻게 해야 하는지? 훈련 방법을 좋아하는지? 훈련시키는 사람은 마음에 드는지? 교육을 좀 더 편안하게 받으려면 어떤 것이 필요한지? 경기에 나가 경쟁하는 것에 대해 어떻게 느끼고 있는지? 경쟁에 대한 스트레스를 덜 느끼려면 어떻게 하면 좋은지? 마구간과 시설은 마음에 드는지?

기술과 연기를 함께 개선하기 위해 할 수 있는 질문들은 끝도 없다. 수줍어하지 말라. 질문함으로써 어떻게 훈련 받기를 원하는지 또는 어떻게 자기를 몰았으면 좋을지 말에게 '발언권'을 주는 것이다. 나는 이 일을 내 말이나 고객들의 말을 다룰 때 수없이 많이 했는데, 여기서 얻은 정보는 말을 모는 사람이나 말 모두에게 훌륭한 결과를 가져온다. 어떤 말은 자기를 타는 사람이 마치 운전을 배우는 학생처럼 서툴지만, '운전' 교육을 시키는 게 싫지는 않다고 말했다. 그 말은 자기 학생이 안장에 좀 더 편안히 앉고, 한쪽으로 몸을 기울이는 것을 그만두었으면 좋겠다고 말했다. 훈련을 시키던 트레이너는 이 학생에게 1년 동안 이 사실을 알려 주기 위해 애쓰고 있었기 때문에 이 말을 듣고는 깜짝 놀랐으며 기뻐했다. 또 어떤 말은 조련사가 자기 말을 들어 주자 훌륭한 임무를 수행해 낼 수 있었다.

플로리다 주 탐파 베이 다운스 경마장에서 스포츠의학 경마 조련사로 있는 듀앤 나이프는 트위스티드 스티치란 이름의 말 때문에 나에게 도움을 요청해 왔다. 그 말은 경주에서 계속 지기만 했다. 경주할 때마다 매번 트위스티드 스티치는 옆에 나란히 서서 달리는 두 말 사이로 파고드는 대신 피하는 것이다. 왜 그러는지 이유를 묻자 트위스티드 스티치는 자기가 치고 들어가면 그 말들이 자기를 넘어뜨릴 것이 확실하기 때문에 그 '틈'이 두렵다고 말했다. 말 사이의 '틈'으로 들어가는 것이 그에게는 밀실공포증으로 다가왔던 것이다.

나는 두려움을 극복하게 하려면 어떻게 도와야 할까 물었고, 트위스티드 스티치 혼자서는 그 틈새를 지나갈 수 없다고 말했다. 그는 넘어지고 좁은 장소에 갇히게 될까 봐 공포심에 사로잡혀 있었기 때문에 자기에게 이야기를 해 줄 누군가를 필요로 하고 있었다. 그는 기수가 자기를 격려하길 바랐고, 그래서 결속감을 느끼고 모든 과정에서 지지를 느낄 수 있다고 생각했다. 당신은 기수가 "내가 무얼 해주길 바라니?"라고 묻는 모습을 상상할 수 있을 것이다. 하지만 듀엔은 기수에게 트위스티드 스티치가 원하는 것을 시도해 보도록 했다. 어쨌든 그들은 트위스티드 스티치가 경주마로서 자신의 엄청난 잠재력을 발휘할 수 있을 만한 다른 모든 조치를 취해 봤던 것이다. 달리 잃을 것이 뭐가 있었겠는가?

다음 번 경주 때, 말과 말 사이에 접근하게 되자 기수는 말에게 이야기를 하기 시작했고, 아니나 다를까, 트위스티드 스티치는 두 말의 '틈'을 뚫고 곧바로 내달려서 간발의 차로 2위로 들어왔다. 트위스티드 스티치 생애 통산 최고 기록이었다.

동물들은 최선을 다하고 싶어 하며, 그들이 목표를 달성하도록 돕기 위해 정보가 필요할 때가 있다. 당신의 동물이 쇼에 나가는 것에 대해 어떤 느낌인지 물어보라. 경쟁을 좋아하는가? 훈련 방법을 맘에 들어 하는가? 조련사를 좋아하는가? 어떤 식으로든 거칠게 다루어지고 있는가? 훈련에서 좀 더 나아졌으면 하는 것은 무엇이 있는가? 쇼에서 좀 더 쉽고 매끄럽게 하려면 당신이 할 수 있는 일은 무엇인가? 다시 말하면, 호기심을 가지면 당신은 팀으로서 함께 더 나아질 수 있는 방법을 찾아낼 것이다.

상호 의존과 파괴적인 행동

사람들이 집에 없을 때 집을 엉망으로 만들어 버리거나 개인적인 물품을 씹어 놓거나 울타리 밑에 구멍을 파는 동물들 이야기를 들은 적이 있을 것이다. 동물들의 그런 파괴적인 행동 문제들은 보통 상호 의존과 관련되어 있다. 우리는 우리의 반려동물들과 건강하고 균형 잡힌 관계를 구축해야 할 필요가 있다. 하루 24시간 동안 동물들과 함께하는 것이 건강한 일은 아니다. 동물들이 배운 것은, 어떤 운명이 닥쳐 올지라도 사람의 주변을 맴도는 것이다. 우리는 감정을 절제하고 동물들을 제어해야 할 필요가 있다. 동물들 스스로 자신감과 개성을 쌓아 가는 경험은 중요하다. 그럼으로써 그들은 우리가 함께 있지 않을 때도 건전한 안정감을 발전시킨다.

펜실베이니아 주 필라델피아에 사는 고객 바비는 달마시안종 개 브랜디와 아파트에서 살고 있다. 이 둘은 어디든 함께 다녔다. 그들은 함께 여행하고, 함께 먹고, 함께 일하러 가고, 잠도 같이 잤다. 브랜디는 목줄 없이 다닌 적이 없었고, 다른 개들과 잠깐 마주친 것을 제외하고는 다른 개들과 자유롭게 뛰어 논 적이 없었다.

브랜디는 이제 공격적인 행동을 보이기 시작했다. 콘도에서 탈출할 기회가 왔을 때 사람들에게 돌진했고, 길을 걸어가던 중에는 바비를 완전히 끌어당기면서 다른 동물들을 기습했다. 바비는 브랜디의 행동에 매우 겁이 나서 브랜디에게 점점 방어적이 되어 갔다.

최근에 그들과 상담을 해 보니, 그들의 삶에 안정감과 자유를 가져오기 위해선 할 일이 많았다. 나는 바비에게 바하 플라워 요법을, 브랜디에게는 바디워크를 권했다. 린다 텔링턴 존스의 미로 훈련은 새롭고 부드러운 훈련법으로 구성될 것이다. 브랜디는 사교술을 익힐 기회와, 안전하고 조심스러운 공간에서 뛸 기회가 주어질 것이다. 앞으로 브랜디는 일반적인 삶을 살 수 있을 것이다.

그 이면에는 동물, 사람에게 너무 의존적이 되어 버린 동물이 있으며, 역으로 그 사람은 매우 좁은 시야를 갖고 있을 수 있다. 그들의 세계는 사람-동물 관계 외에는 아무런 관계가 존재하지 않도록 좁아진 것이다.

미주리 주 캔사스 시티에 사는 몰리는 달리 탈출구가 없음을 알고 내게 전화를 했다. 몰리는 몇 년 간 일을 하지 않고 지내던 몇 년 동안 동물 보호소에서 커다란 믹스견 집시를 입양했다.

몰리가 다시 직장에 나가기 시작하면서 집시의 행동은 걱정스러워졌다. 집시는 180cm도 넘는 마당의 울타리를 뛰어넘었고, 몰리는 그녀를 집 안에 보호하기 위해 240cm 정도의 울타리를 세웠다. 하지만 집시에게는 그 정도는 문제도 아니었다. 개의 세계에서는 위대한 후디니(Harry Houdini : 세계적으로 유명했던 탈출 마술사. 1874~1926.-역주)가 되었고 정기적으로 탈출했다. 몰리의 퇴근 후 일상은 인근으로 집시를 찾으러 다니는 것이 되었다.

몰리는 마침내 집시를 집 안에 두기 위해 개를 데리고 산책해 주는 사람을 고용하기로 결정했다. 그러나 집시는 안에 혼자 있는 데 질렸고, 나갈 방법을 찾아내려고 했다. 나는 집시가 누군가와 함께 할 필요를 느끼고 있음을 뒤에 알아냈다; 집시는 혼자 있는 방법을 알지 못했다. 집시의 삶은 하루 24시간 동안 몰리 주변을 맴도는 것이었고, 왜 집에 혼자 있어야 하는지를 이해하지 못했다.

집시는 외로움을 견딜 수 없어 우정을 찾기 위해 거실 창문을 깨고 나갔다. 운이 좋게도 다치지 않았지만 그 결과는 충격적이었다.

이 예제들 모두는 개들을 포함하지만 동물 동료―또는 사람―가 없는 것은 상호 의존의 건강하지 못한 매력에 면역이 되어 버린 것이다. 이것은 당신이 동물을 혼자 두고 떠나야 할 때 동물의 분리 불안 강화를 유발할 수 있다. 동물들은 그들의 감정적인 고통을 경감시키기 위해 거의 무엇이든 할 것이다.

예를 들어, 당신의 새 직장에서 출장을 가게 된다면 당신의 동물은 당신이 떠나 있는 동안 자신을 어떻게 돌봐야 할지 모를 것이다. 그는 집 안의 물건을 씹는 이상 행동을 습관적으로 할지도 모른다. 현관에 개 출입구가 있다면 누군가와 함께 지낼 수 있으므로 뒷마당 울타리를 습관적으로 뛰어넘어 다닐 수도 있다. 그 동물은 혼자 있는 외로움을 견딜 수 없다. 그 동물은 이런 감정을 전에 대처한 적이 없고, 이제 그의 감정은 관리하기에 너무 커져 버렸다. 동물들은 집시처럼 판유리 창을 깨부수고 나가거나 차고 벽을 발톱으로 긁거나 먹거나 하는 것으로 표시한다. 그 이유는 그들은 혼자 되는 것을 견딜 수 없어서 몹시 밖으로 나가고 싶어 하기 때문이다.

그런 상황들 속에서 우리가 가장 먼저 하는 충동적인 행위는 친구를 만들어 주기 위해 새 동물 친구를 입양하는 것이다. 하지만 이것은 자주 행해지는 하면 안 될 일로, 동물의 불안감과 자포자기 감정을 더 심화시켜서 스트레스를 강화시킬 수 있다. 제5장에서 토론했던 바와 마찬가지로 집에 새 동물을 데려오기 전에 먼저 원래 집에 있는 동물들에게 확인하라.

당신의 동물이 자포자기(혼자 버려졌다는 공포로) 한다면 당신은 동물 스스로 공포를 관리할 수 있도록 도와줄 수 있다. 집을 나올 때마다 당신이 돌아올 것이라는 사실을 이야기하라. 얼마나 오래 동인 나가 있을지 확실하게 이야기하라—2시간, 4시간 또는 8시간. 그런 다음 당신이 집으로 돌아오고 그를 보고 좋아하는 이미지를 시각화하라. 당신의 동물은 자신이 버려지지 않았다고 확신할 것이고, 당신이 떠난다는 느낌보다는 돌아온다는 것에 더 집중하게 될 것이다. 처음에는 짧은 시연으로 15분 정도 떠나 있는 것부터 시작하라. 당신이 진짜 돌아올 것이라는 확신을 가지고 적응할 수 있도록 하기 위해 10분씩 간격을 늘리거나 적절한 간격으로 늘이도록 하라.

동물의 공포나 동물의 유기 공포를 줄이는 다른 쉬운 방법들이 있다. 당신이 집에 없는 동안, 당신이 집에 있을 때 들어서 동물에게 익숙한 음악을 틀어 놓아라. 당신이 없는 동안 집에서 할 일을 동물에게 맡기도록 하라. 벌레를 잡아서 집을 깨끗이 유지시키는 것을 도와달라고 하거나 그의 성격에 맞는 일을 골라서 부탁하라. 그리고 물론 집에 돌아왔을 때마다 정말 멋진 일을 해냈다고 칭찬해 주라. 이것은 당신이 없는 동안 당신을 돕는 것과 집에 머무는 것에 대해 동물이 좋게 생각하게 만든다. 가능하다면 당신의 일상에 변화를 주어서 당신의 동물이 변화에 지나치게 민감해지지 않도록 하라.

당신의 동물의 세계를 당신이 생각할 수 있는 한 많이 그리고 건강한 쪽으로 넓혀 주도록 하라. 다른 동물 친구들이나 다른 사람들과 어울릴 수 있는 시간을 만들어 주거나 동네 공원으로 산책을 나가기도 하고 집에 혼자 있게도 해 보라. 초기에 다양한 상황에 그를 노출시켜라. 그러면 새로운 것에 불안해하고 걱정하기보다는 기분 좋게 생각할 것이다. 그의 주변이나 새로운 사람들을 만나는 것에 대해 안정감을 갖도록 도와라.

상호 의존은 일종의 '양쪽이 서로 의존하는 증후군'이다. 당신의 동물이 증상을 보인다면 당신 자신의 삶을 돌아볼 필요가 있다. 상호 의존은 동물에게보다 당신에게 더 건전하지 않다. 건강한 동물은 자신이 원할 때 놀고, 먹고 잔다. 당신은 당신 자신을 돌보는 데 신경쓰고 있는지 확인해 보라. 운동, 노는 시간, 균형 잡힌 식사, 사교 시간, 많은 휴식 시간의 균형을 만들어 내라. 당신이 이런 일들을 자신을 위해 하고 있다면 내내 주변과ㅡ당신 자신과 다른 사람들과 그리고 당신의 반려동물들과ㅡ건강한 관계를 이끌어 갈 것이다.

우리의 동물의 행동 문제들에 관한 해법을 찾으려고 노력할 때 항상 양방향 대화여야 한다는 것을 알고 소통 기술에서 주파수를 잘 맞추는 것이 매우 중요하다. 문제의 근원에 도착하여 문의할 때 창조적이 되어라. 묻고, 듣고 또 묻고 듣는 것을 반복하라. 해답은 협상, 반복, 화해, 기대를 재정의하는 것을 포함한다. 당신의 동물이 바뀌기를 요구하는 단순한 문제가 아니다. 당신의 동물의 관점과 특별한 욕구들에 대해 공감하고 이해하는 만큼 당신의 행동도 조정할 필요가 있다. 사랑과 존중이 함께하면 거의 모든 문제들은 극복될 수 있다.

7
반려동물들과 함께 이사하기

새로운 곳으로 이사하는 것은 이사가 정확히 어떤 것인지 정확히 알고 있는 사람에게도 스트레스를 주는 일이다. 우리의 삶에 포함되어 있는 동물들에게 어떨지 상상해 보라. 이사는 큰 변동, 혼란, 상실감을 유발한다. 사람들처럼 동물들도 적응해야 할 것들―새로운 냄새, 새로운 소리, 새로운 내부 영역, 새로운 외부 영역 그리고 새로운 친구 등등―이 매우 많다. 그리고 사람들처럼 동물들도 오래된 이웃의 친구들을 잃는 것에 대해 슬퍼한다.

    이사 계획과 짐 싸기의 소란과 불안 속에서, 사람들은 종종 이사가 임박한 그들의 동물을 고려하는 것을 간과하기도 하고 동물들의 새로운 삶을 위해 준비시키는 데 실패하곤 한다. 나도 내 컨설턴트 사업을 처분하고 시골로 이사할 때 고양이 세 마리에게 죄를 지었다. 그 집은 포장 상자들로 가득 찼고 나는 산만하고 바빴다. 이런 와중에 하루는 내가 경험한 것 중에 가장 강력한 애니멀 커뮤니케이션의 과정 하나를 들었다. 집에서 일어나는 일이 괴로운 세 마리 고양이가 나와 마주앉았다. 각각 의자에 앉아 있어서 미니 간담회처럼 보였다. 그런 다음 나는 한 사람이 "당장 앉아서 우리랑 얘기해요!"라고 말하는 것처럼 확실히 들었다.

물론, 나는 그들에게 설명해야 할 의무가 있었음을 깨달았다―그들의 삶은 붕괴되고 나의 삶과 마찬가지로 급진적으로 변화하는 데 대한 것은 물론 그들의 건강과 안녕을 위해서도. 이사는 많은 동물들을 무심결에 빠뜨리는 시기이며, 그들이 환경의 파괴에서 탈출하고자 도망가는 시기다. 새로운 목적지에 안전하게 도착한 동물들이라도 익숙하지 않은 많은 위험 요소들에 직면하게 될지 모른다. 당신의 동물들과의 소통은 새로운 곳에 정착하는 동안 필수적이다. 지금은 당신의 동물들을 정착 과정에 포함하기 위해, 당신의 모든 텔레파시 기술을 이용해야 할 시간이다.

이사에 대한 당신의 불안과 걱정을 당신의 동물들에게까지 지우지 말고 흥분을 나눠라. 새로운 곳에서 함께 살고 모든 일이 부드럽게 잘되는 긍정적인 이미지를 보내라. 동물들이 그 상황을 어떻게 다룰지에 관해 걱정한다면 동물들은 당신의 걱정을 알아내어 반항적이 될지 모른다. 동물들은 움츠리거나 숨거나 도망가거나 호의적이지 않은 행동을 계발할지 모른다.

이사를 계획 중이라면 동물들에게 이야기해 주라. 동물에게 말하기 위해 조용한 시간을 잡고 이사에 대한 차분한 감각이 서서히 스며들게 하고 이사로 생길 수 있는 상황에 대해 설명해 준다. 동물에게 영향을 미칠 것 같은 모든 자세한 내용들을 포함해서 분명하게 그에게 충분히 설명해 주어라.

- 언제 이사를 할 것인지 이야기하라. 2주 또는 2개월 안에 이사할 것인가? 기억하라, 동물들은 시간 개념을 이해한다.
- 동물에게 집 안에 쌓인 모든 포장 상자들은 이삿짐센터 직원들이 들고 새 집으로 옮길 것이라고 설명하라.
- 동물에게 이사하는 동안 동물은 안전한 곳에 보호될 것이라고 말해 두라. 애완동물 훈련장이나 사육장에 맡길 계획이라면 동물에게 그렇게 설명하고 언제 데리러 올지도 꼭 알려 주도록 하라.
- 새로운 곳은 그 동물의 삶을 더 풍요롭게 만들 것임을 말해 주라. 지금 집하고는 얼마나 다를까? 이사의 장점에 대해 설명하라. 더 넓은 마당을 가지게 될 것인가? 동물에게 그것을 시각화하여 보여 주어라.
- 새로운 집의 내부와 외부가 어떤 모양인지 시각화하여 보여 주라. 동물에게 방들은 어떤지 집밖은 어떤지 나무들, 잔디, 울타리 등의 정신적인 이미지를 보내라. 고양이들은 특히 그들의 새로이 살 집이 어떤 곳인지 먼저 알게 되면 좀 더 편안함을 느낀다.
- 어떻게 그곳까지 갈 것인지 설명하라. 차로 갈 것인가 비행기로 갈 것인가? 동물에게 여행용 운반 상자(가방)가 필요한가?
- 동물에게 새 집까지 가는 길이 얼마나 걸리는지 알려 줘라. 차로 2시간이 걸릴지 비행기로 5시간이 걸릴지. 비행기로 갈 생각이고 당신의 좌석 밑에 들어가기는 너무 크다면 화물칸은 어떤 곳인지 설명

하고 공항에 도착하면 바로 만날 수 있다는 것도 설명하라. 다시 한 번 말하지만 당신의 시각화 기술을 사용하라. 동물에게 단계별 과정을 모두 보여 주도록 하라.

● 동물이 이사에 대해 어떻게 느끼는지 물어보고 이에 대한 걱정거리나 필요한 건 없는지 물어보라. 편하게 말하도록 하고 당신이 할 수 있는 한 동물을 돕도록 하라.

이번 장에서 당신은 안전하게 이사하는 여러 가지 실용적인 방법들을 당신의 동물들과 함께 행복하게 배울 것이다. 그것은 내가 수년 간 동물들과 소통하고 작업하면서 얻은 것에 기초한다. 하지만 이런 실용성에 덧붙여 나는 스트레스가 많은 기간 동안 텔레파시 커뮤니케이션 라인을 계속 유지하라고 격려한다. 이사하기 전, 이사하는 동안, 이사한 뒤에 매일 당신의 동물들과 소통하라. 너무 자주만 아니면 된다. 마음을 진정시키는 음성으로 이야기하고 평안함의 모범이 되라. 앉아서 동물들의 걱정을 하나씩 들어줄 시간을 가져라. 동물들의 믿을 만한 보호자로서 편안함, 확신, 안전감을 제공하기 위해 최선을 다하라.

대부분의 케이스에서 보면, 나의 동물들이 그랬던 것처럼 당신의 동물들도 이사에 대한 당신의 흥분을 함께 나누게 될 것이다. 몇몇 흔치 않은 케이스에서 어떤 동물은 이사에 대해 반항감을 드러낼 것이고 예민한 사람은 선택권이 거의 없지만 동물의 바람을 존중하는 방법으로 알아낼 것이다. 다음 이야기는 바로 그런 사례다.

캘리포니아 주에 사는 고객 루이스 존스는 뉴욕에 집을 한 채 더 갖고 있었다. 그녀는 그녀의 커다란 얼룩고양이 미스터 엑스가 그곳에 한두 달 동안 가게 되는 것에 어떻게 반응할지 걱정하고 있었다. 실제로, 그녀가 뉴욕으로 가기로 계획했던 날 미스터 엑스가 사라졌다. 곧 나는 미스터 엑스와 접속할 수 있었지만 미스터 엑스는 소통하기를 꺼리고, 자신이 어디 있는지도 알리려 하지 않았다. 미스터 엑스는 루이스가 이스트 코스트로 자기를 끌고 가려는 생각을 듣게 될 거라고 확신했다. 미스터 엑스는 찾아지기를 원치 않았다.

미스터 엑스가 가족들을 사랑함에도 불구하고, 그의 헌신 영역은 말리부 집에 있는 땅과 나무, 정원에 있었다. 그것들을 지켜야 하는 것이 미스터 엑스의 의무이자 삶의 목표였다. 그는 근처의 새로운 집을 찾기 위해 도망갔고, 새로운 사람들은 밖에 먹이를 놔주기 시작했다. 결국 그는 어디에 숨어 있는지 알려 줌으로써 루이스에게 자신이 안전하다는 것을 알게 해 주었다.

루이스는 미스터 엑스를 너무 그리워해서 내가 설명해 준 그 집을 찾아다녔고 결국 미스터 엑스를 찾아냈다. 미스터 엑스가 없이는 외로움을 견딜 수가 없어 집으로 데려왔지만 미스터 엑스는 단 하루만 머물렀다. 미스터 엑스는 새로운 집을 선택했고 그곳이 자기가 속한 집이라고 마음을 정했다. 미스터 엑스는 뉴욕으로 이사하고 싶어 하지 않았다. 단 한두 달에 불과해도 말이다. 미스터 엑스는 루이스가 자신의 느낌은 개의치 않고 자신을 데려가기를 원했다는 것을 알았기에 계속 살 수 있는 새로운 집을 찾기로 결정했던 것이다.

루이스는 땅에 대한 그의 강한 접속력을 인식하고 미스터 엑스가 거기에 남기로 결정했다는 사실을 직면했다. 현명하게도, 루이스는 미스터 엑스의 바람을 꺾으면 비극을 초래할 것이란 점을 이해했다. 그녀는 새로운 집에 가서 미스터 엑스를 받아들이고 흥분해 있는 새로운 식구들에게 자신을 소개했다. 그녀는 고통이 대단히 컸지만 그를 보내 줄 만큼 충분히 사랑했다.

동물과 함께 안전하게 이사하기

당신은 계약을 끝냈고, 이삿짐 업체를 고용하고 짐을 싸기 시작했다. 당신은 진짜 이사중이다. 이사 계획을 짜고 준비할 때, 그 계획에 당신의 동물들을 포함시키는 것을 잊지 말라. 준비는 당신만큼이나 동물들에게도 안전하고 행복한 이사가 되도록 하는 것에 대한 해답이다. 동물들의 건강, 안전, 감정적인 행복을 유지시키면서 적어도 이사 날짜보다 한 달 전에 준비 과정을 빨리 시작하라.

1. 어쨌거나 이사는 스트레스를 유발시킨다. 나는 바하 플라워 요법이 동물들이 변화를 좀 더 감당할 수 있게 만들어 준다는 것을 알아냈다. 동물들이 이사, 변화나 여행에 대한 불안에 직면했을 때, 나는 두 가지 바하 플라워를 추천한다; 레스큐 리메디, 월넛. 이사하기 2~4주 전에 이들을 사용하기 시작하고 이사 이후 2~4주 동안 계속하라.

2. 당신의 동물이 약을 먹는 중이라면 여행하기 전에 여분의 약을 몸에 지니고 있도록 하라. 이사하기 전에 이사할 곳에서 가장 가까운 응급 진료 시설을 갖춘 동물병원의 위치와 수의사의 이름을 알아 두고 그 메모를 간직하고 있으라.

3. 어떤 동물들은 여행용 운반 상자에 대해 공포스러워하는데 그 이유는 동물병원에 가는 것처럼 좋지 않은 연상을 하기 때문이다. 당신이 이삿날까지 그냥 기다린다면 당신의 동물은 어딘가로 숨어서 찾기 힘들게 될지 모른다. 이런 문제를 피하기 위해서 이사 전에 몇 주 동안 거기에 넣어 데리고 나와 보라. 수건으로 덮고 푹신한 침대를 두고 장난감을 안에 넣어 둔다. 당신의 동물은 그리 오랜 시간이 걸리지 않고도 운반 상자 주변에서 긴장을 풀게 될 것이고 그 안에 들어가서 낮잠을 잠깐씩 자기 시작할 것이다.

4. 먼저 새로 이사할 집의 위치가 적힌 이름표를 주문하고 이사할 때 당신의 동물에게 바로 달아 주라. 새로운 이름표가 없다면 목걸이에 새 전화번호를 지워지지 않는 펜으로 적어 놓는다. 당신의 동물의 목걸이가 안전한지 확인하고, 놀랐을 때 하는 행동으로 인해 목걸이가 빠지지는 않는지 확인하라.

5. 이사할 동안 빨지 않은 당신 옷, 쓰던 수건, 동물이 애용하던 담요를 같이 둬라. 냄새는 동물의 세계에서 매우 중요한 부분으로서 동물들을 안심시킬 것이다.

6. 이삿날에, 어떤 사람들은 동물병원이나 훈련소에서 자신의 동

물들과 밤을 같이 보낸다. 동물의 건강 상태가 좋지 않다면 동물병원에 묵게 하는 것이 가장 좋은 방법이다.

7. 이사하는 동안 당신의 동물을 집에 있게 할 것이라면 안전하게 보호할 몇 가지 팁들이 있다.

● 이사하는 날, 여러분의 동물들에게 안전한 환경에 있음을 확인시켜라. 개들에게는 개 운동장, 울타리가 있는 뒷마당이나 철장 망 정도로 간단히 해결될 수 있다. 고양이들은 화장실처럼 방해 받지 않을 만한 공간에 격리시켜야 한다. 화장실 문을 꽉 잠그고 "고양이가 안에 있어요. 들어가지 마세요."라는 표지를 만들어 붙여라. 이삿짐센터 직원에게 무슨 일이 있어도 거기에는 들어가지 말라고 경고하라. 이삿짐센터 직원들에게는 다른 화장실을 쓰도록 말해 두라. 동물이 안전한 공간에 있지 못하면 집을 뛰쳐나가 앞으로 다시는 보지 못하게 될지도 모른다.

● 화장실 문이 잘 닫혀 있는지 확인하라. 창문에 철망이 있다고 해도 말이다. 많은 사람들이 동물들을 잃어버리는 이유는 동물들이 스트레스를 받아 나가고 싶어 할 때 발톱을 이용해 철망을 쉽게 통과할 수 있기 때문이다.

● 음식과, 물그릇, 화장실, 장난감 그리고 상자나 여행용 운반 상자를 화장실에 두어라. 침구도 함께 두면 낮잠을 자기에 안전한 장소가 되며 보호 받는 느낌을 줄 것이다.

● 주기적으로 동물을 점검해서 곧 같이 가게 될 거라고 확인시켜 주라. 평안한 목소리로 마음을 진정시켜 주라.

8. 이삿짐센터 직원들이 다 가고 나면, 당신의 동물을 운반 상자에 넣고 잠금 장치나 지퍼가 잘 잠궈졌는지 확인하라. 운반 상자 바닥에 두꺼운 패드나 폼을 깔고 금속성 문 안쪽에 다른 패드나 폼을 두어 이동 시 생기는 진동을 줄여 동물의 신경을 안정시키고 편안함을 늘이도록 하라. 여벌 침구류나 신문, 종이 타월이나 아기용 물티슈, 쓰레기용 비닐봉투를 꼭 가져가도록 하라. 여행 공포는 예상치 못한 배설을 초래하기도 한다.

9. 당신의 텔레파시 기술을 사용하여 동물에게 다시 이 여행이 얼마나 걸릴지를 알려 주라. 차로 여행한다면, 차를 타고 가는 것을 즐기도록 하고, 가는 내내 동물과 이 여행이 얼마나 재미있을지를 이야기하라. 이삿짐센터 직원들이 이삿짐들을 다 내릴 때까지 이사오기 전 집에서 했던 것처럼 그의 운반 상자나 새로운 집의 화장실에 있게 될 것이라고 말해 두라.

10. 동물들을 포함한 모두는 긴 자동차 여행에서 휴식을 가질 필요가 있다. 당신의 동물의 일상적인 음식과 많은 양의 물을 꼭 가져가도록 하라. 갑작스런 음식의 변화는 가장 좋지 않은 시기에 위와 장에 탈을 일으킬 수 있다. 날이 덥다면 체온이 높아진 동물의 체온을 낮추기 위한 물 분무기도 지니도록 한다. 당신의 동물이 차로 이동하는 것을 불편해한다면 당신은 긴 여행을 위한 준비를 하기 위해 이사 전에 짧은 여행을 연습해 보고 싶어 할 수도 있다.

11. 새로운 곳에 도착하면 7번 항목을 되풀이하라. 새로 이사한

곳에서 공을 들이는 것이 무엇보다도 중요하다. 이것은 혼란해하는 많은 동물들이 도망가거나 '자기 집'을 찾지 못하는 것을 예방한다.
12. 이삿짐센터 직원들이 떠나고 나면 창문과 문을 단단히 잠그고 당신의 동물이 새로운 집의 내부를 탐험하고 다니도록 하라. 고양이들과 함께라면 어떤 사람들은 한 번에 한 방씩 들어가 보도록 하는 것을 선호한다. 당신의 고양이가 가장 편안하다고 느끼는 것이 무언지 당신이 생각하는 것에 기초한 방법을 선택하라.

이사한 새 집에 반려동물 적응시키기

새로운 환경으로 이사한 동물은 익숙하지 않은 경험에 대처할 수 있도록 당신의 도움을 필요로 할 것이다. 일반적으로, 개들은 대체로 새로운 환경을 받아들이고 빠르게 적응한다. 고양이들은 탐험을 완전히 끝내는 데 많은 시간을 필요로 하며 환경을 받아들이는 데도 더 많은 시간을 필요로 한다. 고양이들은 편안함과 안전감을 느끼기 위해 집 안의 모든 피난처와 깊숙한 곳을 알아 두어야 한다.

고양이들은 처음 밖에 내보내기 전까지는 실내에 4주 정도 두어야 한다. 빨리 밖으로 풀어 주면 고양이들이 영원히 나타나지 않을 수도 있다. 고양이들은 완전히 적응할 시간이 없었던 것이다. 그들은 바깥에 나가기 전에 집 안에서 완전한 편안함을 느껴야만 한다.

내가 이사한 뒤 처음 고양이들을 바깥에 내보냈을 때, 목줄과 하네스를 채우고 같이 나가서 집에서 안전한 경계를 보여 주었다. 나는 그들에게 안전하지 않은 곳과 차들이 많은 길가나 사교적이지 않은 개들이 있을 만한 곳을 보여 주었다. 당신의 동물이 목줄과 하네스에 익숙하지 않다면 집 안에서 하네스를 채워 놓는 것부터 시작해 보라. 하네스가 몸에 닿는 느낌에 익숙해지도록 하라. 한번 하네스에 익숙해지면 목줄을 걸고 주변을 걷게 해서 그가 그의 몸에 가해지는 가벼운 압력감에 익숙해질 수 있다. 두 개 모두 익숙해지면 바깥에서 시도해 보라. 짧은 시간으로 시작해서 점점 시간을 늘려 가도록 하라.

하지만 당신의 특정한 동물에 가장 잘 맞는 것으로 훈련해야 한다는 사실을 기억하라. 당신의 고양이가 하네스나 목줄을 하는 것을 우스꽝스럽게 느낀다면 하지 않도록 하라. 고양이와 당신 모두 편안하면서 동물을 안전하게 해 줄 것을 하라. 고양이가 환경에 안전감을 느끼면(텔레파시로 고양이에게 물어서 확인할 수 있다.) 하네스와 목줄 없이 내보내라. 하지만 당신의 감독하에 있어야 한다. 다시 한 번 말하지만 짧은 시간 매일 한 시간 정도로 시작해서 조금씩 늘려 가라. 고양이가 여러 마리라면 한 번에 한 마리씩 내보내는 것으로 시작하라.

당신이 시골에서 산다면, 고양이들을 실내에만 두려고 할지 모른다. 당신의 고양이들이 사냥꾼이거나 바깥을 그리워해서 실내에만 있는 것을 비참하게 느낀다면, 나만의 해법은 당신에게도 잘될 것이다. 나는 시골에서 살지만 코요테들에게 고양이를 잃은 적이 없다. 내가 코요테가 많이 사는 곳의 중간에 살고 있어도 말이다. 이것은 내가 집 안 규칙들을 갖고 있기 때문이다. 고양이들의 외박은 허용되지 않는다. 만일 고양이들이 외박을 했다면 지금까지 고양이들과 함께 지내지 못했을 것이다. 왜냐하면 코요테들은 야밤에 사냥을 하고, 나는 고양이들을 매일 오전 10시부터 오후 2시 30분까지 내놓기 때문이다. 정확히 오후 2시 30분이 되면 나는 고양이들을 불러들인다. 이 정도면 고양이들이 사냥하고, 나무에 오르고, 돌아다니고, 모험을 즐기기에 충분한 시간이다. 고양이들은 이 스케줄에 매우 만족해하고 순찰을 돌거나 사냥하러 나가기 위해 배정된 시간을 행복해한다.—이것은 마치 그들이 하루 일을 끝낸 것 같은 느낌을 갖게 해준다. 그런 다음 그들은 들어올 준비를 하고 벌레를 찾아다님으로써 집 안을 치우는 것을 돕는다.

고양이를 마당에 내놓는 것에 대해 안전함을 느끼도록 하는 다른 방법은 캣 펜스인(Cat Fence-In)이라고 부르는 상품을 사용하는 것이다. 당신의 현재 울타리 위에 설치할 수 있다. 이것은 고양이를 집 마당에서 바깥으로 나가지 못하게 해 주고 다른 고양이들은 들어오지 못하게 해 준다.

개들은 새 집에 적응하는 데 다른 주의가 필요하다. 먼저 울타리가 안전한지 확인하라. 울타리가 느슨하거나 밑에 구멍이 나 있는지 확인하고 문이 튼튼한지 확인하라. 어떤 사람들은 이사한 뒤에도 개들을 구속하는데, 당신의 개가 원래 구속을 편하게 느끼지 않는다면 삼가야 한다. 특히 새로운 곳에서는 극도로 스트레스를 받기 때문에 자유를 만끽하도록 하라. 정착하고 나면 인근을 같이 걸어다녀 보자. 개가 뒷마당을 벗어난 주변에 편안해지고 익숙해지도록 하라.

이사 후에 동물에게 일을 갖게 하는 것은 중요한 일이다. 특히 이전의 라이프스타일과 변화가 있다면 말이다. 당신의 고양이가 자기의 인생 대부분을 실내 또는 실외 고양이로 살았고, 변화가 인근으로 이사했다고 가정하자. 당신은 새 집에서 고양이를 실내 고양이로 키우기로 결정할지 모른다. 당신의 고양이는 그러한 결정에 절망하거나, 밤마다 울어 대거나 문을 긁어 대거나 문이 열릴 때마다 미친 듯이 나가려고 하는 것으로 좌절감을 드러낼 수 있다. 또는 가구에다 오줌을 싸거나 전용 화장실 밖에 볼일을 볼 수도 있다. 이런 유형의 스트레스는 동물에게 질병을 초래할 수도 있다는 사실을 명심하라. 이 고양이가 평생을 사냥꾼으로 살아 왔다면 집 안에 있는 모든 벌레들을 사냥하여 집을 깨끗하게 유지할 수 있도록 도와줄 수 있는지 물어보라. 기어오르거나 발톱으로 긁어 댈 수 있고 내려다보기 좋은 곳을 제공하는 캣 트리나 캣 타워를 들여놓는 것도 고려해야 할지 모른다. 또는 창가 자리를 설치하여 바깥을 볼 수도 있고 신선한 공기도 마실 수 있게 할 수도 있다.

새롭고 익숙하지 않은 곳을 탐험하면서 동물들은 자신들이 위험에 처했다고 느낄 수 있다. 시각화 기술을 사용하여 당신의 동물들에게 위험한 곳들에 대해 알려 주고 집의 경계를 보여 줘라. 여기서, 당신은 동물들이 하지 말았으면 하는 것들보다 그들이 하고 싶어 하는 것에 집중할 필요가 있다. 예를 들어, 울타리 안에 머물러 있는 그들을 시각화하는 것이다. 당신이 "저기에는 가지 마."라고 말하면 그것은 동물들에게 "저기로 가 봐."라는 의미로 해석되는데, 그 이유는 당신이 '저기'를 이미 시각화했기 때문이다.

창조적인 시각화는 동물들이 예기치 않은 위험들을 관리할 수 있게 도와주는 강력한 기술이 될 수 있다. 내 친구 크리스틴 우엉과 그녀의 고양이 미우미우의 경험에서 볼 수 있듯이.

캘리포니아 주의 최근 지진 동안 미우미우는 사라졌고 크리스틴과 그녀의 룸메이트는 집 안 곳곳을 뒤지고 다녔다. 마침내 냉장고 뒤(그녀가 있어서는 안 될 가장 위험한 곳)에 움츠리고 있는 것을 발견했다. 고맙게도 미우미우는 살아 있었고, 그들은 시각화를 이용하여 또 다른 지진이 오면 미우미우가 좀 더 안전한 피난처를 찾아야 한다고 알려 주고 침대 밑으로 미우미우가 뛰어드는 이미지를 보내 주었다. 그런 다음, 위험 상황을 납득시키기 위해, 쓰러진 냉장고와 벽 사이에서 납작하게 뭉개진 미우미우 자신의 이미지를 보냈다. 크리스틴은 내게, 그 그림을 전송했을 때 미우미우는 즉시 귀를 뒤로 넘기고 앞발을 머리 위로 올리더라고 말했다. 명백하게 그들은 미우미우에게 메시지를 전할 수 있었고 아마도 미우미우에게 자신의 목숨을 구하는 방법을 보여 줬을 것이다.

크리스틴이 그랬던 것처럼 당신도 당신의 고양이에게 집에서 위험한 것만큼이나 안전한 피난처들을 보여 줄 수 있다. 고양이가 혼자 나가기 전에 "네가 바깥에서 놀라거나 공포에 질렸다면 어디로 가야 할지 알고 있니?"라고 묻고, 고양이가 "네."라고 말한다면 괜찮을 것이다. "아니오."라고 말한다면 그에게 고양이 문을 다시 보여 준 뒤에 당신의 관리하에 마당에서 시간을 조금씩 보내도록 하라.

일반적인 규칙은, 새 집으로 이사한 뒤 당신의 동물들을 언제 바깥에 내보낼지 결정하는 것에 대해 신중하라는 것이다. 지나칠 정도로 주의하라. 이 기간 동안 동물들을 안전하게 보호하는 것은 좀 더 노력이 필요할지 모르지만 그런 노력은 충분한 가치가 있다.

8
잃어버린 반려동물 찾기

당신의 동물이 실종되는 사건은 마음이 찢기는, 정신적으로 큰 충격이다. 하지만 당신의 새로운 텔레파시 기술로 당신은 완전히 잃어버렸다고 느낄 필요가 없다. 흔들리지 않고 집중하면, 당신의 동물을 적극적으로 찾기 위해 필요한 용기와 힘을 얻게 될 것이다.

나는 전문가로 산 삶에서 가장 힘든 일 가운데 하나―잠재적으로 보답하는―인 길을 잃은 동물들을 찾는 일에 직면했다. 몇몇 애니멀 커뮤니케이터들이 이런 일을 피하고 싶어 하는 이유는 동물을 찾을 수 없을 때 고통이 크고 힘들기 때문이다. 나도 처음에는 이것을 시도하기가 망설여졌다. 그런 능력은 매우 특화된 것이라고 생각하고 고객들을 다른 애니멀 커뮤니케이터에게 부탁했다. 돌파구는 나의 고양이 스쿠터를 두 달 동안 잃어버렸을 때 다가왔다. 희망을 거의 접었을 때 스쿠터가 집으로 돌아왔다. 스쿠터의 이야기는 나중에 이 장에서 읽을 수 있을 것이다. 나는 자신의 동물을 잃어버린 사람들이 겪은 애끓는 마음을 깨달았고 내가 도울 수 있음도 알았다.

잃어버린 동물의 위치를 알아내는 것은 멀리 있는 무선 주파수를 맞추는 것과 비슷하다. 잃어버린 동물의 위치를 알아내는 것은 멀리 있는 상대와 무선 주파수를 맞추는 것과 비슷하다. 그리고 동물이 어디에 있고 싶어 하는지에 대한 생각이나, 그 동물이 다니는 도중에 본 것이 무엇인지와 물리적인 실제 주변 환경의 이미지를 구분하기는 매우 어려운 일일 수 있다. 햇빛 찬란한 해변에 있는 자신과 유타 주에서 겨울 스키 휴가를 꿈꾸는 자신을 상상해 보라. 당신의 마음과 텔레파시를 하기 위해 주파수를 맞춘 누군가에게 이런 혼란스러운 생각들이 주어질 것이다. 이것은 원거리 커뮤니케이션이 지닌 어려움 가운데 하나에 불과하다.

이따금씩 잃어버린 동물이 발견되기를 갈구하며 전송하는 내용은 너무나 강력하여 다른 것을 가리고 신호는 약해질 것이다. 이와 관련해 황당한 사건이 하나 있다. 어떤 고마운 사람이 수의사에게 고양이를 데리고 가서 홈커밍 건강 진단(동물을 입양할 때 받는 건강 진단-역주)을 받은 것을 알아냈다. 나는 그녀의 고양이가 중성화 수술을 받은 것을 알고 있었는데, 집으로 돌아온 고양이는 거의 비슷하게 생겼지만 그녀의 고양이가 아니었다! 내가 같은 모양의 고양이에게 주파수를 맞추었을 때 가정을 간절히 원하는 그 동물이 부름에 응답했던 것이다. 이 이야기는 행복하게(나의 고객의 고양이는 신비하게도 제 발로 돌아왔고 우리가 찾은 '쌍둥이 고양이'에게는 좋은 가정을 찾아 주었다.) 끝났다. 다행히도 저런 혼동은 매우 드물다.

더 흔한 일은, 슬프게도, 걱정하는 사람들에게 접속할 수 없다고 말해야 하거나, 그보다 더 나쁜 일은 그 동물이 더 이상 자신의 몸 안에 남아 있지 않다는 사실을 알려 주어야 할 때다. 이 장의 마지막에, 나는 동물이 더 이상 자신의 몸에 있지 않음을 알려 주는 사인들을 설명할 것이다. 그리고 그렇게 예상하기 매우 힘들지 모르는 이유에 대해서도 설명할 것이다.

잃어버린 동물 찾기는 나의 전문 분야가 되었다. 이 일이 더없이 힘들고 감정적으로 고통스러워도 나는 세계 도처에서 오는 이런 일들을 계속 기꺼이 받아들인다. 왜냐하면 내가 운 좋게 해낸 그들의 재회는 고객들에게 엄청난 기쁨을 가져다 주기 때문이다. 강조하는데, 잃어버린 동물을 찾기 위해 어떤 초능력이나 영매가 필요하지는 않다. 그 과정은 무작정 하게 될 수도 있고, 어려울 수도 있지만 전문가들도 마찬가지이므로 당신의 노력이 모두 실패했다고 좌절하지 말라. 하지만 사랑하는 마음을 갖고 열린 마음으로 시도하는 누군가에게는 살아 있고 찾아지기를 바라는 잃어버린 동물을 찾을 수 있는 훌륭한 기회를 갖게 된다는 것은 확신하라.

동물들이 길을 잃는 이유

동물을 집에서 찾을 수 없다는 것이 항상 동물을 실제로 잃어버린 것을 뜻하는 것은 아니다. 동물은 협상 불가능한 이유로 인해 집을 떠나는 경우가 꽤 자주 있다. 어떤 동물은 그냥 크고 넓은 세상에 맞서는 모험을 즐기려고 한다. 집 떠남을 고려할 만한 다른 경우로는 원래 있던 곳이 그리워서 되돌아가려 하는 것과, 현재 가족에게 자신의 임무를 다했다는 느낌을 받는 것이다. 어떤 동물들은 실제로 실종된 경우인데, 누군가가 훔쳐갔거나 다른 동물이 쫓아 버린 경우이거나 주변을 인지하지 못한 채 무언가에 놀라서 도망간 경우다. 당신의 동물이 길을 잃는다면 이런 시나리오들을 숙지하는 것은 당신에게 평안한 마음이 들게 할 수 있고 당신이 느끼는 잘못된 죄책감에서 벗어나게 할 수도 있다. 게다가, 당신의 동물이 어떻게 떠났으며 떠나간 이유가 무엇인지에 대해 세부적인 내용을 이해하면 동물을 찾는 데 도움이 될 것이다.

동물들이 불행하기 때문에

동물들이 집을 떠나는 가장 흔한 이유는 현재 상황이 불만족스럽기 때문일지 모른다. 예를 들어, 이사 같은 큰 변동은 동물을 떠나게 할 정도로 불편하게 할 수 있고, 집 안에 새로 들어온 동물이 위협하며 괴롭힐 수도 있다. 동물들은 그들의 보호자들이 경험하는 문제들에 의해서도 과하게 스트레스를 받을 수도 있다.

가장 기억에 남는 동물 중 하나는 리차드 세갈이 키우는 네 살배기 하얀 집고양이였다. 윌리는 LA의 집에서 갑자기 사라져 버렸다. 리차드는 인근을 며칠 동안 샅샅이 뒤지고 다녔고, 전단을 붙이고, 아이부터 환경미화원까지 모든 사람들에게 묻고 다녔다. 리차드가 내게 전화를 했을 때 그는 필사적인 한편 자포자기에 가까운 상태였는데, 그 이유는 윌리가 귀머거리였기 때문이었다.

윌리의 다른 감각들 특히 촉감과 시력은 매우 정확했다. 내가 윌리에게 접속했을 때 그는 리차드의 집에서 세 블록 떨어진 길모퉁이에 가까운 집 아래에 붙어 있는 이미지를 보내 주었다. 고양이는 그 자리에서 얼어 가는 것을 느꼈고 죽을까 봐 공포에 질려 있었다. 내가 윌리에게 무엇을 볼 수 있는지 물었을 때, 차고 진입로에 있는 차의 바퀴를 보여 주었다. 격자 칸막이 틈으로 보이는 컬러는 빨강색이었다. 윌리는 믿어 의심치 않던 리차드가 새 강아지를 집으로 데려오자 화가 나서 집을 나왔다. (이것이 가장 흔한 이유다.) 나는 이 모든 것을 리차드에게 설명했고 윌리를 찾아갈 때는 아주 천천히 그리고 조용하게 움직여야 한다고 덧붙였다. 갑자기 접근한다면 윌리는 도망갈지도 모른다.

우리가 대화를 나눈 지 3일이 지나지 않은 어느 날 밤, 리차드는 한 여성에게서 근처 집 밑에서 윌리와 비슷한 고양이를 보았다는 전화를 받았다. 리차드는 윌리가 가장 좋아하는 고양이 장난감을 갖고 그녀가 알려 준 집까지 한 블록 반을 걸어갔다. 안타깝게도 그때는 로드니 킹 사건으로 폭동이 일어나 야간 통행 금지 시간이 정해진 때였다. 통행 금지 시간이 임박하자 리차드는 초조해졌을 뿐만 아니라, 행여 그 집에 거주자가 없어서 이웃들에게 도둑으로 오인 받지는 않을지 걱정이 되었다.

하지만 그 집에 도착하자마자 그는 그럴 만한 가치가 있었음을 알았다. 그가 말하기를, 네온사인이 윌리를 가리키는 것 같았다고 했다. 모퉁이에 있는 그 집은 격자 무늬를 갖고 있었을 뿐더러 차고 진입로에는 빨간 차가 3대나 있었다. 그 집 밑에 숨어 있는 것이 공포에 질린 윌리라는 것은 분명했다. 사실, 리차드가 접근했을 때 윌리는 집 아래에서 뛰어나가 뒤뜰 담으로 뛰어 올라갔다. 윌리를 두 번째로 잃지 않으려고 리차드는 담으로 내달렸고, 고양이 장난감으로 윌리를 유혹해서 윌리를 잡았다.

리차드는 사랑하는 윌리를 되찾은 것에 대해 열광했고, 윌리와 새 강아지 사이의 충돌을 해결할 수 있었다. 이제 그는 윌리를 뛰어나가게 만든 것이 무언지 알고 있다.

임무가 끝났으므로

동물들은 가르칠 게 더 이상 없다고 느끼거나 특정한 가족과의 관계를 마쳤다고 느낄 때 새로운 집을 찾아나선다. 종종 동물들은 어떤 상황이나 사람이 더 이상 도전이나 만족을 증명하지 않을 것이란 것을 인지하면 그들은 성장을 위해 이사하고 싶어 한다. 나의 코네마라종 말인 더들리의 경우가 그랬다.

재능이 많았고, 쇼에 출전했던 더들리는 자기가 하는 일을 사랑했고 경쟁 분야에서는 꽤 유명 인사였다. 우리는 6년 간 함께 살았는데 내 생활이 바빠지면서 더 이상 쇼에 나가 그를 타지 못하게 되었다. 더들리는 조기 은퇴하는 것을 정말 싫어하여 제발 다른 집으로 보내 달라고 사정했다. 더들리를 너무나 사랑해서 보내기 싫었지만 내 곁에 남겨 둔다면 나의 이기심으로 더들리가 불행해지는 것이라 여겨졌다.

내가 더들리를 위해 최선을 다할 수 있는 일은 새로운 보호자를 고르는 것이었다. 후보자들이 테스트 승마를 하러 올 때마다 나는 더들리가 하는 말을 들었다. "오, 안 돼. 이 남자는 아냐."

어느 날 12세 소녀가 엄마와 함께 나타났다. 더들리를 먼저 몰아 보겠느냐고 물었더니 소녀는 "아니오."라고 했다. 소녀는 더들리에게 성급히 올라타지 않고 찬찬히 살피다가 마치 평생을 함께했던 것처럼 더들리를 탔다. 더들리가 다른 사람들에게 발길질 같은 위협적인 행동을 하면 소녀는 유쾌하다는 듯이 낄낄거렸다. 그것이 바로 그가 원했던 것이었다. 곧 나는 더들리가 크고 명확하게 하는 말을 들었다. "이 사람이야." 둘 다 첫눈에 반해 버렸다. 어떤 동물들에게 옮겨 가는 것, 발전해 가는 것은 의미가 크다. 우리의 일은 그들을 보내 줄 수 있을 정도로 충분히 사랑하는 것이다.

그들이 시간이 다 되었기 때문에

동물들은 우리에 대한 사랑 때문에 집을 떠나기도 한다. 일부 늙고 병든 동물은 죽기 위해 본능적으로 떠나기도 하는데 자신이 죽어 가는 모습을 보는 고통을 그의 가족들이 나누기 바라지 않기 때문이다.

몬태나 주 딜런에 사는 앨리가 잃어버린 개를 찾기 위해 내게 전화했을 때, 나는 엄청나게 관대하고 매우 가슴 아픈 사례를 대하게 되었다. 그 개는 앨리의 오빠가 세차하고 있던, 울타리가 없는 마당으로 나갔는데, 아무도 보지 않을 때 빠져나갔다고 한다. 그 개와 접속을 했을 때 그는 죽기 위해 떠나야만 했다고 설명했고, 자신이 누워 있는 조용하고 평화로운 공간을 내게 보여 주었다. 나는 고객에게 소식을 전해야만 했는데, 그녀는 마음으로 이미 알고 있어서 놀라지 않았다. 그녀가 이전에 키웠던 개 또한 주인이 자기의 죽음을 알게 되면 고통스러워할까 봐 집을 떠났다고 했다. 사랑하는 이 개 또한 그녀를 고통으로부터 막기 위해 스스로 떠나기로 했던 것이다.

나는 콜로라도 주 덴버에 사는 고객 로리 캘러한이 17세 된 고양이 매직을 잃어버렸다고 전화했을 때 비슷한 상황이라고 여겼다. 하지만 내가 실제로 매직에게 주파수를 맞추었을 때, 매직은 슬픈 소식을 받을 가능성으로 반은 공포에 질려 있었다. 나는 매직이 내게 보낸 폭발적인 에너지에 놀랐다.

고양이 세계에서는 지긋한 나이였지만, 매직은 활기가 넘쳤고, 용기 또한 가득했다. 매직은 단지 탐험을 위해 테이블에서 뛰어서 이웃 마당으로 넘어갈 수 있는 담을 넘었다. 그런데 일단 넘어가 보니 그 담이 너무 높아서 되돌아올 수가 없었던 것이었다. 매직에게 필요한 것은 작은 도움이었다.

동물들을 잃어버렸을 때, 진실에 대한 어떤 암시를 얻을 수 있을 때까지, 두려움, 선입견, 최악의 시나리오(앞의 이야기에서 보인 것처럼 죄책감을 느끼는)는 유보하라.

당신이 동물을 잃어버리고 찾으려고 한다면

동물이 집을 고의로 떠났든 본의 아니게 떠났든 간에 빨리 행동하는 것이 현명하다. 다음의 실제적인 단계대로 시작하라.

1. 잃어버린 동물들을 찾는 것을 돕는 단체와 접촉하라. 그런 단체들은 정보를 많이 갖고 있고 실종 동물들의 목록을 갖고 있다.(한국의 경우는 경찰서, 동물 보호소, 인근 동물 병원, 동물 구조 협회 등을 들 수 있다.-역주)
   - Pet Finders(애완동물을 찾는 사람들)
   - Sherlock Bones(셜록 본즈)
   - The Humane Animal Rescue Team(인도적인 동물 구호 팀)
   - Animal Recovery(동물 구조 협회)
   - AKC(American Kennel Club) Recovery(AKC 구조)
   - 지역 동물 구조단 : 휴메인 소사이어티(Humane Society : 사람이나 동물이 고통 받는 것을 멈추기 위해 만들어진 단체-역주)나 SPCA(Society for Prevention of Cruelty to Animals : 동물 학대 방지 단체-역주)나 당신의 지역 동물관리 부서와 같은 조직에서 전화번호를 얻을 수 있다. 또는 전화번호부에서 동물 관련 섹션에서 전

화번호를 검색할 수도 있다.

   ● 인터넷은 잃어버리거나 찾은 동물들을 올려놓는 데 좋은 정보처이다. 동물 구조, 애완동물 구조나 실종된/찾은 동물과 같은 주제로 검색해 보라.

2. 당신이 만일 동물을 찾았다면, 보호소에 동물을 데려다 줄 수도 있다. 하지만 그랬다면 당신의 이름을 남기고 그 동물이 들어간 우리의 번호를 물어보라. 그런 뒤에 동물이 보호자를 만나지 못했다면 그 동물이 안락사 당하기 전에 다시 데려올 수 있다. 동물이 아프거나(그런 스트레스 하에서는 자주 동물들에게 일어난다.) 보호소에서 거칠게 굴거나 입양하기에 적절치 못하다면 안락사를 당할 수 있다. 해당 보호소의 정책을 물어라. 동물 구조협회나 동물 병원에 그 동물을 잠시 맡겨 놓는 방법도 있다.

3. 잃어버린 동물 포스터를 인근과 그 바깥까지 찾아보거나, 잃어버린 동물의 사진과 함께 "동물을 찾습니다."라는 글자를 넣은 포스터를 직접 만들어 붙이도록 하라. 도서관에 가서 품종 관련 책자를 보고 확인하고 그 동물을 정확하게 구분할 수 있도록 하라.

4. 동물을 잃어버렸다면 사진과 자신의 전화번호를 넣고 간단하고 명확한 실종 정보를 갖는 전단지를 만들고 주변에 붙이도록 하라. 지역 신문에 광고를 실어라.(미국에서는 대부분의 신문들이 잃어버린 동물을 위해서 2줄짜리 광고는 무료로 넣어 준다.-

역주) 당신이 어떤 동물을 찾았다면 신문 광고를 확인해 보라. 당신이 찾은 동물을 말로 설명하려고 한다면 광고에 얼마만큼의 정보를 넣을 수 있는지에 주의하라. 당신이 연락을 받았을 때 동물의 보호자에게 그 동물에 대해 자세히 묘사해 달라고 부탁하라. 그 동물이 암컷인지 수컷인지 크기는 얼마만한지, 무게는 얼마나 나가는지, 몸의 컬러는 어떤지, 눈은 어떤 색깔인지, 털 길이는 어떤지, 특이할 만한 신체 특징이나 성격적인 특성 그리고 동물이 걸고 있는 목걸이나 이름표는 어떤 종류인지 어떤 것이든 다 물어보라. 이름표에 대해서도 물어보라. 플라스틱인지 금속성인지 둥근 모양인지 하트 모양인지 뼈다귀 모양인지. 당신은 원래의 집에 그 동물이 돌아가는 것인지 확실히 하고 싶을 것이다.

5. 모든 보호소나 동물병원을 방문하라. 근처 보호소에만 가 보지 말라는 데는 많은 이유가 있다. 동물들은 납치되거나 엄청난 거리를 여행할 수도 있다. 전화에만 기대지 말라. 좋은 의도인지를 막론하고, 직원과 자원 봉사자들은 항상 정확한 정보를 전달하려고 하거나 정확한 정보를 받지 못할 수도 있다. 보호소 안에는 잘못 옮겨진 동물들이 너무 많다는 것을 알면 감정적으로 압도당하기 때문에 많은 사람들은 이런 단계를 피하려고 한다. 당신의 동물의 안녕에 집중하고 강해지는 것이 중요하다. 당신의 동물은 당신을 간절히 기다릴지 모른다.

6. 이웃과 우체부, 정원사, 환경미화원에게 물어보라. 어떤 단서

라도 갖고 있는지 물어보라.
7. 수색조를 짜라. 인근에 사는 아이들에게 도움을 요청하라. 잃어버린 동물을 부를 때는 귀에 거슬리고 공포에 질린 목소리는 안 된다. 안심시키는 목소리를 내라.
8. 동물을 찾으려면 이 장에 요약된 텔레파시 능력을 이용하라. 그러나 당신의 동물을 찾는 것이 더 어려운 경우를 자주 볼 수 있는데, 그 이유는 당신이 직관의 명확성을 방해할 수 있는 강한 감정적인 유대를 갖기 때문이다. 만일 당신의 동물과 텔레파시로 연결할 수 없다면 당신을 도와줄 텔레파시 능력을 갖춘 친구에게 부탁하거나 전문 애니멀 커뮤니케이터에게 연락하라.

흔적이 사라져 갈수록 잃어버린 동물을 찾을 기회가 감소하므로, 당신은 동물의 비정상적인 부재를 심각하게 받아들여야만 한다. 그러나 동물이 바로 나타나지 않더라도 실망하지 마라. 자신의 동물을 찾은 고객 중 몇 명은 몇 달이 지난 뒤에 찾았고 한 목축견은 사람들이 찾아내기 전까지 1년 동안 실종 상태였다.

많은 동물들은 집을 자발적으로 떠나는데, 단지 자기 자신을 잘 알기 위해 그리고 실제로 사라지기 위해서다. 그런 케이스가 나의 고양이 스쿠터의 경우다. 스쿠터는 내가 시내로 나갔을 때 콘도 발코니에서 뛰어내려 두 달 간 사라졌다. 말할 것도 없이 나는 망연

자실했다. 그때는 애니멀 커뮤니케이션 경험이 없을 때였으므로 내가 할 수 있는 일을 했다. 곧바로 수백 장의 전단지를 붙이고 인근을 수색했지만 행운은 없었다. 상황을 더 나쁘게 만든 것은 일 때문에 다른 도시로 이사해야 할 계획이 있었다는 것이었다. 나는 스쿠터를 다시는 볼 수 없을 것 같아 절망했다.

어느 날 밤 가방을 다 싸 놓고 이삿짐센터를 기다리고 있었는데, 전화가 울렸고 상대방 목소리가 들렸다. "당신이 스쿠터 주인입니까?" 내가 맞다고 확인시켜 주었을 때, 그녀는 아래층 사는 이웃이라고 말했고 "그 고양이가 내 거실로 방금 걸어 들어왔어요."라고 했다.

스쿠터는 목걸이를 아직도 하고 있어서 나의 이웃이 나를 알아낸 것이었다. 스쿠터와 나는 행복한 재회를 했다. 스쿠터는 상태가 좋았고, 세상을 보는 경험이 얼마나 필요했는지 말해 주었다. 스쿠터는 예쁘거나 거친 고양이들을 만나면서 자신을 보호하는 법을 배웠다. 어떻게 돌아왔는지 내가 물었을 때 스쿠터는 "어느 날 아침 일어났을 때 그냥 가야 할 곳을 알았어요."라고 말했다. 그는 정확한 콘도에 가는 방법을 알 수 없었다. 왜냐하면 바깥에서 2층으로 들어갈 수 있는 방법이 없고 모든 문은 닫혀 있었기 때문이었다!

당신의 동물이 돌아오는 길을 찾을 수 있게 돕기

나는 이사하기 전에 알맞게 무언가가 스쿠터가 집으로 돌아오게 했는지 굳게 믿었다. 그 무언가는 아래 묘사한 대로 스쿠터가 집을 나간 두 달 동안 매일 훈련했던 명상이었다. 나는 나의 마음에서 하얀 광선을 스쿠터에게 보내서 그 빛이 스쿠터를 집으로 안내하도록 시각화했다. 나는 현재 이 강력한 힘이 있는 명상을 동물을 잃어버린 고객들이 텔레파시 링크를 구축하는 것을 돕기 위해 함께 나누고 있다. 이 하얀 빛은 가게가 새로 오픈할 때 사용하는 커다란 서치라이트와 비슷하다―꽤 강력한 안내 표지가 되는 이것은 잃어버린 동물이 집으로 돌아오는 것을 지지하고 격려할 수 있을 것이다.

잃어버린 동물을 위한 명상

편안한 의자에 앉아 발은 바닥에 닿도록 평평하게 놓고 눈을 감는다. 심호흡을 하고 긴장하고 있는 곳이 없는지 몸 구석구석을 살펴보라. 긴장이 있는 곳에 숨을 불어넣고, 숨을 내쉴 때 모든 긴장이 풀어지도록 하라. 그런 다음 당신이 잃어버린 동물에 대한 모든 애정을 느끼면서 당신의 마음에 주의를 집중하도록 한다. 당신 마음의 중심에 있는 그 모든 사랑을 느껴라. 그런 다음 당신 앞에 당신의 동물이 있는 것을 본다고 상상하라. 이런 이미지를 마음속에 굳게 갖고 있으면서 광선이 당신의 마음으로부터 당신의 동물에게 흘러가도록 하라. 이런 커다란 광선을 보낼 때, 당신의 동물 친구에게 "이 빛을 찾아. 이 빛이 너를 집으로 데려와 줄 거야. 이 빛을 계속 찾아 그 빛이 너를 집으로 데려올 거야."라고 말하라.

동물이 집으로 돌아오는 길을 찾도록 텔레파시 사용하기

앞에 자세히 설명한 〈당신이 동물을 잃어버리고 찾으려고 한다면〉 부분에서 실제로 찾는 노력들을 시작했다면 지금은 당신의 직관력을 활용할 때다. 당신의 동물에게 텔레파시로 접속하여 동물을 찾는 데 필요한 도움을 주거나 동물이 집으로 돌아오는 길을 찾을 수 있도록 도움을 주는 단계별 과정이 여기 있다.

1단계 : 표지판이 반짝이도록 닦아라

잃어버린 동물을 위한 강력한 명상을 사용하여 시작한다. 어떤 사람들은 이 훈련을 매일 하는 것을 좋아한다. 이렇게 하는 것은 그들이 잃어버린 동물들과 유대감을 주고 동물들이 긍정적이고 침착할 수 있게 도와준다. 당신이 동물을 잃어버렸을 때, 부정적인 생각들, 불안, 의심들을 마음에 품지 말고 긍정적인 궤도에 생각을 놓고 있는 것은 필수적이다. 당신의 동물이 안전하고 빛방울에 둘러싸여 있고 따뜻하고 편안하게 있으며 많은 음식과 적절한 은신처에 있음을 알라. 당신의 에너지를 당신의 동물이 집으로 오는 길을 찾는 것을 시각화하라. 그가 길을 따라 걷고 당신과 당신의 가족에게 돌아오고 있는 것을 보라. 긍정적인 생각들은 끌어당기는 자성이 있는 반면 부정적인 생각들은 당신의 집의 위치를 알리는 표지판을 모호하게 만들거나 뿔뿔이 흩어지게 한다. 당신이 공포에 질린 채로 있다면, 동물의 생각을 혼란하게 만들고 동물의 에너지를 분산시키고 당신과 동물의 접속을 흔들고 당신이 보내는 추적 신호에 전파 방해만을 낳을 뿐이다. 종교가 있다면 영혼의 안내자나 천사를 통해 도움을 요청하라. 그들에게 동물의 안전이 유지되도록 도움을 요청하라.

2단계 : 원거리 접속을 하라

잃어버린 동물을 찾기 위해 3장에서 배운 원거리 기술을 사용하라. 동물이 사라진 날과, 어디에서 떠났는지 그리고 목걸이나 이름표나 다른 액세서리를 패용하고 있었는지 아는 것이 도움이 된다.

 잃어버린 동물들로부터 받은 정보는 이미지, 소리, 냄새, 느낌을 포함할지 모르지만 그것은 당신의 질문에 의해 답을 알리는 것이므로 좀 더 구체적이어야 한다. 당신은 주소나 거리 이름, 도시명을 받게 되지는 않을 것이란 사실을 알고 있어야 한다. 내 경험상 그것은 동물들이 세상을 보는 방법이 아니다. 바로 접속할 수 없다고 해도 동물의 영혼이 몸에 머물고 있지 않다고 가정하지 마라. 계속 명상을 하고 접속을 계속 시도하라. 동물은 그 순간 너무 무섭거나 너무 바빠서 당신의 신호를 듣지 못할지도 모른다.

 처음 동물에게 주파수를 맞출 때 당신은 그의 공포를 감지하게 될지도 모른다—동물이 혼란에 빠져 있을 수 있고, 낯선 환경 안에 있기 때문에 그런 것은 자연스러운 일이다. 동물은 배가 고프고, 목이 마르며, 외로움을 느끼고, 혹시 덫에 걸렸거나 상처를 입었을지도 모른다. 2장에서 파트너와 같이 했던 명상 훈련 기술을 사용해서 부드럽고 따뜻한 핑크색 빛방울로 동물을 감싸라. 6장에서 언급했던 밝은 핑크색 에너지는 동물은 진정시킨다. 흐린 핑크색 빛방울이 동물의 불안을 부드럽게 진정시켜서 긴장을 풀고 다시 대담해지는 것을 상상하라.

동물을 침착하게 하는 텔레파시 호흡 훈련을 하라. 동물에게 당신과 호흡하도록 요청하여 동물이 당신의 들숨과 날숨을 인지할 수 있도록 하라. 동물에게 부드럽게 말을 걸어서 동물의 기운을 돋우고 동물에게 당신이 그를 어떻게 도울 것인지 말하라. 동물이 다시 대담해지도록 돕고 그가 집으로 돌아오는 길을 찾을 수 있다는 사실을 알려 주도록 하라. 동물의 공포로 인해 당신이 소통의 끈을 놓쳤다면, 몇 시간 뒤 동물이 더 침착해졌을 때쯤 시도하라. 당신이 탄탄한 접속을 할 수 있을 때 동물에게서 구체적인 세부 사항을 얻어내야 한다. 당신이 소통하는 데 충분히 강한 접속을 만들어 내기까지 24시간 이상이 지나지 않도록 하라.

3단계 : 반려동물에게 구조의 손길이 도중에 있음을 이야기하라

동물과 접속이 이루어지고 나면 동물이 위험에 직면해 있는지를 확인해 보라.

- 동물이 다쳤는가?
- 동물이 덫에 걸렸는가?
- 동물이 물이나 음식에 접근할 수 있는가?

그 동물이 어딘가 안전한 곳에 있는 것 같다면 거기에 머물러 있으라고 하라. 어떤 동물들은 흥분과 공포로 인해 위험이 지나간 직후에 다시 위험에 빠진다. 가능한 한 많은 지원과 격려를 하여 동물이 긴장을 풀도록 하라. 동물이 계속 움직이면 동물을 찾기 점점 더 어려워질 뿐이다. 동물에게 가족이 찾고 있으며, 한곳에 계속 머물러 있는 것이 가장 좋다는 점을 확인시켜라.

동물이 계속 움직여야 한다면, 그에게 다음과 같이 격려하라.

- 주변이 안전하고 조용할 때 움직이도록 하라. 그때는 밤일 수도 있다.
- 길가로 왔을 때는 차들을 조심하라.
- 사람의 도움을 구할 만큼 충분히 용기를 가져라─안전감을 주는 누군가는 당신이 낸 광고나 전단을 통해 그의 찾아줄 수 있을지 모른다.

동물이 당신에게 하는 말을 색인 카드에 기록한 다음 위에서 열거된 질문의 범주에 따라 분류해 놓도록 한다. 동물을 찾을 때 길잡이가 되는 카드와, 동물이 좋아하는 동물이 좋아하는 음식이 들어있는 캔(뚜껑을 열어 놓은), 동물이 좋아하는 담요나 장난감 목줄과 운반 상자도 갖고 다니도록 하라.

4단계 : 반려동물이 어떻게, 왜 나갔는지 알아내라

동물이 떠난 상황을 알아내는 데 최선을 다하라. 그는 당신에게 자신이 어디에 있는지에 관한 명확하고 충분한 단서들을 제공할지 모른다.

- 왜 떠났는지 물어보라. 다른 동물이 쫓아냈는가? 그랬다면 그는 어떻게 생겼는가? 얼마나 큰 동물이었나? 커다란 소음 때문에 놀라

서 뛰어갔는가? 문이 열려 있어서 떠났는가? 누군가 납치해 갔는가? 그가 찾아지기를 바라고 있는지 묻는 것 또한 중요하다. 대부분의 동물들은 자신이 집으로 돌아가기를 원하는지 아닌지에 대해 솔직해질 것이다.

● 행로에 대해 기억하는 것이 있는지 물어보라. 집에서 어떤 방향으로 이동했는지 기억하는가? 앞마당이나 뒷마당에서 왼쪽으로 갔는가 아니면 오른쪽으로 갔는가? 얼마나 오랫동안 이동했는지 기억하는가? 그 거리가 몇 킬로 또는 몇 블록처럼 느껴지는가? 한 시간 동안 뛰었는가 아니면 몇 분 정도 뛰어갔는가? 운송 수단을 타고 이동했는가? 그렇다면 그 운송 수단이 어떻게 생겼는지 동물에게 묘사해 달라고 하라. 동물이 보여 준 것은 밴인가? SUV인가? 스포츠카인가? 아니면 컨버터블인가? 그리고 그 운송 수단의 컬러는 무엇가? 그 운송 수단이 얼마나 멀리까지 이동했는가? 몇 분 정도 타고 갔는가, 아니면 더 멀게 느껴지는가? 얼마나 길었는가? 그때는 낮이었는가 밤이었는가? 이동 방향은 어떤 방향이었는가? 태양은 어느 쪽에 있었는가? 기억나는 지표가 있는가?

● 외로운지 물어보라. 다른 고양이나 개와 함께 있는지 물어보라. 어떤 사람이 데려갔는가? 그 사람이 어떻게 생겼는지 물어보고, 주변에 어떤 사람들이 있었는지 물어보라. 피부 색은 어떤지 머리카락 빛깔은 어떤지 물어보라. 그들은 안경을 썼는가? 키가 큰가, 작은가? 몸이 가벼운가, 무거운가? 구체적인 대답보다는 이미지를 얻으려고 하라. 당신은 좀 더 자세한 내용들을 얻게 될 것이다. 사람들이

동물에 대해 어떤 의도를 갖고 있는지를 아는지 물어보라. 지금 행복한가?

5단계 : 반려동물이 현재 있는 주변 환경에 대해 물어보라

내가 전에 아래에 요약한 간단한 질문을 모두 동물에게 물어보는 것은 불필요할지 모른다. 당신이 할 수 있는 한 많은 정보를 얻는 것이 중요한데 이상적인 것은 이미지의 형태이다. 동물이 기꺼이 도와주지 않는다면—동물들이 두렵거나 혼란할 때 보이는 일반적인 반응이다.—당신은 자세한 질문으로 찾아낼 수 있다.

- 동물이 실내에 있는지 실외에 있는지 물어보고 자세한 사항을 얻어 내라. 그 공간의 이미지를 요청하고 거기에 덧붙여 그가 경험하고 있는 어떤 생각, 감각, 느낌도 요청하라.

- 올려다보았을 때 동물이 본 것을 묘사해 달라고 동물에게 부탁하라. 산업 단지 가까이에 있다면 동물은 공장에서 나오는 연기를 보여 줄 것이다. 동물이 비행기나 특이한 다리 또는 나무 꼭대기를 볼지도 모른다. 동물에게 왼쪽을 보았을 때 무엇이 보이는지 묘사해 달라고 하고 오른쪽을 보면 무엇이 보이는지 묘사해 달라고 하라. 그가 지표면을 묘사하도록 하라. 그것은 포장도로인가? 흙먼지, 자갈, 시멘트 또는 잔디밭인가? 거기에 울타리가 쳐져 있는가 그렇다면 울타리가 어떻게 생겼는지 보여 달라고 하라. 철망, 삼나무, 나무 가로대 울타리 또는 돌담이나 블록 벽돌로 지은 담인가?

- 무엇을 들었는지 물어보라. 그 영역에서 특이할 만한 소음이 있

을지도 모른다. 기차의 기적이나 교회 종소리 또는 폭 넓은 고속도로에서 들려오는 교통 소음을 들을 수도 있다.

● 그가 구조물 내부에 있는지 물어라. 그렇다면 구조물은 어떤 형태인가? 집, 이동식 집, 아파트, 공장? 구조물의 색깔은? 구조물의 재질은 무엇인가? 블록 벽돌인가, 치장 벽토인가 나무인가? 지붕이 있다면 형태는 어떠하며 컬러는 무엇인가? 빨간 기와인가, 검은색 지붕널인가?

● 그가 보고 있는 지역이나 이동하는 동안 보았던 것에 대해 물어보라. 가능하면 이미지를 받아 내라. 그는 탁 트인 땅과 황야를 보고 있는가? 사막 같은가, 숲 같은가? 아니면 언덕 같은가? 거기에는 건물이나 집, 인도나 블록이 깔린 보도가 있는가? 동물에게 그가 보고 있는 아주 작은 것이라도 모두 설명해 보라고 요청하라. 주변에 어떤 종류의 나무, 수풀, 식물들이 있는가? 그들의 크기, 모양, 컬러는 어떠한가?

● 그가 물가 근처에 있는가? 수량이 많은가 적은가? 바다, 저수지, 호수, 연못, 시내 또는 웅덩이인가?

● 주변에 사람이나 다른 동물이 있는지 물어보라. 어린이들이 있는가? 그들의 나이는 얼마 정도로 가늠할 수 있는가? 고양이나 개, 닭, 말, 아니면 다른 동물이 주변에 있는가?

● 그가 어떻게 대우 받고 있는지 물어보라. 사람들과 함께 있다면 함께 걷고 있는가? 그렇다면 어디인가? 공원으로 가고 있는가? 아니면 인근 주변을 걸어다니고 있는가? 그렇다면 그곳은 어떻게 생

졌는가?

6단계 : 정보를 종합하라

동물이 당신이 동물이 있는 지역을 인식하는 데 충분한 정보를 주었다면, 동물을 찾으러 갈 때 음식, 친숙한 장난감과 운반 상자를 차에 싣고 가라. 당신이 동물이 아니라 동물이 말해 준 영역을 찾았다면 다시 텔레파시 접속으로 돌아가라. 당신이 자신의 이름을 부르는 소리를 들었는지 물어보라. 들었다면 왜 계속 숨어 있는 것일까? 아직도 겁에 질려 있는가? 그를 나오도록 도울 수 있는 방법이 없을까? 정확히 어디에 숨어 있나?

그 영역에 돌아와서 아직도 동물을 찾지 못했다면 의자를 가져와 앉거나 지면에 앉아서 실종 동물들을 위한 명상을 하라. 동물에게로 확장되어 나가는 광선을 시각화하라. 당신이 그 특정 지역에 있는 동안 동물이 당신의 에너지를 느끼도록 하라. 그러면 동물은 좀 더 마음이 편안해지고 대담해질 수 있다. 부드러운 목소리로 동물을 부르고, 먹을 것과 장난감으로 유혹하라.

동물이 숨어서 나오지 않는다면, 스스로 어떻게 집으로 돌아올 수 있는지를 시각화해서 보내라. 마음속으로 동물에게 약도를 그려 줘라. 어떤 건물이나 집을 지나가야 하는지, 동물의 몸 어느 쪽에 그런 구조물들이나 나무들, 울타리들이 면하게 지나가야 하는가? 당신이 할 수 있는 가능한 명확하게 하라. 당신의 시각화 기술은 필수적이다. 집으로 되돌아 걸어오고 문을 통과해서 동물이 가장 좋아하는 자리에서 긴장을 풀고 누워 있는 것을 시각화하라.

덧붙여, 당신이 보아 온 영역을 넘어서 시도할 수 있다. 종종 좀 더 멀리 가야 할 필요가 종종 있다. 당신이 받은 정보는 그의 이동길을 따라 동물이 보았던 물건들을 반영할지 모른다. 하지만 현재 그가 어디에 있는지를 아는 데에는 불필요할 수 있다. 도움을 요청하기 위해 당신이 본 것에 대해 친구들에게 묻기를 두려워하지 마라. 수색조를 만들어라. 종종 밤늦은 시간이 가장 나가기 좋은 때일 수 있다; 그때는 조용하여 동물은 바쁜 일과 도중보다는 좀 더 안전한 느낌을 받는 때이다.

당신은 동물이 당신에게 묘사한 지역을 인식하지 못했다면, 더 자세한 내용을 알아내려고 노력하라. 어떤 사람들은 일반적인 영역의 지도를 사용하여 동물의 에너지를 느끼도록 시도한다. 나는 때에 따라 이 방법을 사용했다. 당신의 손을 지도에 있는 영역 위에 손을 띄워 놓아라. 당신의 손 밑에 강한 감각이 느껴지면 이것은 지도의 특정한 곳에 동물의 에너지가 나타나는 것일 수 있다. 당신이 숙련된 펜듈럼 사용자라면 당신은 지도와 펜듈럼을 함께 이용할 수 있다. 펜듈럼이 동물의 에너지를 잡아내는지 보기 위해 펜듈럼을 지도 위에서 잡고 있으라. 강력한 당김이 있다면 펜듈럼은 일반적으로 시계 방향으로 돈다. 어떤 경우에는 다르게 움직이기도 한다.

7단계 : 실종된 동물을 지원하라

당신의 지속적인 소통은 잃어버린 동물에게 엄청난 편안함의 근원이 될 수 있다. 뉴욕 주 우드스톡에 사는 낸시 로우는 단모종 고양이 와사비를 잃어버렸을 때 이것을 배웠다.

두 살배기 실내 고양이 와사비는 찢어진 모기장을 통해 탈출하기 전까지는 밖에 나가 본 적이 전혀 없었다. 시골에 5에이커(약 2만 ㎡)의 땅에서 살고 있던 낸시는 와사비가 일주일 째 나타나지 않자 공포에 질렸다. 내가 와사비에게 접속했을 때, 와사비는 나무에 갇혀 겁에 질려 있는 모습을 보여 주었다.—와사비는 코요테를 한 마리 보았다. 와사비는 자기가 있는 곳에서 집 한 채를 보았지만 그 집에 다른 동물들이 있는 것을 보고 그곳에 가기가 두려웠다. 그는 자기가 본 집을 자세히 묘사했다.—흰색에 푸른색 테두리를 갖고 있고 집 주변에 많은 나무들로 둘러싸여 있는 모기 망이 쳐진 현관, 자갈이 깔린 차고 진입로, 인접한 도로는 흙먼지가 보이는 길. 하지만 와사비는 집으로 돌아가는 길을 모르는 것이 확실했다.

낸시는 주변을 차로 돌다가 그 위치를 찾았지만 와사비는 찾지 못했다. 그래서 와사비에게 좀 더 자세한 정보를 달라고 요구했더니 자신을 스쳐 지나 날아가는 커다란 새를 바로 보여 주었다. 내게는 파란색 왜가리처럼 보였다. 그는 그의 오른쪽에 있는 연못을 보여 주었다. 와사비는 새를 한 마리 먹었고, 낸시가 자신을 부르는 소리를 들었기 때문에 마음이 좀 더 편안해지기 시작했다고 말했다. 와사비는 다시 자신감을 찾았다. 이 와중에, 와사비는 자기 배를 기분 좋게 긁고 있는 그림을 보여 주었다.(후에 낸시에게 자세한 내용을 얘기해 주었을 때, 낸시는 그것이 가장 기분 좋을 때 하는 일이라고 확인해 주었다.) 와사비는 그가 보았던 그 집에 관한 정보를 더 주기 시작했는데, 그것은 식물, 개, 주변에 대한 자세한 사항들이었다.

낸시가 다시 돌아가서 파란색 왜가리(그녀가 사는 곳에서는 보기 힘든 새)를 보았는데 이것은 우리에게 더 많은 희망을 갖게 했다. 하지만 여전히 와사비는 보이지 않았다. 다음 날 나는 학생들에게 와사비의 위치를 찾는 숙제를 냈고, 그들은 더 많은 정보를 받아 냈다. 그룹에 속한 사람들 가운데서 수잔 크라크 오비트는 와사비가 물에 젖어서 귀를 매만지고 있는 이미지를 받았다. 나는 낸시에게 새로운 세부 사항들을 전해 주었고 우리 모두 와사비가 집으로 안전하게 되돌아오도록 긍정적인 생각들을 쏟아 냈다. 낸시는 의자를 가져와 앉아 와사비를 찾기 위해 명상을 통해 그 땅으로 되돌아갔다. ('6단계 정보를 종합하라'를 따라했다.)

다음날 낸시는 엄청난 소식을 전해 주었다. 와사비가 집에 있었다. 낸시로부터 받은 훌륭한 지시(내가 추가했을지 모르는)를 따라서 스스로 되돌아왔다. 그리고 실제로 와사비는 완전히 젖어 있었고 귀는 잘 매만져져 있었다.

내가 가장 열중했던 것은, 와사비가 스스로 돌아오기 위해 필수적인 변화를 이루는 데 얼마만큼 도움이 되었느냐 하는 것이었다. 와사비는 초기에는 공포에 질려 있다가(나무에서 자신을 보호하면서 그 집에 접근하기를 겁내고 있던), 나와 함께 얘기를 하고 낸시의 음성을 듣고 나서(하지만 아직 너무 겁나서 나올 수 없는) 나무에서 내려올 수 있는 충분한 용기를 느꼈고, 집으로 혼자 돌아올 용기를 찾게 되었다. 잃어버린 동물들과의 소통은 엄청난 격려가 되며, 그 동물을 계속 살아 있게 돕는 힘이 된다.

동물이 주는 정보를 믿어라

우리는 동물들로부터 받은 생각을 믿는 것에 대해 얘기했다. 이런 점에 있어 특히 생생한 사례가 몇 가지 있다. 추바카란 이름의 암컷 로트와일러가 사라져 버린 이 이야기도 이에 속한다.

비벌리 버거는 최근 휴가 때 추바카가 사라진 일로 내게 전화를 했는데, 운 좋게도 나는 그 개와 접속할 수 있었다. 불행히도 추바카는 한 남자가 음식으로 유혹하여 픽업에 싣고 갔다. 지금은 작고 노란 울타리가 있는 집에서 한 여자, 한 남자와 함께 있으며, 그 남자는 키가 크고 마르고 체격이 좋으며 체크 무늬 셔츠와 모자를 쓰고 있다고 시각화해 주었다. 추바카는 자세한 부분을 묘사하는 데 뛰어났는데, 그 남자 얼굴이 주름으로 가득하다고 강조했다. 이 부부가 자기를 주 때리는데, 아무래도 그들이 자기를 팔고 싶어하는 것 같다고 했다. 추바카는 또한 그 남자가 자기가 조깅을 하는 공원으로 자신을 자주 데려가곤 한다고 말했다.

우리 중 어느 누구도 이런 폭로 사항들이 말하는 것이 무언지 알아내기 전에, 납치범이 공원에 나타나서 다른 남자에게 추바카를 구매할 것을 제안했다. 뭔가 잘못된 것을 의심했던 그 사람은 추바카를 50달러에 사서 바로 문신이나 몸에 이식된 마이크로칩 이름표가 있는지 확인했고 추바카의 이름표를 실제로 찾았다. 착한 사마리안이 추가카를 원래의 집으로 데려다 준 뒤, 한 이웃이 추바카가 알려준 이미지에 적합하는 사람을 보았다고 했다. 그의 얼굴에는 주름이 많이 있었다.

이 사례는 잃어버린 동물을 찾는 탐정 작업을 시도할 때 나타날 수 있는 것으로 중요한 교훈이다. 동물이 보내는 모든 생각 하나 하나에 주의를 기울여라. 이상하고, 기대와 다르고, 외관상 중요하지 않은 것 같은 항목들이 문제 해결의 열쇠일 수 있다.

애리조나 주 세도나에 사는 사울과 디나 스미슨을 도울 때 그런 항목들은 75에이커(약 30만 m2)나 되는 황야에서 잃어버린 13살짜리 포메라니언종 로키를 찾는 데 중대한 역할을 했다.

로키는 하이킹을 하는 사람들이 스미슨 부부의 집을 지나갈 때 그들을 그들을 따라갔다. 부부가 내게 전화했을 때는 로키가 그들을 따라간 지 이틀째 되던 날이었다. 디나와 사울은 특히 로키가 기관허탈 증세를 갖고 있어서 숨쉬기 어려운 때가 있는 걸 걱정했다. 수색조들이 나가 보았으나 소용이 없었다. 로키의 수의사까지도 코요테가 로키를 먹었을 거라고 추측했다. 그럼에도 불구하고 사울과 디나는 포기하지 않았다.

로키에게 주파수를 맞췄을 때, 나는 그의 태도에 많이 놀랐다. 로키는 자신을 꽤 신뢰하고 있었고, 육식 동물로부터 자신을 안전하게 지킬 수 있는 좋은 은신처를 보여 주었다.

로키에게 어디에 있는지 자세하게 알려 달라고 요청했을 때 로키는 바로 다가오는 중이었다. 로키는 자신의 오른쪽에 나무가 넘어져 있는데 그 모양이 마치 다리 같으며, 근처에 함께 자라난 두 개의 나무는 모양이 알파벳 V자 같다고 말했다. 그는 물이 많이 있으며, 자신의 근처에 바위 틈으로 물이 졸졸 흐르는 소리를 들을 수 있다고 했다. 로키는 볼 수 있는 건 모두 푸른색이라고 했다; 내게는 그게 숲처럼 여겨졌다. 스미슨 부부는 세도나에 살고 있는데, 로키의 설명에는 빨간색 바위가 드러나지 않았다. 로키는 내리막길을 향해 가고 있으며 남쪽을 향하고 있다고 했다. 또한 계속 나아가면 몇 채의 오두막들을 만날 수 있을 것으로 생각한다고 했다. 이 작은 친구는 자신의 상황에 대해 확실하게 안전하다고 여겼고, 자기 자신을 잘 돌보고 있었다. 발은 따끔거렸고 흐르는 피 때문에 끈끈해졌고 아팠다. 로키는 사울과 디나가 자기를 불렀을 때, 휘파람도 불어야 했다고 말했다.

사울에게 전화로 이 정보를 알려 주었을 때, 그의 음성에서 실망감을 느낄 수 있었다. 이런 정보들로 로키를 어떻게 찾을 수 있을까? 그는 어쨌든 수색조를 보냈다. 그들은 약 3km 떨어진 곳에서 로키의 배설물을 발견했고, 흔적을 따라가기 시작했다. 그로부터 9m 내에서, V자 모양을 한 나무와 다리처럼 보이는 넘어진 나무가 보였다. 작은 개가 묘사해 주었던 바로 그대로였다. 사울은 나침반을 확인하고 남쪽에서 오두막을 찾아냈다. 갑자기, 그들이 있는 곳에서 1미터쯤 떨어진 지점에서 바스락 소리를 들려왔다. 로키가 부산을 떨면 밖으로 나왔는데 피로 물든 발을 제외하고는 행복해 보였다.

뒤에 한 이웃이, 사실 퓨마가 사는 근처에서 로키의 발자국을 발견해서 최악의 상황을 생각했다고 말했다. 하지만 로키는 조용히 침착하게 자신을 진정시켰고, 소리를 내면 육식 동물들에게 자신이 어디 있는지 알리는 것이라는 것을 본능적으로 알아차렸다. 얼마나 영리한 작은 녀석인가—로키는 도움이 될 만한 특이한 항목들과 정보를 주는 훌륭한 일을 해냈다.

가혹한 질문 :
반려동물의 영혼이 아직 몸속에 머물러 있는가?

실종된 동물과 접속을 시도할 때 어떤 느낌도, 기분도 받지 못하는 때가 있었다. 처음 실종된 동물들을 찾는 일을 시작했을 때, 나는 그것이, 그들이 더 이상 물리적인 신체 안에 있지 않다는 것을 의미한다고 통역해 주곤 했다. 하지만 많은 경우가 정확하지 않았다는 것이 증명되었다. 지금 나는 적어도 몇 시간 정도 기다렸다가 다시 시도한다. 하지만 시도를 많이 한 뒤에도 접속할 수 없다면, 그것은 그 동물이 아직 자신의 신체 안에 있는지에 대한 질문에 지면해야 할 시간일지도 모른다.

실종된 동물이 아직 물리적인 몸에 남아 있는지 아닌지 확인하는 것은 매우 힘든 일이 될 수 있다. 동물이 차에 부딪치거나 다른 동물의 공격을 받아서 갑작스런 죽음을 맞이하게 되면 자신이 자신의 몸을 빠져나와 있다는 사실을 모를 수도 있다—이것은 너무나 빨리 일어난다. 우피 골드버그, 데미 무어와 패트릭 스웨이지가 나온 영화 《고스트》를 기억하는가? 패트릭 스웨이지는 갑작스런 죽음을 맞이하지만 계속 돌아다니면서 사람들이 왜 자기를 알아보지 못하는지, 왜 남들과 접촉할 수 없는지 혼란스러워한다. 이런 일은 동물에게도 일어날 수 있다. 어떤 사람이 동물과 접촉할 때, 동물이 자신이 있는 곳을 보여 줄 수 있는데, 그 동물은 물리적인 형태보다는 영적인 형태로 이런 것들을 경험하는 것을 인지하지 못할 수 있다.

이와는 반대의 상황도 나타날 수 있다. 동물이 생기 있게 살아 있음에도 불구하고 극도로 공포를 느끼고 있을 때는 그의 영혼이 몸을 떠난 것처럼 느껴질 수도 있다. 너무 두려운 나머지 꼼짝 못하게 되는 것이다. 공포는 너무 고통스러워 다루기 힘들기 때문인데, 이렇게 심한 공포감을 느끼고 있는 동물과 접촉한 사람은 그런 상태를 잘못 해석할 수도 있다. 완전한 정확도를 가지고 그 동물의 영혼이 아직 몸에 남아 있는지 단정하기 불가능할지 모른다. 하지만 이 책에서 배운 기술들을 적용하여 시도해 볼 수는 있다. 스트레스가 덜한 상태에서 그런 경험을 해 보기 위해 당신의 동물을 잃어버리지 않았더라도 다음의 시각화를 연습해 볼 수 있다.

동물이 신체적 형태로 있는지 영혼의 형태로 있는지 감지하기

3장에서 배운 원거리 커뮤니케이션 기술을 이용하여 잃어버린 동물과 접속하고 그의 영혼이 아직 몸에 남아 있는지 물어보라. 강한 긍정이나 강한 부정을 바로 대답을 받을 수 있다. 그런 대답을 받지 못했다면 다음과 같은 다른 접근법을 시도해 보라.

1. 심장이 뛰는 소리나 맥박을 느껴 보라. 그런 느낌이나 리듬을 감지할 수 있는가? 어떤 사람들은 고양이를 찾을 때는 그르렁거리는지를 느껴 볼 수도 있다. 이상한 일이지만, 고양이들은 스트레스를 받을 때 그르렁거린다.
2. 접지된 느낌, 땅의 한 부분으로 느껴지는지 확인하라.
3. 당신 마음속에 두 갈래 길을 상상해 보라. 왼쪽 방향의 길은 동물의 영혼이 아직 신체에 머물고 있다는 것을, 오른쪽 방향의 길은 동물의 영혼이 더 이상 신체에 머물러 있지 않다는 것을 가리킨다고 가정한다. 이제 긴장을 풀고 당신이 이 동물을 생각했을 때 당신이 끌리는 쪽은 어느 쪽인지 느껴 보라. 왼쪽인가 오른쪽인가. 대부분의 에너지가 느껴지는 곳은 오른쪽인가 왼쪽인가?
4. 당신의 동물을 나타낼 양초를 시각화하라. 불꽃이 밝은가 꺼졌는가?
5. 덫에 걸린 느낌인지 확인하라. 동물의 영혼이 신체에서 빠져나갔지만 인지하지 못할 때 그는 덫에 걸려 있다고 느낄지 모

른다. 하지만 그 동물의 영혼은 아직 신체에 머물러 있을지 모르고, 문자 그대로 덫에 걸려 있거나 어디 갇혀서 공포에 질려 있을지 모른다.

6. 공허한 느낌을 확인하라. 동물이 영적인 형태로 넘어갈 때, 당신은 매우 가볍고, 공기 같고, 확장되고 거의 떠 있는 느낌을 느낄 것이다.

7. 이미지들을 살펴보라. 당신은 그 동물이 어떻게 죽음을 맞이했는지에 대한 장면을 보게 될지 모른다. 그 죽음은 그가 몸을 빠져나와 부드럽게 떠다니는 가벼워진 느낌을 동반할 수 있다. 그 죽음을 유발한 사건을 보게 된다면 시신이 그곳에 버려졌는지 아니면 운반되었는지 또는 시신에 일어날 만한 다른 일들이 있는지를 보라. 시신이 아직 그곳에 있다면, 주변 환경을 주의 깊게 살펴봄으로써 스스로 그 지역을 조사하고 발견할 수 있을 것이다. 이것은 고통스럽고 힘겹게 느껴질 것이다. 하지만 나는 당신이 반려동물의 끝마무리를 잘 정리해 주었다는 느낌을 얻을 수 있도록 격려한다. 많은 사람들에게 사실을 모른 채 살아가는 것은 훨씬 더 괴로운 일이다.

하지만 나는 이런 가이드라인들이 여러분에게 결코 필요하지 않기를 바란다. 그리고 이미 반려동물을 잃어버린 사람들에게는 가이드라인들이 유용하기를 바란다.

9
아프거나 다친 동물 위로하기

동물이 아프거나 다쳤을 때, 애정이 담긴 소통은 대단한 위로가 될 수 있다. 당신의 텔레파시 기술을 이용하여 당신의 동물이 기분이 나아지도록 도울 수 있는 것이 무엇인지 물어볼 수 있다. 예를 들면, 부드러운 마사지 또는 가장 좋아하는 장난감 제공하기 등이다. 당신이 동물의 메시지를 듣는다면, 당신은 그 동물이 어떻게 느끼는지, 불편한 곳이 어디인지, 고통은 어느 정도인지, 좀 더 편안해지려면 무엇이 필요한지를 알아낼 수 있다. 당신이 동물과 소통하게 되면 동물의 전체적인 돌봄과 행복 면에서 무력한 방관자가 아닌, 적극적이고 생산적인 역할을 맡게 될 것이다. 당신은 동물이 신체적·감정적으로 어떻게 느끼는지 바로 알게 됨으로써 수의사가 진단을 세심하게 살펴 조정할 수 있도록 협조할 수 있다. 텔레파시는 '어려운 상황'(어쩌면 한 동물의 생명을 구하는)를 풀 수 있는 중요한 단서를 포착하는 데 필요한 도구가 될 수 있다.

다친 곳 찾아내기

아프거나 다친 당신의 동물들과 조용히 앉아서 텔레파시 기술을 잘 이용하는 것은 자연스러운 기회다. 당신은 이미 동물과 마음을 터놓았으므로 동물의 상황을 공감하고, 동물의 기분이 회복되도록 노력할 기회가 있다. 이제 당신은 동물의 상태에 대한 중요한 정보를 수집하여 더 많이 도울 수 있다.

당신은 그 동물이 신체적·감정적으로 어떻게 느끼고 있는지에 대한 완전한 설명을 요청할 것이다. 세부 사항을 많이 얻으려면 질문을 구체적으로 하라. 질문은 다음 내용들을 포함해야 한다.

- 신체적으로 감정적으로 어떻게 느끼고 있는가? 어떤 고통을 느끼고 있는가?
- 신체 어디가 불편한가? 구체적으로 물어보라. 등인가? 복부인가? 머리인가? 눈인가? 치아인가? 귀인가? 소화계통인가?
- 불편한 느낌은 어떤 느낌과 비슷한가? 메스꺼운가? 타는 듯한 통증인가, 강한 압박감인가? 동물과 함께할 수 있는 한 구체적인 정보를 얻어 내라.
- 고통이 지속적인가?
- 언제부터 아팠는가? 얼마나 자주 아픈가?
- 그 고통은 얼마나 심한가?

이런 질문들을 할 때, 그 동물이 갖고 있는 신체적인 불편을 당신이 실제로 체험할 수도 있다. 사람들은 종종 동물의 신체와 공명하여 일순간 정확한 느낌을 받으며, 당신이 체험한 동물의 고통은 재빨리 흩어져 버릴 것이다. 예를 들어, 동물이 두통을 앓고 있다면 당신의 머리가 일순간 아플지도 모르는데, 그 순간은 동물의 두통을 알아차릴 만큼 충분히 길다. 그런데 그 느낌이 계속 남아 있다면 그것은 당신의 원래 질환일 수도 있고, 그 동물의 고통을 계속 지니고 있을 가능성 또한 있다. 당신이 공감을 잘하는 사람이라면 말이다. 동물의 느낌을 지속하는 것을 피하려면, 수업 초기에 명확하게 당신의 의도는 단지 행동을 촉진하는 사람이 되는 것이라고 표명하라.

다른 장에서 컬러를 사용했던 것처럼, 당신은 다른 이의 에너지에 이끌리는 것으로부터 자신을 보호하기 위해 컬러를 이용할 수 있다. 당신의 몸을 밝은 푸른 하늘빛이 감싸고 있다고 시각화하라. 이 컬러는 좋은 에너지는 들어오도록 하고 부정적인 에너지는 나가도록 한다. 캘리포니아 주 산타 크루즈에 사는 직관력 트레이너 주디스 핀은 "하늘색을 시각화할 때 당신은 당신의 경계를 확인해야 한다. 당신 주변의 부정적인 에너지를 잡고 있을 가능성이 덜하다."라고 말한다. 또한 황금색을 사용해 볼 것을 추천했는데, "황금색은 사랑으로 우리가 취약해질 만큼 충분히 안전한 느낌을 갖고 깊숙한 곳에 있는 자신과 접속하도록 하고, 치료가 이루어지도록 한다." 그녀는 학생들을 가르칠 때, 부정적인 에너지를 쫓아내기 위해 그들만의 에너지를 충분히 발생시키도록 한다. 그러한 개념은, 좋은 기(에너지)를 확보하려면 잘 먹고 충분히 쉬라는 옛사람들의 충고와 비슷하다. 당신은 이런 형태의 일을 하기 위해 자신의 에너지를 충분히 갖고 있어야만 한다.

　신체적인 감각 말고도 아프거나 다친 동물에게서 생각이나 정신적인 이미지 정보를 받을 수도 있다. 당신은 불편한 느낌이 드는 그의 몸의 특정한 부분을 보게 될지 모른다. 당신은 그 부분에서 열이나 염증 또는 울렁거림을 느낄지 모른다. 정보는 여러 가지 다른 방식들로 나타날 수 있다. 당신은 그의 몸을 만짐으로써 동물의 불편함을 발견하거나 동물의 에너지 흐름을 동물의 몸에 닿은 당신의 손을 통해 그의 에너지 흐름을 측정할 수 있을지 모른다. 에너지 측정 부분은 이 장의 에너지 밸런싱 테크닉 부분에서 나중에 더 배우게 될 것이다.

　동물의 불편한 수준을 확인하기 위해 당신은 0부터 10까지의 눈금—고통이 없는 것부터 강한 고통까지—을 갖는 계량기를 시각화할 수 있다. 이 방법은 내게는 여러 면에서 소중한 도구였다. 당신이 동물에게 몸의 특정 부위의 고통 수준에 대한 질문을 할 때 마음의 눈으로 계량기의 눈금 바늘이 움직이는 것을 지켜보라. 당신이 펜듈럼을 사용하는 데 익숙하다면 고통 수준을 감지할 때 사용할 수 있다. 펜듈럼을 쥐고 동물의 몸 위로 가져간 뒤 당신의 목적을 정하면 펜듈럼은 시계 방향으로 돌아갈 것이다. 그런 다음 숫자를 세기 시작하라. 펜듈럼이 움직임을 멈췄을 때—예를 들어 '3'에서 멈췄다면—그것이 동물이 느끼는 고통의 정도다.

　나는 이 고통 계량기가 미키를 돕는 데 귀중한 도구가 된다는 것을 알았다. 미키는 1년 간 만성설사병으로 고생하는 요크셔 테리어 종 개였다. 어떤 치료도 잘 듣지 않자 보호자 매들린 카터론은 절망해서 내게 전화를 했다. 내가 미키에게 텔레파시 주파수를 맞췄을 때 나는 그의 불편함이 복부가 아닌 등에 있음을 알았다. 나의 텔레파시 고통 계량기 바늘은 6을 넘어 7을 향해 가고 있었다. 숫자가 매우 높았기에 나는 미키의 척추에 문제가 있다고 의심하고 매들린에게 미키를 카이로프랙터에게 보여 줄 것을 강력하게 권했다.

한편 매들린의 남편 버나드는 아내가 개를 치료하느라 돈을 낭비하고 있다고 확신했다. 모든 수의사들이 충분히 나빴는데 이제는 애니멀 커뮤니케이터와 카이로프랙터란 말인가? 그럼에도 불구하고 매들린은 나의 제안을 받아들였고, 아니나 다를까, 카이로프랙터는 미키의 등이 어긋나 있다고 진단했다. 미키의 심한 설사는 지속적인 허리 통증의 결과였던 것이다.

카이로프랙터가 척추를 바로잡자 1년 동안 병자로 지냈던 미키는 강아지처럼 뛰어다녔다. 설사 증세가 감쪽같이 사라졌음은 물론이다. 말문이 막힌 버나드의 표정은 여러분의 상상에 맡긴다. 그 일 이후로 그는 나의 주말 애니멀 커뮤니케이션 코스에 등록했고, 미키와 이야기하기 시작했다.

동물의 통증 수준을 평가한 다음에는, 음식을 거부한다든지, 물을 많이 마신다든가, 이상한 자세를 취한다든가, 소변을 자주 본다든가 하는 일상생활에서 달라진 것들, 태도나 기분 등 당신이 관찰하여 얻을 수 있었던 어떤 증세에 대해 동물에게 물어보라. 동물이 약을 먹거나 침 등의 치료를 받고 있다면 그런 의료 처치가 어떻게 느껴지는지, 도움이 된다고 믿는지 알아내라. 당신이 동물로 받은 정보는 모두 기록한 뒤 관찰한 내용과 함께 수의사에게 전달하라. 당신이 제공할 수 있는 자세한 사항이 많을수록 더 좋다.

동물병원 방문하기

동물병원에 데려가기 전에 무슨 일이 일어나고 있는지 설명해 주기 위해 조용한 시간을 가지도록 하라. 작은 상자에 갑자기 떠밀려 들어가 차로 옮겨지고, 이상한 소음, 진동, 온도 변화, 도로의 열기에 대응해야 하는 상황을 상상해 보라. 그런 다음 살균된 공간으로 급하게 들어가게 되는데, 그곳은 위협감이 느껴지는 소리와 냄새로 가득하고, 강제적인 신체 검사, 고통스러운 테스트, 주사 그리고 외과 수술까지, 대체 무슨 일이 일어나고 있는지 정신을 차릴 수가 없다. 그런 치료가 대답을 요구할 능력이 있는 사람에게 미칠 스트레스에 대해 생각해 보라. 그러면 이미 연약하고 공포에 질린 동물을 어떻게 더더욱 공포에 질리게 할지 상상할 수 있다. 치료가 필요하다면 동물에게 하나 하나 과정을 설명하라. 당신은 수의사에게 혼자 조용한 시간을 갖도록 요청하고 싶을 수도 있고, 또 수의사 앞에서 동물에게 얘기하는 것이 편할지도 모른다. 동물에게 재확인하라. 하지만 주사가 아프지 않을 것이라는 거짓말은 하지 마라. 사랑과 연민으로 진실을 이야기하라. 이런 상황에서는, 시각화는 동물이 무엇을 기대할 수 있는지를 전하는 매우 강력한 도구가 될 수 있다.

동물을 수의사에게 데려가는 여정을 준비하는 것은 인도적인 일일뿐만 아니라 어떤 필수적인 치료를 더 편안하게 받을 수 있게 한다. 나의 개 제시의 귀에 들어간 뚝새풀을 제거하기 위해 병원에 데려갔을 때 이것을 직접 체험했다. 수의사는 뚝새풀이 귓구멍에 깊이 박힌 것을 발견하고는 이를 제거하기 위해 제시를 마취시키겠다고 했다. 나는 수의사에게 제시에게 무슨 일이 일어날지, 수의사가 제시의 어느 부분을 손을 댈지, 그리고 그것은 느낌이 어떨지 정확히 얘기해 달라고 요청했다. 수의사가 그렇게 한다면 진정제가 필요하지 않을 수도 있었다. 몇 분이 지난 뒤에 제시와 수의사는 대기실로 들어왔다―의사는 만면에 미소를 띠었고 제시는 꼬리를 흔들었다. 수의사가 말하기를, 마취 주사 없이 뚝새풀을 뽑는 동안 제시는 전혀 움직이지 않고 조용히 앉아 있었다고 말했다. 수의사는 이렇게 협조적인 환자는 처음 보았으며, 믿기 어려울 정도라고 했다.

당신은 수의사에게 당신의 동물에게 이야기해 달라고 요청하는 것이 편할 수도 있고 편치 않을 수도 있다. 나머지는 연습을 통해 확실하게 하면, 당신만의 스타일로 동물과 소통하는 것이 효과적일 수 있다.

진단

당신과 동물의 소통은 동물의 문제를 푸는 데 큰 도움이 될 수 있다. 나는 밝혀 내기 어려운 건강 상태에 있는 동물들을 여러 번 만났는데, 그들을 괴롭히는 것이 무엇인지 나에게 충분히 표현해 주어서 수의사가 적절한 치료를 할 수 있었다. 사랑과 통찰력이 있는 사람으로서, '그냥 아는 것'보다 더 나은 증거가 없을지라도, 무엇이 잘못되었는지에 관한 당신만의 느낌을 부정하지 마라. 대부분의 수의사들은 당신이 제공하는 어떤 정보라도 환영할 것이다. 어떤 사람은 당신이 동물에게서 직접적으로 정보를 얻었다는 데 대해 회의적일 수도 있지만 당신이 감지한 것을 공유하도록 하라. 수의사나 다른 사람이 어떻게 생각하든 상관없다. 동물이 아플 때의 목표는 그 동물을 도와서 낫게 하는 것이다. 당신과 수의사는 동물에게 편안함을 제공하기 위해 함께 작업할 수 있다. 결과는 명백해질 것이다. 수의사의 진단과 치료를 돕기 위해 당신이 동물에 대해 아는 사실을 그대로 이야기하라. 당신은 "복부가 좋지 않아요. 통증이 심하고 진통제가 필요해요."와 같이 일상적인 표현으로 정보를 줄 수 있다.

희망을 가지고 언젠가 가까운 미래에는 수의학 대학교에서 대체의학과 애니멀 커뮤니케이션을 기초 트레이닝의 일부로 포함하게 될 것이다. 많은 수의사들은 이미 이런 분야에 손을 뻗고 있다.

동물의 무엇이 잘못되었는지에 관한 한 사람의 직관은 종종 가장 정교한 진단 테스트만큼이나 가장 강력한 도구다. 마장마술 기수인 브렌다 베른하르트는 일년 내내 절뚝거리는 자신의 말 코드 때문에 전화를 걸어 왔다. 최고 수준의 수의사들이 코드의 등이 문제라고 했지만 어느 누구도 고치지 못했다. 코드에게 어디가 문제라고 느끼느냐고 묻자 간단하게 대답했다. "내 어깨."

브렌다가 말했다. "그럴 줄 알았어요! 그게 내가 수의사들에게 말하고 싶어 했던 거예요. 그런데 수의사들은 등이라고 했어요." 그녀는 말과 특별한 유대감으로 연결되어 있었기 때문에 말이 어디가 아픈지 감지할 수 있었다. 심지어 코드는 내게, 브렌다는 언제 자기가 어깨를 다쳤는지, 원인이 무엇인지 확실히 알고 있다고 했다. 일년 전, 브렌다는 코드에게 몇 가지 트레이닝을 시켰다. 코드가 피곤해 보이자 그녀는 훈련을 그만두게 하려다가, 다른 이들의 충고를 따라 훈련을 계속하게 했다. 브렌다는 자신의 판정이 더 나은데도 반대 의견을 뿌리치지 못했고, 머지 않아 코드는 절뚝거리게 되었다. 브렌다는 어느 누구보다도 코드에 대해 잘 알고 있었기에 자신의 직관을 믿을 필요가 있었다.

정당성을 입증하기 위해 브렌다는 말을 데이비스 대학교 수의과 대학병원으로 데려갔다. 그 병원에서 그녀는 코드의 어깨에 대한 정밀 검사를 해 달라고 요구했다. 검사 결과 수의사들은 치료가 필요한 곳은 코드의 등이 아니라 어깨라는 것을 확인했고, 적절한 치료를 마친 뒤 코드는 다시 브렌다와 함께하는 일을 즐기고 있다

고양이의 방광염처럼 흔한 건강 상황들은 진단이 어렵기로 악명

이 높다. 완벽하게 건강하다는 증명서를 병원에서 받아 왔지만 방광염으로 인한 통증을 없애기 위해 소변을 뿌리고 다니는 고양이들을 많이 보아 왔다.

캘리포니아 주 리버사이드에 사는 잔느 트로베는 다섯 살배기 히말라야 고양이 카펠라 때문에 전화를 해 왔다. 카펠라는 2년 동안 집 안에 소변을 뿌리고 다녔다고 했다. 고양이는 방광염과 궤양으로 고통 받고 있었고 다른 고양이들과 상호 교류하지도 않았다. 소변을 뿌리고 다니는 행위는 더욱 더 나빠져서 대부분의 날들을 가둬 놓아야 했다. 카펠라는 나와의 대화에서 목과 척추 그리고 골반 부분이 많이 불편하다고 호소했다. 그는 몸이 편치 않으며, 마른 식량은 지속적인 방광염증에 도움이 되지 않는다고 했다.

카펠라의 방광염은 진단받은 적이 있었지만 해결되지 못했다. 이 케이스에서 수의사가 발견하지 못했던 것은 카펠라의 구조적 문제들 때문이었다. 운 좋게도 잔느는 카펠라의 목, 척추, 골반 부위에 문제가 있다고 확신하는 카이로프랙터를 찾았다. 카펠라는 카이로프랙틱 치료를 받은 뒤로 소변을 뿌리고 다니는 일을 멈췄고 다시 집 안을 유유히 돌아다니게 되었다. 그는 행복해져서 더 활동적이고 더욱 사랑이 넘치는 고양이가 되었다.

일부 트레이너나 수의사들은 밝혀 내지 못한 질병들을 정신병으로 단정해 버리기도 한다. 공격적이고 반항하고 나쁜 태도나 심리 불균형과 같은 행동들은 신체의 기능 장애 및 통증의 증후일 수 있다. 우리는 모든 가능성을 살펴서 확실하게 할 필요가 있다.

뉴멕시코 주 앨버커키에 사는 폴린은 순수 혈통을 지닌 젊은 말 대시 문제로 내게 전화를 했다. 대시는 심신이 엉망으로 파괴되었다. 항상 즐겁게 일해 왔는데, 작년에는 안장이 얹혀 있는 동안 날뛰기 시작했고, 마구간에 있을 때는 머리를 좌우로 흔들어 댔다. 폴린은 대시의 신체에 질병이 있다는 것을 알았지만 농장의 수의사는 문제를 찾지 못했다. 수석 트레이너와 센터 소유주는 심리적인 문제가 있는 말로 낙인 찍어 버렸다.

내가 대시에게 주파수를 맞췄을 때 그의 몸은 기수를 내동댕이치지 않은 게 놀라울 정도로 몸 전체가 엄청난 고통에 잠식 당해 있었다. 대시는 목, 어깨, 골반, 엉덩이의 통증을 호소했다. 폴린은 뻣뻣한 부위와 통증 부위를 정확히 짚어 낼 수 있는 유능한 의사에게 전화를 걸었다. 카이로프랙틱 치료와 침 치료를 받고서야 대시는 자신의 신체 및 삶과 다시 연결된 느낌을 받았다.

경과 모니터링

당신의 동물을 위해 치료가 처방되면 그 치료가 제대로 되고 있는지 확인 징후를 살펴라. 당신의 동물이 나아지지 않는다면 진단이 맞지 않는 것일 수도 있다. 계속 점검하면서 동물이 어떻게 느끼는지 보라. 치료가 긍정적인지 부정적인지 또는 전혀 아무런 효과가 없는지를 물어보라.

　나의 학생 짐은 골든 리트리버종 써니를 걱정했다. 써니라는 이름이 딱 어울리는 그 개는 최근에 성향이 바뀌었다. 먹는 것을 거부하고, 매우 느리게 움직였으며 변에서 피와 점액이 발견되었다. 무기력해진 써니를 보면서 짐은 식욕부진을 걱정했다. 짐이 써니에게 주파수를 맞췄을 때, 그는 같은 메시지를 계속해서 받았다. "기생충."
　짐은 수의사에게 써니에게 기생충이 있는 것 같다고 말했지만, 수의사는 일상적인 검사를 한 뒤 알러지 진단을 내리고 약 처방을 했다. 계속된 치료에도 써니는 나빠지기만 했기에 짐은 다른 수의사에게 의견을 구하기로 결정했다. 두 번째 수의사 역시 짐이 설명한 증상들은 일반적으로 기생충에 의해 일어나는 것이 아니라고 충고하고는 알러지 치료를 권했다.
　써니는 전혀 나아지지 않았고, 짐은 마침내 내게 전화를 걸어 도움을 요청했다. 써니와 함께하면서 나는 애초에 짐이 받은 메시지를 확신했다. 써니는 "기생충"이라고 명확하게 소통했다. 이것의 정당성을 입증하기 위해 짐은 병원에 가서 기생충을 제거하는 약물을 요구했다. 하루도 안 되어 써니는 일상으로 돌아가서 폭풍처럼 먹어댔고 강아지처럼 뛰어다니며 행복해 했다. 동물들은 자신들의 신체에 대해 알고 있다. 그래서 우리는 그들의 소리를 잘 들을 필요가 있다.

어떤 동물들은 처방된 약물에 민감해질 수 있고 과잉 반응으로 고통 받을 수 있다는 사실을 알아 두라.

시카고에서 워크숍을 하고 있을 때, 캐슬린 다니엘과 그녀의 도베르만종 개 사브리나를 위해 가정 방문을 한 일이 있다. 사브리나는 매우 아팠고 4명의 수의사에게 치료를 받았지만 그 누구도 정확한 문제를 진단하지 못했다. 다양한 질병에 필요한 4가지 약물을 복용하고 있었는데, 사브리나는 지나치게 활동적이었고, 몸이 마르며 잠을 잘 수 없었다. 캐슬린은 사브리나를 잃게 될까 봐 두려워했다.

사브리나는 자신의 행동이 싫고, 너무나 많은 약물들이 혼란스럽게 한다면서, 목과 오른쪽 엉덩이의 고통을 호소했다. 캐슬린은 사브리나의 잘못된 디스크와 상태가 좋지 않은 엉덩이가 나타난 X레이 사진을 보여 주며 고통스러운 상태를 확인시켜 주었다.

캐슬린은 수의사에게 약물을 최대한 줄여 달라고 요청했다. 왜 그러느냐는 수의사의 질문에 그녀는 사브리나의 행동이 약물 수치가 너무 높다는 사실을 나타내는 것 같다고 대답했다. 수의사는 다른 배터리 테스트를 수행하기로 결정했고, 그녀의 요구를 받아들였다. 4주 정도가 지나자 사브리나는 극적으로 좋아졌고, 전보다 많이 행복해졌다. 체중이 13파운드나 늘면서 외모도 달라졌다. 이전의 많은 문제들은 약물 과용으로 인했던 것이 맞는 듯싶다.

주요 치료법에 대해 결정하기

동물들의 건강 관리에 대해 중요한 결정을 내려야 할 때 당신은 가능한 한 많은 정보를 알고 있어야 한다. 수의사에게 진단과 치료 옵션, 예후를 충분히 이해할 수 있는 질문을 한 뒤 옳지 않다는 직감을 받는다면 가능성을 보기 위해 그 상황에서 잠깐 동안만이라도 물러서라. 당신에게 시간이 많이 있다면, 다른 의견을 얻거나 치료 옵션에 대해 검색해 보라. 잘 알려져 있는 결정은 항상 최고의 결정이다.

동물들의 치료에 대한 결정을 내릴 때 항상 그들을 포함시키고, 우선적으로 어떤 도움을 원하는지 물어보라. 특히 나이가 많거나 죽을 병에 걸린 동물들의 경우에는 존엄하게 보내 주는 것이 더 인도적이다. 상황이 어떻든 간에, 그 동물은 자신의 건강 관리를 결정하는 데 있어 우선권을 가질 것이고, 그것은 동물에게 이로운 일이 될 것이다. 사람 환자들은 자들의 치료에 적극적으로 개입한다. 결정을 내리고 나서 자신의 질병에 대해 수동적인 '피해자'가 아니라는 느낌을 가지기 때문에 더 빨리 회복된다. 동물에게도 같은 일이 일어나는 것은 놀라운 일이 아니다.

나이 많은 고양이 스쿠터와 미리 의논하지 않았더라면 스쿠터는 자신의 한쪽 귀에 발병한 피부암을 제거하는 수술에서 살아남았을 것 같지 않다. 피부암 진단을 받은 당시 나는 스쿠터에게 수의사들이 권하는 대로 종양을 제거하고 싶으냐고 물었고, 그는 싫다고 했다. 수술을 견뎌 낼 에너지가 없다고 했다. 수의사의 혈액 검사는 스쿠터의 직감을 확인시켜 주었다. 신장이 제 기능을 하지 못하고 있었다.

지난 2년 간 스쿠터는 침·허브·동종요법 그리고 대체의학 치료를 받았다. 종양이 커져서 수술을 다시 고려해야 할 시기가 왔을 때 스쿠터가 "떼 버려."라고 결정했다. 그는 수술을 견딜 만한 에너지가 생겼고 수술에 대해 희망적이라고 느꼈다. 하지만 18세라는 나이는 수술을 받기에 무리였기에 의사는 수술 여부를 결정하기 위해 혈액 검사를 시행했다. 혈액 검사 결과 수의사는 "내가 당신들을 믿어야만 하겠군요."라며 놀라움을 표시했다. "혈액 상태가 그 어느 때보다 좋아요. 2년 전보다 훨씬 좋아졌어요. 스쿠터는 분명히 자기 몸을 잘 알고 있는 거예요!"

스쿠터는 수술에서 살아남았을 뿐만 아니라 빠른 회복 속도는 모든 이를 놀라게 했다. 수술 이후 스쿠터를 방문했을 때, 수술 경험에 대한 스쿠터의 불만은 자기의 나이에 대해 병원에서 모두들 대단하게 생각하는 듯하다는 것이었다. 내가 스쿠터를 돌보는 수의간호사들과 이야기했을 때, 그들은 스쿠터가 18세라는 늙은 나이에 그렇게 잘 해내는 것이 얼마나 놀라운지 모른다고 말했다. 스쿠터는 그러한 사실을 다시 한 번 증명했고, 동물들은 우리의 생각을 듣는다!

대체 의학

사람에게나 동물에게나 서양의학은 더 이상 유일한 치료법이 아니다. 많은 사람들이 자신이 동물에게 대체요법을 시도하고 있다. 전통적인 치료법부터 최첨단 치료법까지 이전보다 더 많은 치료법이 동물들에게 가능해지고 있다. 당신의 수의사가 외과 수술이나 다른 타격이 큰 치료법을 추천할 때, 그것이 생사에 직결된 상황이 아니라면, 극단적인 상황에 가기 전에 가능한 옵션이 없는지 샅샅이 찾아보라. 그 수술이 옵션이라는 것과, 그 성공 가능성을 알아보라. 성공적이지 않다면 당신은 전통적인 치료법을 선택할 수 있다. 내가 스쿠터의 경우에 그랬던 것처럼. 많은 수의사들이 자신의 병원에서 대체 의학적 치료법을 구현하고 탐구하고 있다. 열려 있는 수의사들은 학교에서 배웠던 치료법보다 동물에게 잘 맞는 치료법을 기분좋게 받아들인다. 그들은 서양의학으로 실패했을 때 대체의학으로 동물들을 치료하곤 한다. 나는 모든 형태의 의술들이 최고의 해법을 제공하기 위해 함께 노력할 수 없다는 이유를 도대체 이해할 수가 없다.

바디 워크와 에너지 워크

터치는 사람이나 동물이나 누구에게나 중요하다. 당신의 손길을 타고 전달되는 따뜻함, 부드러운, 사랑, 친밀함은 편안함을 주는 것을 물론 훈련을 통해서 대단한 치료법이 될 수 있다. 마사지와 지압 등을 포함하는 바디 워크의 몇 가지 형태들은 이제 동물들에게도 이용 가능해졌다.

내가 찾아낸 특히 동물에게 잘 맞는 방법은 텔링턴 티터치로, 펠든크라이스라고 부르는 신체의 바디워크에서 유래했다. 린다 텔링턴-존스가 이 치료법을 개발했는데, 이 치료법은 치료사가 동물의 몸을 느긋하고 편안하게 고통 없이 함께 부드럽게 조화를 이루도록 하여 치료하는 방법이다. 다이앤 스타인은 자신의 책 《개와 고양이를 위한 자연 치유법(Natural healing for Dogs & Cats)》에서 이렇게 쓰고 있다; 이것은 평소 습관적이지 않은 동작을 이용하여 뇌로 가는 새로운 신경학적인 통로를 열어 준다. [이것은] 부정적인 행동을 수정해 주고, 거칠거나 반사회적인 동물들을 부드럽게 길들이거나 믿음을 증가시키고 공격성을 줄이고 치료하는 데 경이로움을 선사한다.

텔링턴-존스는 '미로' 또는 '그라운드 워크'라고 부르는 집중력 기술도 만들어 냈다. 지면에 장대들을 다양한 패턴으로 세워 놓고 동물이 통과하도록 하면서 어떤 방식—"한 발자국 전진," "후진" "정지"—을 수행하게 함으로써, 동물이 옛 패턴들을 따르는 대신 자신의 마음을 구체화하고 집중하고 사용하도록 한다. 미로 작업은 동물이 다쳤거나 신경 질환으로 고통받은 뒤 회복하는 데 도움이 되기도 한다.

당신의 동물이 대체요법을 필요로 한다고 느낀다면 당신의 지역에서 대체의학 치료사를 선택해 보라. 훈련이 없이도, 당신은 동물들과 가벼운 바디워크를 수행할 수 있다. 예를 들어, 당신의 동물에게 마사지를 해 주고 싶다면 당신의 직관이 당신을 지도하도록 하라. 동물은 치료와 그 이로움에 대해 감사할 것이고, 터치가 필요한 곳을 당신이 알 수 있도록 도와줄 것이다. 마사지가 적절한 시간에 적절하게 이루어졌다고 해도 가벼운 터치나 에너지 워크는 다른 상황에서 좀 더 이로울지 모른다.

몇 년 전, 나는 모든 예방 접종에 대해 말에게서 도움 요청을 받았다. 그 말은 상상할 수 있는 모든 예방 접종을 한 번에 받았다. 그 말은 너무 아파서 누가 만지는 것을 견딜 수가 없었다. 나는 말의 몸이 모든 약물들을 처리할 수 있게 도울 에너지 워크(기 치료)가 필요하다고 결정했다. 나의 손을 몸에 직접 대는 대신, 손을 몸에서 몇 인치 띄워 그의 몸을 어루만지면서 에너지를 아래쪽으로 움직여서 말이 접지되도록 했다. 내가 마구간을 떠난 지 2시간 이내에 말은 기민해졌고, 밥을 먹고, 인사불성 상태를 빠져나왔다.

당신의 동물의 에너지 흐름의 균형을 돕기 위해 당신이 할 수 있는 몇 가지 간단하고 기초적인 일들이 있다. 이 분야에서 전문가가 되기 위해서는 수년 간의 훈련과 헌신이 필요한 것은 분명하다. 하지만 당신의 동물이 몸이 불편할 때 좀 더 편안해지도록 돕기 위해 이런 훈련들을 시도하라. 나는 동물의 신체의 에너지 흐름을 느끼는 방법을 당신에게 들려줄 것이다. 그런 다음 불균형을 점검하는 방법을 알려 줄 것이다. 그리고 마지막으로 에너지 흐름의 균형을 다시 잡는 방법을 쉬운 용어들로 들려줄 것이다.

에너지의 균형을 잡는 기술

당신은 4장에서 에너지를 느끼는 훈련을 했을 때 두 손을 함께 비비면서 두 손 사이에 살아 있는 에너지를 느끼는 것으로 이번 훈련의 중요한 요소를 이미 경험했다.

1. 방 안에서 당신의 동물과 함께 편안한 의자에 앉아서 명상이나 간단한 호흡법으로 긴장을 푼다. 정지점을 찾았을 때, 두 손에서 열을 발산할 때까지 손을 비벼라. 두 손이 뜨겁게 느껴질 때 손바닥이 서로 마주보도록 하고 공간을 6인치 정도 떼어 놓는다. 그런 다음 아코디언을 연주하는 것처럼 두 손을 더 멀리 떼어 놓았다가 다시 닿지 않을 정도까지 모으기를 반복한다. 당신의 손 사이에 있는 에너지를 느낄 때까지 계속하라. 가볍게 간질거리는 느낌, 따뜻하거나 뜨거운 느낌, 두 손 사이에 서로 끌어당기는 자기력이 느껴질 수도 있다는 것을 기억하라. 당신은 두 손을 컵 모양으로 만들고 자전거 페달을 돌리는 것과 같은 회전 운동으로 두 손을 움직이거나 상상 속의 공 주변을 두 손이 회전하도록 하는 것으로 느낌을 확대시킬 수 있다.

2. 동물의 몸을 만지기 전에 허락을 구하라. 동물이 당신의 도움

을 바라는지 묻고, 만일 바란다면 당신은 진실한 파트너로서 함께 작업할 것이라고 말하라. 당신은 그 동물이 그에게 이런 일을 했다고 느끼기를 바라기보다 그의 협조를 통해 이 일을 할 수 있었다고 그 동물이 느끼기를 바란다.

3. 동물에게 실제로 터치를 하지 않고 당신의 두 손을 그 동물에게서 몇 인치 떨어뜨려 띄운다. 그의 머리부터 시작해서 목, 등, 꼬리로 내려온다. 다음에는 머리의 옆에서 어깨 앞다리로 내려온다. 그런 다음 당신의 손을 어깨부터 시작해서 신체의 측면을 따라 엉덩이까지 가서 뒷다리로 내려오도록 한다. 손 아래에서 무엇이 느껴지는가? 4장에서 했던 훈련에서 당신의 파트너의 약솜구 공에서 느꼈던 에너지처럼 당신은 당신의 동물의 에너지를 경험하게 될 것이다. 아무 느낌도 일어나지 않았다면, 그것은 그 부분의 에너지가 막혀 있거나 흐르지 않다는 것을 의미할 수 있다. 만일 당신이 과도한 에너지를 느낀다면, 그 신체 부위는 너무 많은 에너지를 갖고 있을지 모른다. 당신은 시원한 느낌을 받을지도 모르는데 이것은 그 부분에 순환의 고리가 끊겨 있거나 에너지가 막혀 있다는 것을 의미할 수 있다. 당신이 두 손을 그의 몸 전체 위로 옮겼을 때 당신은 에너지가 막혀 있거나, 너무 많아 넘치거나, 순환의 고리가 끊긴 곳을 가리키는 신용할 만한 지표를 갖고 있어야 한다.

4. 이제 당신은 그 동물의 에너지의 균형을 잡기 위해 비슷한 움직임을 사용할 것이다. 두 손을 동물의 몸 위로 이동시키는데

이번에는 에너지의 흐름의 균형을 잡는 것을 돕기 위한 의도와 함께한다. 당신의 목표는 몸 전체를 통과하는 에너지를 만드는 것이다. 동물의 신체 위에서 느리게 두 손을 움직이되, 항상 에너지를 아래로 이동시키도록 한다. 머리부터 시작해서 목, 등, 꼬리로 이동한다. 그 뒤에 머리의 측면, 어깨, 앞다리로 내려온다. 그런 다음 어깨, 몸의 측면에서 엉덩이 그리고 뒷다리로 내려온다.

두 손 사이에서 나타나는 따뜻한, 열기, 간지러운, 자기적으로 끌리는 느낌을 느낄 수 있을 때까지 이런 동작을 계속 반복한다. 동물의 몸 전체에 흐르는 에너지의 균형이 느껴질 때 당신은 임무를 다한 것이다.

그 동물은 당신이 에너지 워크를 하는 동안 긴장이 풀렸다는 표시를 할지 모른다. 입술을 핥거나, 하품을 하거나, 빨리 곯아떨어질지도 모른다. 동물이 씰룩거리는 것 또한 괜찮다. 중추신경계가 스스로 다시 자리를 잡는 중이다.

당신이 적절하다고 느끼는 한 계속 그 동물과 작업하라. (한 시간 이내로.) 그 뒤로는 동물이 격렬한 운동을 하지 않는 것이 가장 좋은데, 그것은 훌륭한 마사지를 받고 나서 10킬로 달리기 경주를 하는 것과 비슷하기 때문이다. 동물이 편히 쉬도록 하라. 당신 자신에게 에너지를 충전하기 위해 당신의 에너지 레벨에 따라 차가운 물로 두 손을 닦고, 물을 많이 마시고, 긴장을 풀어 주는 목욕이나 샤워를 하라.

당신은 당신의 동물이 식품 알러지가 있는지, 허브나 플라워 에센스가 이로운지 또는 신체 한부분이 불편하거나 약한지 확인하기 위해 근육 테스트를 실행할 수도 있다. 이전 페이지에서 설명한 에너지 워크처럼 간단한 과정인데, 시도해 보고 싶다면 다이앤 스타인의 책 《개와 고양이를 위한 자연 치유법》의 〈플라워 에센스와 애완동물들을 위한 근육 테스트〉 챕터를 참고하라. 다이앤은 그 과정에 대해 완벽하게 설명하며 장점을 알려 준다.

침술과 카이로프랙틱 치료법
앞의 많은 부분에서 설명되었듯이, 침술과 카이로프랙틱은 많은 동물들에게 놀라움을 안겨 주었다. 특히 그들이 이전에 잘못 진단 받았거나 질병 여부를 알아차리지 못했을 때 더 그랬다.

캘리포니아 주 엔시니타스에 사는 캐리 폰은 아홉 살배기 그레이트 대인종 개 브렌다 문제로 내게 전화를 했다. 브렌다는 거의 2년 동안 복부에 문제가 있었고, 한 달 동안 고창증으로 인한 두 번의 장세척과 두 번의 수술을 견뎌냈다. 이제 수의사들은 브렌다에게 심장 문제도 있다고 걱정했다. 일련의 X레이, 심전도 검사, 내시경 검사, 혈액 검사 등을 통해 심장에 아무 문제가 없다고 밝혀졌는데도 브렌다는 빈혈이 있었고 혈변을 보고 있었다. 4,200달러를 들이고 두 번의 수혈을 받은 뒤 브렌다는 해방되었지만 그럼에도 불구하고 수의사들은 아직도 브렌다에게 무슨 문제가 있는지 알지 못했다. 브렌다는 생기가 없어 보였고 계단을 올라갈 때 힘겨워하기 시작했다.

브렌다와 이야기했을 때, 나는 브렌다의 어깨 윗부분 주변이 막혀 있음을 느낄 수 있었고, 장기들 중 많은 수가 적절한 신호를 받지 못하고 있음을 느꼈다. 나는 캐리에게 브렌다를 카이로프랙터와 침술사에게 데려가 보라고 제안했다. 카이로프랙터도 브렌다의 어깨 윗부분 쪽이 푹 꺼져 있다는 것을 눈치 챘다. 그 부분은 심장과 폐를 관장하는 부분이다. 척추 교정과 침 시술을 받자 브렌다는 다시 예전 발걸음을 되찾아 뛰어오르고, 다른 개들을 쫓아다니고 함께 놀았다. 결국 브렌다가 받은 모든 강제적인 검사들이 그녀의 증상들을 경감시키는 데 아무 역할도 못했다는 것이 얼마나 놀라운가.

치료하는 애니멀 커뮤니케이터들

어떤 사람들은 자신의 동물들의 질병이나 행동에 너무 놀라 어찌할 바를 모른다. 일반적으로, 그들은 제일 먼저 수의사나 트레이너의 도움을 구하고, 그 다음으로 그 병이 맞는지 아닌지를 확인해 나가는 과정을 통해 자기 자신을 소진시킨다. 해답을 찾아내지 못하게 되어서야 애니멀 커뮤니케이터들을 찾는다. 다음의 사례에서는 아무도 이 동물의 문제가 신체적인 것인지 생각하지 못했다. 그들은 말이 머리에 모든 문제가 있다고 가정했다. 내가 그 말에게 실제로 무슨 일이 일어나고 있는지를 알아내서 트레이너에게 정보를 전해 주었을 때만이 그 동물과 그의 사람을 도울 수 있었다.

잘 알려진 경주마 니콜라스는 경주를 하는 동안 머리를 왼쪽으로 꺾어서 꼭 코 하나 차이로 졌다. 그의 트레이너와 소유주는 그 문제를 해결하기 위해 고심했다. 니콜라스가 머리를 곧게 펴고 뛸 수 있다면 우승할 것이 분명했다. 그들은 한데 모여서 무엇이 문제인지 추측했고, 특별 관람석에 날리는 깃발과 현수막을 두려워하는 것이라고 결론지었다. 왜 그는 그의 머리를 다른 방향으로 돌릴까?

니콜라스는 전혀 그런 것이 아니라고 했다. 니콜라스는 두렵지 않았다. 대신 니콜라스는 고문 받는 것 같은 고통이 있었다. 목이 너무 아파서 머리를 안쪽으로 당긴 채 뛰어야만 했던 것이다. 그 고통을 경감시키기 위해서 바디 워크는 필수적인 해법이었다. 내가 고통이 집중된 곳을 만졌을 때, 그는 이빨을 드러낸 채 고개를 돌렸다. 나는 그 고통이 얼마나 컸을지 이해한다고 말해 주고는, 나를 믿고 함께 작업을 할 수 있도록 허락해 준다면 편안함을 느끼게 될 것이라고 말했다. 내가 다시 손을 대자 니콜라스는 엄청난 혼란을 느끼며 나를 바라보았고, 에너지가 천천히 목에 안정하기 시작하자 머리를 지면 가까이까지 내렸다. 고통이 많이 완화되자 나의 도움에 대해 감사했다. 사람들은 니콜라스가 머리를 곧게 편 채 피니시 라인을 1등으로 들어왔을 때 안도하고 기운이 났다. 니콜라스의 1등은 그들을 수천 달러만큼 행복하게 만들었다.

애니멀 커뮤니케이터들은 진단하는 데 필요한 능력은 없지만 동물이 어떻게 느끼는지를 정확하게 알아낼 수 있다. 그 능력은 수의사가 진단을 명확히 하고 새로운 치료법을 설정하는 데 도움을 줄 수 있다. 당신의 동물이 아파 보이거나 평상시와 달리 행동한다면 신체적인 질병을 배제하기 위해 가장 먼저 수의사에게 항상 확인하라. 나는 동물을 대신해서 정보를 받는 것을 환영하는 독특한 수의사들을 자주 권한다. 캘리포니아 주 셔먼 오크스에 사는 낸시 스캔란 박사는 나에게 "당신의 작업은 나에게 실질절인 도움을 주고 진단을 마무리하는 데 필요한 정보들을 제공하며 치료법을 미세 조정하는 데 도움을 줍니다."라고 말한다.

당신이 실제로 경험한 동물과의 파트너십 감정은 동물 치료 과정에서 큰 도움이 된다. 동물들의 음성은 대개 잃어버린 고리다. 당신은 수의사나 당신 스스로 얼마나 많이 이런 말을 들었는가. "동물이 말을 할 수 있다면……." 당신의 텔레파시 기술로 당신의 동물의 음성을 들으면 해결책이 될 수 있다.

10
반려동물의 죽음 대면하기

우리가 반려동물과 나눈 관계는 어떤 것에도 비할 수가 없다. 동물들은 우리를 감정적·영적으로 지지하며, 장애가 있는 사람들은 동물들에게 신체적인 도움까지 받는다. 동물들의 무한한 사랑은 우리를 시큐리티 블랭킷(어린아이가 안전감을 느끼기 위해 갖고 다니는 어릴 때 쓰던 담요—역주)처럼 우리를 감싸 주며, 좋을 때나 힘들 때나 우리를 도와준다. 진실은 지독하게도 부당한 듯하다. 동물들의 수명은 우리보다 많이 짧아서 죽음이 불가피하므로, 언젠가 우리는 그들의 죽음에 대처해야만 할 것이다.

이번 장에서는 약간의 연구와 준비, 텔레파시 소통이 어떻게 당신의 동물이 무지개 다리(생과 사의 경계)를 건너가는 것이 좀 더 부드럽고 덜 무섭고 존엄한 전이가 되도록 하는지 알려 주려고 한다. 이 장의 몇몇 의견들과 개념들은 당신에게 새로운 일일지도 모른다. 그것들은 당신이 자라 온 방식이나 당신의 신념 체계에 도전이 될지도 모른다. 나는 그곳에 하나의 사랑스러운 우주의 실이 있어 우리의 많은 관점들을 함께 짜 나갈 수 있다고 생각하고 싶다. 이 장에서 나의 의도는 동물들이 나에게 밝혀 준 내용들을 당신과 함께 나누고 싶다는 것뿐이다.

우리의 사회는 우리의 마지막 숨을 쉬는 그날, 그리고 우리의 신체를 떠나는 것을 '죽음'이라고 칭하는 것이 흥미롭다. 나는 거기에는 죽음이 없다고 믿는다. 단지 다른 삶의 단계로의 전이가 있을 뿐이라고 믿는다. 그러나 죽음이란 용어는 우리에게 익숙한 단어이므로 나는 이 책에서 그 용어를 사용한다. 닐 도널드 월시는 자신의 책 《신과의 대화: 비범한 문답》에서 이렇게 말한다.

> 모든 것은 항상 살아 있다. '죽음'이란 것은 없다. 그런 상태의 존재는 없다. 그 형태가 새로운 형태(새로운 물리적인 형태)로 바뀔 뿐 항상 살아 있다. 그 형태는 살아 있는 에너지, 생명의 에너지로 항상 충만하다.

사랑하는 누군가의 죽음은 우리가 인생에서 직면할 수 있는 자연스럽고 고통스러운 '통과의례'이며 반려동물의 사망은 특별히 어려운 일이 될 수 있다. 그 시간이 올 때까지, 소수의 사람들만이 동물의 시신을 이떻게 해야 할지 알고 있고, 매장, 화장, 다른 기능한 옵션들이 무엇인지 알고 있다. 우리들 중 많은 사람들은 동물의 삶을 끝내기 위한 결정에 직면할 것이다. 그 결정은 심오한 책임이다. 동물의 사망은 우리 자녀들이 경험하는 제일 첫 번째 죽음인 경우가 많으며, 이 경험은 자녀들을 안정시키고 설명하기 위해 우리만의 복잡한 감정들과 맞붙어 싸우게 만든다. 동물들은 인간이 가족이나 친지 또는 친구들을 잃었을 때 의지하는 영적인 편안함과 사회적인 지지 없이 우리를 떠나 버리며, 격식을 갖춘 장례식도 확립되어 있지 않다. 동물의 죽음이라는 크나 큰 상실은, 대부분 우리가 혼자 도맡아야 할 것이라고 느끼게 된다.

이제 운이 좋게도 우리는 그럴 필요가 없다—우리의 동물들은 어려운 의사 결정 과정에 참여하여 우리를 도와준다. 왜냐하면 동물들은 우리가 자연의 순리를 대하는 것보다 더 조화로우며, 죽음의 필연성을 더 잘 받아들이기 때문이다.(살아 있는 어떤 생물에게도 죽음은 편안하게 다가오지 않는다) 우리가 그들을 위해 우리 자신들에게 하는 만큼 주의 깊게 준비(죽음을 부인하는 것을 극복하고, 우리의 슬픔을 달래고, 적절한 준비를 하는 것)하는 것은 당연하므로 우리는 마음을 열고 존엄하게 떠날 수 있도록 동물들을 지지할 수 있다.

동물들은 죽음을 어떻게 바라보는가

사람들에게 죽음은 가장 무지한 분야로, 이런 무지한 부분에 대한 공포는 고통을 유발한다. 이런 고통은 특히 죽음 뒤에는 삶이 없다고 믿는 이에게 격렬하다. 영혼이 있어서 죽음 뒤에도 계속 삶이 있다고 믿는 사람들이나 삶이 돌고 돈다고 믿는 사람들은 삶을 윤회로 보는 것으로 편안함을 느낀다. 알버트 아인슈타인은 "당신은 에너지를 죽일 수 없습니다. 삶이 시작도 아니고 죽음이 끝도 아닙니다."라고 말했다.

동물들은 죽음의 공포가 없다. 그들은 삶의 자연적인 리듬을 이해하고 기대한다. 그들 자신의 죽음까지도 포함해서 말이다.

아래의 시는 패트리샤 N. 올슨 박사(수의학 박사이자 시각 장애인을 위한 안내견 훈련 시행 부서장-역주)가 쓴 것으로, 나의 워크숍에 온 고객 한 분이 알려 주었다. 나는 이 시가 동물들이 죽음을 어떻게 보는지에 관해 뚜렷하게 소통한 결과라고 믿는다.(여기서 신이란 단어는 당신의 종교에서 가장 높은 존재로 해석하라.)

그리고 신은 고양이의 영혼에게 물었다
집으로 올 준비가 되었느냐?
오, 네, 아주 많이요, 고귀한 영혼에게 답했다.
그리고, 저는 고양이로서, 제 스스로 무엇이든
결정할 수 있다는 것을 당신께서도 아시죠.

그러면 오겠느냐? 하고 신이 물었다.
곧, 구렛나룻이 난 천사는 답했다.
하지만 저는 천천히 가야만 해요.
나의 인간 친구들이 고통스러워하기 때문이에요.
당신께서 아시다시피, 그들이 나를 필요로 한다는 것이 확실하기 때문이죠.

하지만 그들은 이해를 못하느냐? 하고 신이 물었다.
그 때문에 그들을 절대 떠나지 않을 것이냐?
그 때문에 너의 영혼이 얽히게 된다 하여도? 영원히 그렇게 된대도?
그것은 창조되는 것도 파괴되는 것도 아니지 않느냐?
그것은 그냥 …… 영원히

결국에 그들은 이해하게 될 것입니다.
훌륭한 고양이가 대답했다.
나는 그들의 마음에 속삭일 것이기 때문이에요.
나는 항상 사람들과 함께한다고
나는 그냥 영원히 함께한다고

나는 동물들과 죽음에 대해서 이야기할 때, 그들이 영혼을 갖고 있다는 것은 분명한 사실이다. 동물들이 죽음에 대해 설명하기 위해 내게 보내 준 이미지들은 지퍼가 열려 있는 재킷과 단추가 풀려 있는 스웨터였다—한 껍데기를 지나서 다음 껍데기로 가는 것은 옷을 벗는 것만큼이나 쉽다는 것을 내포하고 있다. 그리고 많은 사람들이 사람의 환생을 진실이라고 믿는 것처럼 어떤 동물들은 물질계로 돌아가려는 이유를 갖고 있다면 환생을 선택한다.

죽음에 관해서 동물들에게 받은 소통 중 많은 부분이 그들의 사람 친구들에 대한 걱정을 반영한다. 동물들은 가족에 대해 책임감을 진지하게 갖고 있어서 사람 친구들이 동물들을 보내 줄 준비가 되었다는 사실을 알게 될 때까지 엄청난 고통 속에서도 삶을 지속하는 경우가 많이 있다.

    나는 이런 강한 헌신을 발로리 클라이만의 17살 된 라사 압소(애완용의 작은 테리어종 개)종 개 오지에게서 보았다. 오지는 등에 문제가 있어서 걸을 수 없었고, 조금밖에 먹지 못했으며 요실금 증세가 있었다. 수의사는 발로리에게, 오지의 질병은 나빠지고 있으며 안락사 여부를 생각해 보라고 말했다. 발로리는 내게 전화를 걸어서 안락사 문제에 대한 오지의 느낌을 알아보는 것을 도와달라고 했다. 가족들은 오지의 바람을 존중하기 원했다.
    내가 처음 오지를 만났을 때, 오지는 침대에 누워 있었는데, 거의 죽은 것처럼 보였다. 오지의 몸 아래에 손을 넣어 살짝 일으켜 세웠더니 바로 털썩 주저앉았다. 스스로 앉아 있기조차 어려울 정도로 약해져 있었다. 발로리는 내게, 자기 친구들이 오지를 위해 안락사를 권유하고 있다면서, 오히려 오지를 살려두는 것이 오지를 불행하게 하는 이기적인 일이 아닌지 걱정된다고 말했다. 나도 같은 생각을 하던 중, 오지에게 "갈 준비가 되었니?"라고 물어보니 "아니. 나는 아직 내 일을 다 끝내지 못했어."라는 대답이 돌아왔다.
    기 치료 기술을 이용해서 손으로 오지의 몸을 스캔해 보니 에너지 불균형이 심했다. 나는 오지를 더 편안하게 해 주기 위해서 발로리에게 매일 오지의 신체 에너지 균형을 잡는 방법을 알려 주었다. 발로리는 오지와 주파수가 잘 맞았기 때문에 바로 알아들었다. 발로리는 오지에게 기 치료를 해 주면서, 자신이 작년에 뇌졸중을 앓았으며, 그 때문에 신체에 부분적인 마비가 왔다는 사실을 알려 주었다. 걷는 법을 다시 배워야 했는데 아직도 몸 왼쪽을 끌고 다닌다고 했다. 그것이 오지가 아직 떠날 준비가 안 되었다는 이유임을 깨달은 발로리는 오지에게 바로 내용을 확인했다. 오지는 자기가 사랑하는 사람이 완전히 회복되기 전까지는 무지개 다리를 건너갈 수 없었던 것이다. 오지는 그녀에게 힘과 용기를 주기 위해 그녀의 곁에 남아 있기를 바랐다. 그동안 그녀를 안내해 주는 불빛이었으므로.

내가 방문했던 것은 목요일이었는데 일요일이 되자 발로리가 내게 전화해서 기적이 일어났다고 말했다. 오지가 뒷마당을 뛰어다니고, 규칙적으로 먹고, 문가에서 기다리고 가족들이 집에 올 때마다 꼬리를 흔든다고 했다. 안락사를 시킬 뻔했던 그 동물이라고는 믿기 힘들 정도였다. 이것은 반려동물이 무지개 다리를 건너갈 때가 되었는지를 직접 당사자와 상의하는 것이 얼마나 중요한지를 보여 준다. 오지는 1년을 더 살았고, 가족들이 오로지 사랑으로 보내 줄 준비가 되었을 때 평화롭게 떠났다.

마음의 준비

죽음을 대하는 법은 삶을 대하는 것만큼이나 중요하다. 날마다 우리는 우리의 기질을 형성하는 선택과 도전에 직면한다. 신체에서 영혼으로의 전이는 가장 어려운 도전일 수 있으며, 죽음에 직면하면 우리의 존재 형태는 바뀔 수 있다.

나이 든 징후나 우리가 원치 않는 진단을 받아들이기가 아직은 쉽지 않다. 그게 우리 자신이든, 우리가 사랑하는 사람이든 동물이든 말이다. 가장 일반적인 최초의 반응은 부정이다. 전혀 대면하고 싶지 않은 선택. 만일 동물이 아프다는 사실을 받아들이지 않는다면 당신은 동물이 무지개 다리를 건너갈 때 패닉 상태에 빠져 계획 없이 행동하게 될 것이다. 고려해야 할 것과, 하루 안에 내려야 하는 결정과, 표현하기 힘든 감정이 치밀어 오를 것이다.

당신의 동물에게 곧 다가올 죽음을 둘러싼 감정적인 문제와 실질적인 문제에 대해 모두 준비한다면 당신은 동물의 마지막 몇 주 또는 며칠을 의미 있게 보낼 수 있다. 당신의 동물과 이야기함으로써, 그의 바람, 그를 존중해 주고 지지하며 돌봐주는 것에 대해 알게 될 것이다. 작별 인사를 해야 하는 순간이 오면 당신은 마무리된 느낌을 받게 되며 고통과 슬픔을 다룰 준비가 되어 있을 것이다.

여기에 이런 과정에 눈을 뜨고 마음을 열고 접근하는 방법이 몇 가지 있다.

1. 당신의 동물이 아프고 도움이 필요한지 인식하기를 꺼리지 말라. (이 논점은 〈동물에게 무지개 다리를 건너야 할 시간이 다가오고 있는지 판단하기〉섹션에서 더 충분하게 토론된다.) 수의사의 진

단과 치료에 대해 확신을 갖고 있는지 확신하라. 그게 아니라면 다른 의견을 더 구하라.

2. 당신의 가족들과 함께 현재 상황에 대해서 논의하라. 저마다 자신의 동물 친구의 사망에 대해 요구하는 것이 다르므로, 가족 구성원이 제각각 아는 것이 중요하다. 동물의 사망은 종종 어린이가 경험하는 첫 번째 죽음일 수 있으므로 죽음을 인생의 자연스러운 부분으로 다루는 것이 중요하다.

당신은 마지막 인사를 하기 위해, 반려동물의 오래된 사진이나 동영상을 보거나, 매일 밤 특별한 초를 밝히거나 그 동물의 삶이 실린 스크랩북을 가족끼리 만드는 작업을 하거나 하는 일종의 의식을 진행하고 싶어 할지 모른다. 이런 일에 대해서 당신의 동물에게 정보를 구하라. 장례식 이후에 파티를 열라고 할 수도 있고, 관 속에 자신이 좋아했던 담요를 넣어 달라고 할 수도 있다. 이런 식의 제안들은 〈반려동물과 함께 준비하기〉 섹션에서 논의된다.

3. 그의 몸을 떠나는 것을 돕기 위해, 필요한 경우에는 안락사 과정을 조사하라. 당신의 수의사는 그 과정에서 당신이 선택할 수 있는 것에 대해 설명해 줄 수 있을 것이다.(〈안락사에 대한 질문들〉을 보라.) 당신의 동물에게서 얻은 정보로 안락사 장소를 결정해야 할 것이다. 다시 한 번 강조하지만, 가족 구성원 각자가 안락사에 대한 생각과 선호하는 방식에 대해 진지하게 이야기를 나누는 것이 중요하다.

4. 당신의 동물을 위한 마지막 정리를 할 때 당신이 선택한 것들을 점검하라. 의문이 드는 부분은 수의사와 함께 의논하라. 당신에게 도움이 될 책과 단체를 찾을 수 있고, 애완동물 묘지와 화장터 위치, 화장에 관한 정보, 동물을 위한 기념물이나 영감을 주는 선물 카탈로그를 찾을 수 있다.
5. 이제 당신의 신념 체계에서 정의된 죽음을 받아들이는 시간이 되었다. 많은 단체들이 반려동물의 죽음과 슬픔에 대한 정보와 안락사와 관련된 정보를 제공한다. 반려동물의 죽음을 겪은 사람들을 지지해 주는 그룹들도 있고, 애완동물 죽음 핫라인도 운영되고 있다. 책 뒷부분 목록을 참고하라.

안락사에 대한 질문들

● 안락사에 사용되는 방법들은 무엇이 있을까? 가장 자주 시행되는 것은 주사를 놓는 것으로, 몇 초 안에 떠나게 된다. 먼저 당신의 동물이 진정제 주사를 맞도록 결정할 수도 있는데 진정제는 당신이 마지막 인사를 할 수 있는 시간을 갖게 해 준다. 이 방법은 공포와 불안함을 줄여 주고 동물과 가족 모두에게 존엄하고 부드러운 분위기를 갖도록 해 준다. 수의사에게 안락사 방법과, 그것을 추천하는 이유를 물어보라. 어떤 종류의 약물이 들어가는지, 투여 방법은 어떠한지, 동물에게는 어떤 반응이 일어나는지 등등 세세한 부분까지 확실히 해 두라. 그래야 당신과 가족들은 정확한 정보에 근거한 결정을 내릴 수 있다. 그런 다음 가장 편안하게 느껴지는 방법을 선택

하고, 당신의 생각을 의사에게 표현하라.

● 그 과정은 어디에서 이루어지게 될 것인가? (당신의 동물이 좋아하는 곳이 있는지 알아 두라. 동물병원에 가기를 바라는가 아니면 당신의 집으로 수의사가 오기를 바라는가?) 수의사는 당신의 동물을 안락사 시키기 위해 당신의 집으로 와 줄 수 있는가? 아니면 당신 지역에 이동식 동물 병원 서비스가 있는가? 수의사는 보조를 데려오는가 아니면 혼자 오는가? 수의사가 보조 없이 온다면 당신에게 도움을 요청할 수도 있다. 당신이 해야 할 일이 무엇인지 물어보라.

● 당신의 가족은 그 과정을 함께할 수 있는가? 이것이 당신에게 중요하다면 수의사에게 당신의 바람을 알리고 부탁을 들어줄 수 있는지 확인하라. 당신을 위해 수의사는 당신의 가족이 프라이버시를 지킬 수 있도록 업무 시간 이후로 스케줄을 잡아 줄지도 모른다. 또한, 어떤 위급 상황이 발생할 수 있는지에 대해서도 질문하라. 어떤 수의사들은 목숨을 구하기 위해 노력하는 동안이나 계획에 없던 안락사를 시키는 동안 보호자가 곁에 있는 것을 좋아하지 않는다. 당신은 수의사가 당신이 받아들일 수 있는 규칙을 갖고 있는지 미리 확인할 필요가 있다. 동물이 당신이 함께 있기를 원하는데도 마지막 숨을 쉬는 동안 함께하지 못하는 것보다 더 충격적인 일은 없다.

당신은 그 과정 동안 그 공간에 있기를 싫어할지도 모른다. 하지만 나는, 모든 존재는 죽음의 시간이 다가올 때 사랑하는 존재 가까이에 있어야 한다고 생각한다. 이것은 매우 개인적인 결정이다. 당신은 당신의 동물과 함께 미리 인사를 나누고 그 방을 떠난 뒤에 텔레파시로 소통할 수도 있다. 멋진 곳에 있는 당신의 동물의 이미지를 보내라. 당신의 동물을 사랑스러운 하얀 빛이 감싸 주는 평화로운 곳으로 보내라. 대부분의 수의사들과 동물병원 직원들은 동물이 평화로운 죽음을 맞도록 최선을 다한다. 만일 당신이 동물의 안락사 과정 중에 동물 곁에 머무르기 원치 않는다면 수의사와 이야기하라.

● 동물의 시신은 어떻게 할 것인가? 당신이 사는 도시에서 법적으로 허용하는 범위가 있는데, 집에 매장하는 것, 공동묘지에 매장하는 것, 개별적인 화장 또는 공동 화장 등이 포함될 것이다. 수의사에게 각각의 방법들이 수반하는 것에 대해 물어보라. 위생적인 예방 조치에 대해서도 확실히 논의해 두어라. 동물을 운반하는 수단, 절차, 조치하는 사람 등을 자세하게 물어보라. 당신이 시신을 다루는 것을 맡을지, 가족이나 친구들이 할지를 확실하게 결정하라.

동물에게 무지개 다리를 건너야 할 시간이 다가오고 있는지 판단하기

죽음은 사건이라기보다는 과정에 더 가깝다. 동물은 단계적으로 삶에서 물러나게 될 것이다. 어떻게 동물이 갈 때가 됐는지를 알 수 있을까? 많은 사람들은 이 시기를 괴롭게 알아낸다. 왜냐하면 병이 들었는데도 동물은 여전히 사랑스러울 수 있고, 감정을 조절하여 겉으로는 행복해 보일 수 있기 때문이다. 또는 한 발은 이승에, 한 발은 저승에 두고 어찌할 줄 몰라 할 수도 있다. 동물이 이승을 떠나면서 도움을 필요로 할 때를 어떻게 알 수 있을까? 중대한 선택의 기로에서 올바른 결정이라고 확신할 때까지 당신은 불편함을 느낄 것이다. 다음은 동물들의 기력 감퇴 증상에 관한 정보로, 동물의 노환과 호스피스 케어를 전문으로 하는 수의사 티나 엘렌보겐 박사의 조언과 정보로 계발된 것이다.

사람들은 동물이 극심한 고통을 겪거나 걷지 못할 때 또는 실금하는 것을 알아챘을 때, 동물의 삶의 질이 저하됐다고 여기고 동물을 안락사시킬 때가 왔다고 추정한다. 엘렌보겐 박사는 그 지점에서 멈추고 현실을 점검해 보라고 조언한다. 동물들이 나타내는 증상을 죽어 가는 과정의 한 부분으로 단정하지 말라. 잘 치료될 수도 있으므로 수의사에게 정밀 검사를 확실하게 받도록 하라.

예를 들어, 엘렌보겐 박사는 만성적인 신부전을 겪는 고양이들은 수년 동안 사는 게 가능하다고 말한다. 신부전 단계에서는 항상 신체의 독소 수치가 높은데, 이것은 동물을 안개 속에 있는 것처럼 느끼게 할 수도 있으며, 비틀거림이나 노망 증상이 나타날 수도 있다. 동물은 자신을 현실로 돌아오게 해 주는 부드러운 터치와 부드러운 암시를 필요로 한다. 엘렌보겐 박사는 이런 고양이들은 안전한 공간에 두라고 제안한다.

갑상선 기능 항진증에 걸린 고양이들은 방향감을 잃은 듯이 밤에 자주 울부짖는다. 그들에게 방향 설정을 새로 하도록 시간을 주면 괜찮아진다. 치명적이지 않은 만성적인 질병을 갖고 있는 동물들은 더욱 더 보살핌이 요구된다.

당신의 수의사가 동물이 마지막 단계에 있는지 또는 치료할 수 없거나 무능력한 상태인지를 확언했을 때(그리고 당신이 다른 수의사에게도 보강할 만한 의견을 듣고 만일 그게 당신의 선택이라면), 그때는 다음 단계는 무엇이야 하는지에 동물과 텔레파시로 확인해야 한다. 이 장의 다음 내용의 〈당신의 동물들과 준비하기〉에서 물어봐야 하는 구체적인 질문들이 나타난다.

기력 감퇴의 표시들
신체적으로 약해진 동물들은 잠을 많이 잔다. 식욕은 떨어지고, 체온이 낮게 느껴지기도 한다. 호흡이 곤란하거나 불규칙적이고, 침착성을 잃고, 흥분하게 되며, 더 시끄러워지거나 당황하게 될 수도 있다. 좋은 날도 있고 나쁜 날도 있다. 당신은 동물이 이런 전이를 겪을 때 하루하루를 있는 그대로 받아들여야 할 필요가 있다.

치료와 목숨을 구하는 방법을 평가하는 데 있어서, '동물을 위해 당신이 얻어낼 시간' 대 '그 시간의 질'을 고려하는 것은 중요하다. 동물의 평안, 존엄, 바람을 고려하라. 그 과정은 지혜로우며 충분히 그를 존중하고 있는 것인가?

동물의 신체가 약해지기 시작하면 신체는 결국 이승에서의 자신을 놓아 버려야 할 것이다. 지금은 이런 식의 자아 비판을 할 때가 아니다; 신약에 대해 내가 알았더라면 어땠을까? 수의사에게 빨리 데려갔더라면 어땠을까? 그랬다면, 그랬다면, 그랬다면? 이 시점에서는, 이것만큼은 확실하다; 당신의 동물이 떠날 때가 오면 당신은 운명을 거스를 힘이 없다는 것이다. 어떤 약이나 절차나 마법도 당신의 동물이 죽을 준비가 되었다면 멈출 수 없다. 급진적이고 강제적인 과정은 제쳐 놓고, '보완적인' 치료를 통해 당신의 동물이 가능한 편안해지도록 하는 데 집중해야 할 시간이 올 것이다.

동물이 갈 시간이 되었는지는 당사자인 동물에게 물어보는 것이 가장 좋다. 이때가 당신의 텔레파시 기술이 필수적인 때이며, 이 기술은 당신이 상황을 명쾌하게 볼 수 있게 해 주고, 마음의 평화를 주고, 당신의 동물의 바람을 당신이 존중해 주도록 돕는다. 동물의 물리적인 고통과 통증 수치의 심각함을 알기 위한 질문이 필요할 것이다. 동물은 의학적 치료를 더 받고 싶어 하는가 아니면 기분이 나아지기 위해 다른 도움을 바라는가? 또는 저승으로 가기 위해 준비하는 중인가? 질문을 구체적으로 하라. 당신은 동물이 자신의 몸을 어떻게 느끼고 있는지를 자세하게 알아야 한다.

동물들이 떠나기 임박해서 어떤 생각의 과정들을 겪는지를 알기 위해, 여기에 동물들이 자신의 보호자에게 보내는 몇 가지 직접적인 메시지가 있다.

나는 내 몸이 파괴되는 것에 몹시 화가 나요. 아무리 상상의 나래를 펴도 나는 갈 준비가 안 되었어요. 몸이 딱 하고 끊어질 정도까지 최대한 잡아 늘인 고무밴드처럼 느껴질 때까지 기다릴 거예요.

내 몸은 쇠약해지고 있지만 나는 아직 여기에 있어요. 당신이 할 수 있는 한 나를 데리고 있어 줘요. 나는 정말 당신 곁을 떠나고 싶지 않아요. 나는 당신에게 묶여 있어요, 빨랫줄에 붙어 있는 빨래집게처럼. 원한다면 파티를 열어요. 다만 나의 건강한 인생을 위해 건배하기 위해서여야만 해요.

나는 때때로 매우 졸리고 무거운 느낌을 받아요. 종종 일어나기가 어려워요. 일어날 때 도움이 필요해요. 당신은 나의 신음소리에 익숙하죠. 나는 당신을 너무나 사랑해요. 우리는 자매 같죠. 나는 더 많이 머무를 수 없어요. 너무 어두워지고 너무 무거워지기 때문이에요. 나는 내 갈 길을 가고 싶어요. 그 길이 괜찮다는 것을 나는 알고 있어요.

당신은 여전히 나의 얼굴이 맘에 들지 않나요? 내가 얼마나 예쁜가요? 우리는 모두 부드럽고 상냥하죠. 나는 내 몸에서 일어나고 있는 일이 맘에 들지 않아요. 당신과 함께 있고 싶기 때문이죠. 우리는 훌륭한 친구죠. 내가 싫어하는 것은 호흡과 내 목 주변에 느껴지는 압박감이에요. 마치 익사하는 것 같아요. 나는 그게 싫어요. 할 수 있는 한 오랫동안 이것을 기꺼이 견뎌낼 거예요. 때가 되면, 나는 내 몸이 그저 잠이 드는 건지 확신할 수 없어요. 나는 당신이 나를 도와줄 것이라고 믿어요. 그 때문에 수의사에게 가는 건 좋아요.

당신의 동물들과 준비하기

당신이 동물에게 할 수 있는 모든 것을 다했고, 동물이 가장 편안하도록 만들어 준 때가 떠나감에 대해 이야기할 시간이다. 당신이 했던 일 가운데서 가장 어려운 일일지 모르지만, 당신의 동물의 바람, 느낌, 죽음에 임박하여 필요로 하는 것들에 대해 동물과 함께 확인함으로써 당신은 동물과 함께 지내 왔던 삶과 당신의 동물을 존중하게 된다.

동물이 가장 편안하게 여기는 곳에서 함께 조용하게 앉아라. 당신은 슬프겠지만 그것도 괜찮다; 당신의 동물은 당신의 사랑과 관심을 느낄 것이다. 심호흡을 하거나 명상을 하는 시간을 잠시 갖는다. 당신의 정지점을 찾은 다음 당신의 동물에게 당신의 마음을 열고 접속을 느껴라. 한동안 그 느낌과 함께 있어라. 준비가 된 느낌을 받으면, 다음 질문들을 당신의 동물에게 함으로써 당신의 동물이 이 전이 과정을 부드럽고 사랑과 연민으로 통과하도록 도울 수 있다.

- 나는 네가 갈 준비가 되었는지 알아야 해. 어떤 표시를 내게 줄 건지 내게 알려 주겠니?
- 내 스스로 떠나갈 수 있다고 느끼니? 아니면 도움이 필요하니? (도움이 필요하다고 한다면 동물이 그 도움이 어떻게 일어나기를 바라는지 물어보라. 종종 어떤 동물은 떠나는 방법에 대해 매우 구체적이고 명확한 계획을 갖고 있기도 하다.)
- 그 과정이 동물병원에서 이루어져야만 할까? 그렇다면 좀 더 편

안하게 하기 위해서 내가 가져가야 할 것이 무엇일까? 네가 가장 좋아하는 담요, 장난감?

● 집이 더 낫겠니? 그럼 어디? 동물은 실내보다는 특별한 나무 아래나 실외를 원할지 모른다.

● 곁에 누가 있기를 바라니? 가족 모두를 원할 수도 있고 가장 좋아했던 사람만 원할지 모른다. 동물들은 사람뿐만 아니라 다른 동물 친구들에게도 작별 인사를 할 기회를 갖게 해 달라고 요청할 것이다. 이런 경우는 매우 많다.

그런 다음 당신은 당신의 동물이 자신의 몸이 머무를 마지막 곳에 관한 바람을 알아야 할 것이다. 이제 당신은 가능한 선택을 알고 이제는 동물에게 명확한 대답을 구할 때다.

● 너의 몸이 동물병원에 남겨지기를 원하니? 그래도 좋다고 할 수 있다. 물어보아야 한다.

● 매장을 선호하니? 어디에? 질문을 구체적으로 하라. 당신의 침실 창가 가까운 곳의 나무 밑에 묻히기를 원할 수도 있고 당신이 자주 앉는 벤치 부근에 묻히기를 원할 수도 있다. 법률상 집에 묻히는 것이 허용되지 않는다면 동물은 묘지를 좋아할까?

나의 고객 한 명은 자신의 고양이 위스커스를 시골에 있는 별장에 매장하기로 계획했지만 위스커스는 강경하게 반대했다. 위스커스는 정말 다시 생각해야 한다고 내게 계속 얘기했다. 자신이 그녀 곁에서 너무 멀리 떨어져 있다고 느낄 것이기 때문이며, 그녀도 결국에는 자신을 그곳에 묻은 것을 후회하게 될 것이라고 말했다. 그런 설득력 있는 논쟁 이후 나의 고객은 동의해야만 했다.

● 화장을 원하니? 그렇다면 너의 재는 어떻게 하기를 바라니? (나를 믿으라, 동물들은 종종 매우 구체적으로 선호하는 곳을 갖고 있다. 어떤 개는 자신의 재를 뒷마당에 있는 특정 나무와, 집 주변에도 어느 정도 뿌리고 거의 대부분은 자신과 비슷하게 생긴 속을 채운 동물 모양의 비니 모자에 넣어 자신의 주인이 어디를 가든 가까이 있고 싶어 했다. 다른 동물은 자신의 재 일부를 로켓에 넣어 목걸이에 달아 그녀의 마음에 가까이 있고 싶어 했다. 어떤 고양이는 그녀의 재를 정원 흙에 뿌려서 색색깔의 꽃과 식물의 일부가 되고자 했다. 자신의 주인에게 삶의 아름다움과 연속성을 일깨워 주기 위해서였다.)

이런 동물들은 그들이 더 이상 물리적으로 존재하지 않는다는 것을 인식한다. 하지만 거기에 상징적으로 머물기를 원한다; 그들은 그것이 그들의 주인을 행복하게 만드는 것을 돕는다고 느낀다. 죽은 뒤조차 동물들은 어떤 식으로든 돕기를 원한다.

사람들이 그러는 것과 마찬가지로, 동물들도 자신들의 죽음이 어떻게 일어나는지 알기를 충분히 기대한다—나의 고객 샐리 데트라는 동물들이 자신의 바람들이 알려지도록 아주 오랫동안 노력한다는 것을 알게 되었다.

샐리는 긴 털을 가진 18년 된 얼룩고양이 마사가 잘 때와 설명할 수 없는 낮 시간대에 구슬프게 울기 시작하자 걱정을 했다. 마사가 엄청난 고통 속에 있다고 염려한 샐리는 마사를 수의사에게 데려갔지만 딱히 신체적인 질병을 찾지 못했다. 구슬픈 울음소리는 나의 워크숍에 참가했지만 회의적이었던 샐리가 마사에게 무슨 문제가 있는지 솔직하게 묻기 전까지 지속되었다. 그녀는 자신이 들은 이야기를 믿을 수 없었다.

"당신은 나를 혼자 죽게 내버려둘 거군요!"라고 마사가 말했다. 처음에 샐리는 황당했지만 곧 자기가 얼마나 마사를 사랑하는지, 그리고 마사를 안락사시켜야만 한다면 수의사에게 마사를 데려가는 일에 결코 직면하지 못할 거라고 친구에게 이야기했던 것을 기억했다. 우연히 샐리의 대화를 들은 마사는 자기가 무지개 다리를 건너갈 때 샐리가 곁에 있어 주기를 바랐던 것이다. 샐리는 마사에게 그때가 되면 꼭 옆에 있겠다고 말하면서 그 시간이 언제인지 어떻게 알 수 있느냐고 물었다. 마사는 샐리에게 때가 되면 알려 주겠다고 대답하고는 구슬프게 우는 것을 멈췄다.

몇 달이 지난 뒤 마사가 샐리에게 선언했다. "나는 피곤해요. 이제 떠나고 싶어요. 괜찮겠어요?" 샐리가 마사를 안심시킨 다음 마사는 전이를 다룰 수 있었고 한 가지를 더 요구했다. 집 안에 있는 모든 동물 친구들에게 마지막 인사를 하고 싶어 했다. 마사는 샐리 품에 안겨 한 명 한 명 인사를 했다; 오스트레일리안 셰퍼드 매튜는 자신의 장난감을 마사에게 선물하고 굿바이 키스를 했다. 코카틸 앵무새 제크는 아프리칸 그레이 앵무새 다니엘이 했던 것처럼 샐리의 무릎 위로 날아와서 마사에게 작별 키스를 했다. 잉글리시 블랙후디드종 미리암은 뒷다리로 일어서서 마사의 코를 핥았다. 그 다음 마사의 요구대로, 샐리는 토끼 친구 하비를 만나기 위해 마사를 데리고 밖으로 나갔고, 그들은 코를 맞대고 작별 인사를 나눴다.

그런 다음 샐리는 마사가 하는 말을 들었다. "자, 준비가 됐어요." 샐리는 마사를 담요에 싸서 수의사에게 데리고 갔고, 약속을 지키기 위해 마사가 마지막 숨을 쉴 때까지 마사를 붙잡고 있었다. 수의사가 주사약을 투여할 때 마사는 샐리의 눈을 고요하고 평화롭게 올려다보았다. 수의사도 그들의 사랑이 교환되는 걸 느낄 수 있었다. "여기에서 뭔가 아주 비범하고 특별한 일이 벌어지고 있군요." 그랬다. 샐리는 마사와 자신의 관계가 완료되었음을 느꼈고, 오랜 친구의 마지막 바람을 존중해 줄 수 있었던 것에 대해 고마워했다.

작별 인사 하기

지금쯤 당신은, 자기 자신, 가족, 동물의 마지막 순간에 고통을 느끼는 것을 줄이기 위한 준비가 되어 있을 것이다. 일단 당신의 동물의 삶의 마지막 단계에서 다음의 것을 실행해 보자.

- 동물의 바람을 존중하기
- 동물을 떠나보낼 수 있을 만큼 충분히 사랑하기
- 동물에게 당신의 마지막 인사말을 하면서 아름다운 여행을 하라고 하기

작별 인사의 가장 중요한 측면은 감정적으로 당신의 동물을 놓아주는 것이고, 머물러 있어야 하는 의무에서 의식적으로 동물을 자

유롭게 해 주는 것이다. 나의 고객 한 사람은 자신의 고양이들 중 어느 누구도 안락사를 시킨 적이 없다고 했다. 그녀는 임종 과정을 매우 편안하게 받아들였다. 그들의 시간이 가까워 옴을 알고, 그들이 삶을 자신에게 나눠 준 데 대해 고마움을 표시하고 가도 좋다고 허락했다. 그녀의 고양이들은 준비가 되었을 때 스스로 자유롭게 떠났다. 그 과정은 우아하며 존엄했고, 감사의 마음으로 치러졌다.

당신의 동물에게 떠나도 괜찮다고 말을 할 때는 진심으로 해야 한다. 말은 그렇게 해도 마음속이 그렇지 않다면 동물은 당신의 준비되지 않은 혼돈스러운 마음을 짚어 낼 수 있다. 동물은 당신이 고통스러워하는 것을 바라지 않기에 필요 이상으로 오래 남아 있을지도 모른다. 내 경험에 의하면, 동물들은 사람들에게 이별의 괴로움을 주기보다는 자신의 고통을 참으려고 한다.

내게 애니멀 커뮤니케이션을 처음 가르쳐 준 첫 번째 동물, 나의 고양이 솔레일은 자신의 인생을 끝낼 때까지 계속 가르쳤다. 솔레일은 작별 인사를 하는 방법을 포함한 임종 과정과 죽음에 관해 모든 것을 알도록 나를 가르쳤다. 나는 솔레일의 죽음 이전에 어떤 동물의 죽음도 경험한 적이 없었다. 솔레일이 내게 제공해 준 귀중한 교훈들은 내가 마지막 숨을 쉴 때까지 나와 함께 살아 있을 것이다.

솔레일은 한동안 아팠고, 천천히 이승에서 멀어지고 있었다. 낮잠을 길게 잤고, 음식을 적게 먹었다. 어느 날 밤 솔레일은 침대 위로 올라갈 수가 없었다. 나는 그녀의 시간이 거의 다가왔음을 알고 거실 바닥 솔레일 가까이에 내 잠자리를 마련했다. 솔레일이 떠날 준비가 될 때까지 물리적으로든 감정적으로든 솔레일에게 가까이 있기를 바랐다.

나는 솔레일에서 질문을 하여 그녀의 고통이 계속적으로 커진다는 것과, 이승을 떠나는 데 어떤 도움을 필요로 하는지를 알았다. 당신이 이 장에서 이 지점까지 읽어 온 모든 단계들이 바로 내가 솔레일의 죽음을 준비할 때 따랐던 정확한 단계다. 나는 죽음의 기술적인 측면을 연구했고, 솔레일의 느낌, 떠나가는 데 필요한 것이 무엇인지, 매장을 원하는지 화장을 원하는지 물었다. 솔레일은 매장을 선택했다. 나는 시골에 있는 큰 목장에 살았고 솔레일은 우리가 즐거운 시간을 보냈던 말의 방목장 옆에 묻히는 것이 좋겠다고 했다. 그렇게 하여 솔레일은 목장을 계속 지켜볼 수 있을 것이었다. 더 중요한 것은, 솔레일이 가장 좋아하던 곳에서 누워 쉬고 싶다고 말함으로써 우리가 지난 16년 간 나누었던 사랑의 추억이 되살아난 것이다. 솔레일은 하얗고 부드러운 면에 싸서 매장되기를 바랐고, 신선한 분홍색 장미꽃잎을 그 위에 뿌리고 하트 모양의 장미석영으로 장식해 달라고 부탁했다. (이 모든 아이템들은 사랑의 상징들이다.)

준비를 끝낸 솔레일과 나는 마지막 날을 작별 인사를 하며 보냈다. 거실 바닥에 함께 누워서 우리가 함께 나누었던 모든 모험, 웃음, 다정한 순간들을 추억했다. 나는 솔레일에게, 내 인생이 그녀와 같이 보낸 세월 덕분에 얼마나 풍성해졌는지 그리고 나에게 얼마나 중요한 스승이었는지를 말해 주었다. 나의 인생과 우리의 관계에서 배운 모든 사랑의 교훈들을 표현했다. 이것은 그 과정의 매우 중요한 부분—당신의 동물이 당신의 인생을 얼마나 풍성하게 했는지에 대한 소통—으로, 동물에게 만족감과 기분 전환을 선사한다. 그것은 당신의 동물이 '내가 좋은 일을 했어. 이제 내 사람이 괜찮아질 것을 알게 됐으니 나는 평화롭게 갈 수 있어.'라고 생각할 수 있게 해 준다.

추억을 돌이킬 때면 나는 눈물을 흘리고 종종 슬픔에 압도된 느낌을 받는다. 나는 왜 내가 그렇게 슬픈지, 그리고 그 슬픔은 한동안 반복될 것이라고 설명함으로써 솔레일에게 내가 괜찮을 것이란 점을 확인시켰다. 솔레일의 영혼이 계속 같이한다는 걸 알고 있음에도 불구하고, 쓰다듬을 수 없고, 안을 수도 없고, 그 아름다운 얼굴을 볼 수도 없게 되는 물리적 이별 때문에 슬프다고 말했다.

다음 단계에서, 나는 모든 사람들이 이해할 만한 것은 아니지만 내게는 중요한 일을 했다. 솔레일이 영적인 세상에 가도 소통할 수 있다는 것을 확실히 하고 싶었다. 나는 솔레일이 자신의 몸을 벗어나서 자신의 존재를 어떻게 느끼는지 알고 싶었다. 우리가 함께했던 마지막 며칠 밤 동안 나는 솔레일 옆에 앉아서 그녀의 물리적인 형태가 없는 그녀의 본질을 느꼈다. 나는 최선을 다해서 솔레일의 에너지를 느끼기 위해 눈을 감았고, 영적인 형태로 돌아올 그녀를 알아볼 수 있도록 나 자신을 훈련시켰다. 솔레일은 어떤 느낌일까? 모든 개체—꽃·나무·사람·동물—는 유일하고 다르다. 그래서 동물들의 에너지도 각기 다르게 느껴진다. 솔레일은 밝고 부슬부슬한 느낌이었으며, 밝은 분홍색 에너지로 둘러싸여 있었다. 그녀는 매장할 때 분홍색 장미 꽃잎과 장미석영을 넣어 달라고 선택하여 분홍색이 본질의 표현임을 확신시켜 주었다.

  이 장의 나중에, 나는 영적인 세계에 있는 동물이나 어떤 경우에는 환생한 형태와 접촉하는 과정을 좀 더 자세하게 논의할 것이다. 다시 말하자면, 모든 사람이 이 생각을 받아들이지는 않겠지만, 당신이 호기심이 많은 사람이라면 한 번 시도해 보라고 권유하는 바이다. 당신의 동물이 몸을 떠난 자신의 모습을 느끼는 것은 멋지지 않겠는가? 당신의 동물의 고유한 에너지를 느끼는 법을 배우게 된다면, 당신의 목 주변에 펄럭이는 느낌이 실은 당신의 동물이 당신에게 사랑을 보내는 것이거나, 침대 위에 뭐가 떨어지는 소리는 당신의 작은 친구가 자신은 잘 있으며 아직도 당신을 돌보고 있다는 것을 확인시키기 위해 돌아왔다는 것을 확실히 알 수 있게 될 것이다.

  마침내 솔레일이 떠날 준비가 되었다. 솔레일은 집에서 안락사를 하기로 했다. 나는 감정적으로 놓아주었고, 솔레일은 엄숙하고 우아하고 고요하게 영적의 세계로 들어갈 수 있었다. 나는 그 과정이 진행되는 동안 그리고 그 뒤로도 오랫동안 솔레일의 영혼이 몸을 떠난 것을 감지했을 때까지 그녀 곁에 머물렀다. 하지만 내가 솔레일이 전체적으로 가벼워졌다고 감지했던 것처럼 모든 사람들이 똑같이 느끼리라고 확신할 수는 없다. 나는 그녀의 몸에서 에너지가 밝고 하늘 높이 솟은 길로 올라가는 것을 느꼈다. 빛을 볼 수 있었는데 위로 올라가는 무지개 같았고, 그녀가 몸에서 풀려나올 때 자유롭고 안도하고 있다는 느낌을 감지했다.

  슬픔에도 불구하고, 나는 완전함의 세상으로 돌아가는 솔레일의 변화를 목격할 수 있어서 감사했다. 나에게 동물의 죽음은 사람에게 요구되는 가장 용기 있는 순간이다. 당신의 동물을 놓아 줄 수 있을 만큼 충분히 사랑하는 법을 배우는 것은 무엇보다 가장 큰 수업이다. 진 포스터는 슬픈 순간을 감동적인 시로 표현했다.

나는 젊었다!
나는 바람처럼 뛰었고
계절마다 세상은 반짝거렸고 신선했고 새로웠다.
색색의 이파리들은 잔디밭을 가로질러 경주를 했고
파삭파삭하고 잡히지 않았다.
눈송이들은 엄청난 바람에 춤을 추었다.
하지만 겨울은 어떤 위협도 취하지 않는다.
나는 젊었다!
각 계절은 다음 계절에 섞여들고
저마다 자신의 아름다움을 표현한다.
해가 지나고 있다.
당신의 즐거움은 내 것이었고, 당신의 슬픔도 내 것이었다.
나의 사랑은 이해 속에 성장했고
나는 당신을 충직하게 섬겼다.
이제 사랑하는 마음에서 나를 위해
나는 당신의 용기를 요청한다.
나는 늙었다!

내 시야는 흐려졌고

나는 더 이상 모든 계절을 즐거움으로 맞이할 수 없다.

나는 뛸 수 없고 내 몸은 고통을 알고 있다.

그러니 지혜를 가져라, 나의 친구여, 사랑하는 마음에서

내게 작별을 고하기 위해 나를 나의 길로 보내 주오,

위엄 있게.

그리고 우리가 함께 했던 모든 계절을 소중히 해 주오,

그들은 영원하니까.

더치스

(1970년 12월 28일~1984년 9월 6일)

— 진 포스터 지음

기념품

사랑하는 사람이 죽으면 그들을 기념할 어떤 방법을 찾는 것이 도움이 된다. 사람 친구들과 가족에게 그런 것처럼 이것은 반려동물의 경우에도 마찬가지다. 당신의 동물의 특별한 유품을 간직하는 것도 한 방법이다. 로켓에 자신의 재를 담아 자신의 사람이 마음 가까이에 걸고 다니기를 바라는 개의 이야기를 기억하는가? 동물들은 종종 자신의 사람이 자기를 기억하는 데 필요한 기념품을 제안하기도 한다. 어떤 동물은 자기의 이름표를 자신의 사람이 목걸이로 만들어 걸고 다니거나 목줄을 팔찌로 하고 다니기를 바라기도 한다. 어떤

고양이는 자신의 사람에게, 자신이 그랬던 것만큼 스스로를 잘 보살 피겠다고 맹세해 달라고 했다. 그녀는 그 약속을 지키기 위해 그들의 특별한 우정을 나타내는 수수한 반지를 끼었다.

어느 날 한 여성이 내게 전화를 했다. 그녀의 암말이 죽음에 임박했는데 그녀는 말의 갈기를 유품으로 갖기를 원했기 때문이었다. 그녀는 며칠간 이것에 대해 생각했지만 갈기를 자르는 것이 너무 강제적이어서 말이 공포스러워하지는 않을지 마음 불편해 했다. 암말의 생각을 알아내기 위해 접속하자, 말은 자신의 사람이 갈기와 꼬리 부분의 머리카락을 좀 잘라내는 것을 환영한다고 했다. 그 여성은 지금 사랑했던 말이 준 이별의 선물을 보물로 여기고 있다.

내가 가장 사랑했던 동물 친구들 중 하나인 닥스훈트종 개 퀘커스는 최근에 일레인 시맨스 곁을 떠나갔다. 그녀는 나의 가장 친한 사람 친구로, 선물용품 사업체를 소유하고 있었다.

퀘커스를 처음 만난 것은, 혼자 남겨질 때 울부짖는 문제를 알아보기 위해서였다. 퀘커스는 내게 자신의 코가 예쁘다고 생각하는지 묻는 것으로 대화를 시작했다. 일레인은 나에게 그것이 퀘커스에게는 엄청나게 중요한 것이라고 확인해 주었다.(그녀를 만나는 사람들이 가장 먼저 언급하는 것이었다.) 사랑스러운 작은 개 퀘커스에게는 울부짖는 것보다 더 큰 문제가 있었다. 간암에 걸려 있었던 것이다. 우리는 함께 작업을 해 나갔다. 일레인이 자기가 퀘커스의 행복에 발맞추고 있는지 확인하기를 원했기 때문이었다. 일레인은 나의 워크숍에까지 참석했고, 자신만의 텔레파시 기술을 발전시켰음에도 불구하고 쿼커스의 시간이 다가왔을 때 재확인과 지지를 원했다. 그녀는 자신이 내린 결정들에 대해 어떤 후회도 하고 싶어 하지 않았다.

함께하는 동안, 쿼커스는 나에게, 자신이 떠나는 순간에 원하는 것에 대해 아주 구체적으로 말했다. 좋은 향기가 나고 시신이 아름다운 하얀 천에 싸여 하얀 상자에 넣어지기를 바란다는 것을 일레인이 확신하는지 물어보았다. 영원한 사랑의 불꽃을 상징하는 하얀 꽃과 양초로 둘러싸이기를 바랐다. 쿼커스는, 일레인이 자신의 몸 때문에 괴로워하지 않으므로 서로간의 소통은 더욱 강력해질 거라고 말했다.

쿼커스는 또한 일레인의 집에 나란히 걸려 있는 사진들을 내게 보여 주었다. 이런 사진들은 일레인이 동물 친구를 하늘로 보낸 사람들에게 위로가 되는 동물 관련 선물을 만드는 데 영감을 주었다고 했다. 내가 일레인에게 이것에 대해 이야기하자, 그녀는 개의 사진 중에 가장 좋아하는 사진들을 확대할 생각을 하던 중이라고 말했다.

일레인은 쿼커스가 떠나갔을 때 모든 바람들을 따라 주었고 실제로 그들의 소통은 강해졌다. 일레인은 쿼커스가 부드럽게 속삭이는 것을 듣기 시작했다. 그녀는 최대한 자세하게 들어서 1998년에 시집 《천국에 살고 있는 닥스훈트 쿼커스의 이야기(Words of Quackers, a Dachshund Who Lives in Heaven)》를 냈다. 그녀의 인생과 사업은 이전과 똑같을 수가 없었다.

일레인은 동물들을 기념하기 위한 소중한 아이템(특별 기념 양초, 목걸이, 테두리가 있는 시집 등) 분야를 포함시켜서 사업을 확장했다.

사람들은 동물들을 기념하기 위해 내게 많은 아이디어들을 제안하는데, 다음 중 어느 하나는 당신에게 뜻 깊은 것이 될지 모른다.

- 당신에게 가까웠던 이들에게 사실을 알린다.
- 당신의 동물을 위해 시나 노래, 편지를 쓰고, 함께했던 당신의 삶에 대한 추억을 자세히 말하고 안녕을 고한다.
- 당신의 동물을 기리는 나무를 하나 심는다.
- 집의 좋아하는 장소에 동물의 사진을 확대해서 걸어 놓는다.
- 화가에게 전문적인 초상화 또는 조각을 만들어 달라고 주문하라.
- 당신이 가장 좋아하는 사진들을 스크랩북으로 만들어 보라.
- 동물이 가장 좋아했던 방에 걸어 놓을 사진들을 콜라주로 만들어 보라.
- 당신의 동물 친구의 특별한 사진을 티셔츠나 머그컵 또는 가족들을 위한 머그컵 세트에 인쇄하여 사용하라.
- 동물의 발자국을 주형으로 만들어 보라.
- 당신이 함께 특별한 시간을 가졌던 때, 함께 걷곤 했던 저녁때나 현관에 함께 앉아 있던 때를 골라 하루에 한 번씩 초를 켜라.
- 당신의 동물이 갖고 있던 소유물, 목줄이나 리드 줄이나 좋아했던 장난감을 넣을 특별한 상자를 만들어 보라.
- 당신의 동물의 이름표로 만든 목걸이나 열쇠고리를 갖고 있으라.
- 특별한 로켓에 넣을 당신의 동물의 털을 약간 잘라라.

- 동물의 목줄로 팔찌로 하고 다녀라.
- 함께했던 삶을 축하하기 위해 특별한 친구들을 모아 파티를 열어라: 우리의 동물 친구들이 종종 이것을 제안한다. 그들은 죽음을 애도하기보다는 우리가 함께 나누었던 그 삶을 축복하기를 바란다.
- 당신의 동물에게서 빗어 내어 모은 털을 이용해서 바구니를 만들어 놓는다.
- 당신의 동물을 기념하기 위해 자선단체에 기부한다. 동물 구조 단체, 휴메인 소사이어티, 특별한 수의학학교, 또는 동물 병원을 선택하라. 특정한 동물 보호를 후원하는 것을 선택할 수도 있다. 아프고 장애가 있고 연세가 있는 많은 사람들은 반려동물을 계속 옆에 두기 위해 도움이 필요하다.
- 당신의 반려동물을 대신해서 휴메인 소사이어티나 동물 구조 단체에 자원 봉사를 신청하라.

슬픈 감정 추스르기

죽음 그 자체처럼 슬픔 또한 당연한 과정이다. 다양하게 표출되는 슬픔은 피해 갈 수 없다. 당신이 처음 동물의 떠나감을 예상한 때에 시작될 수 있고, 영원히는 아니지만 떠나간 뒤에도 지속될 수 있다. 눈물은 단지 당신의 사랑에 대한 증거일 뿐이다. 그 과정에서 충분히 슬퍼하도록 하라.

슬퍼하는 것은 쇼크, 부정, 화, 죄의식, 우울, 슬픔 그리고 마침내 수용하는 그런 감정들을 경험하는 것을 포함한다. 당신 자신이 이런 모든 감정들의 고통을 거쳐 더 나은 사람이 되도록 하라. 마치 유사에 빠진 사람처럼 고통에 틀어박히는 사람들을 자주 본다. 슬퍼하는 것은 각자의 개인에게 필요한 개인적이고 고유한 경험이다; 당신이 일을 끝마쳐야 하는 것처럼 고통과 슬픔을 표현하는 데 당신에게 어울릴 만한 방법들을 찾아라.

엘렌보겐 박사와 나는 동물들의 죽음과 임종에 대한 워크숍을 같이 순조롭게 해 나갔다. 엘렌보겐 박사는 우리에게 훌륭한 지혜를 나누어 주었다. 그녀는 우리에게 슬픔은 작업으로 한계 시간을 정하지 않지만 회복의 감정을 느끼는 데 보통 1년까지도 걸릴 수 있다고 했다. 1년 동안 일어나는 행사들은 지속적으로 우리에게 상실감을 일깨워 줄 것이다; 휴일들, 우리가 반려동물들과 함께 가곤 했던 장소들. 그녀는 슬픔이 태풍 같다고 표현했다. 일어날 것이지만 우리는 준비할지 하지 않을지를 선택할 수 있다. 종종 슬픔이 우리를 아주 강하게 덮치는 경우가 있는데 우리의 삶에서 상실(사망)은 우리가 경험했던 다른 상실을 초래하기 때문이다.

사람들은 동물의 죽음에 대한 슬픔이 배우자나 가족 구성원을 잃은 슬픔처럼 강할 수 있다는 것을 알고는 종종 놀라고 혼란스러워한다. 왜 이렇게 되어야만 하는가? 동물에 대한 당신의 슬픔이 깊어지고 길게 지속될 수 있는 이유는, 이 슬픔은 당신의 관계에 의한 복잡한 것이 아닌 순수한 것이기 때문이다. 동물은 당신이 누구인지 그리고 무슨 일을 하든, 어떻게 보이든, 얼마나 많은 돈을 벌든 상관없이 무조건적으로 당신을 사랑한다. 종으로 볼 때, 사람들은 이런 점에 있어서 동물들로 완전히 귀속되지 않았다. 동물들은 우리에게 무조건적인 사랑을 주고받는 것을 가르쳐 준다. 나는 그들이 여기에 있는 주요한 이유 가운데 하나는, 그들이 우리를 사랑하는 것처럼 우리 자신을 사랑하는 법을 가르쳐 주기 위해서라고 믿는다.

오늘날에는 동물을 떠나보낸 슬픔을 해결하는 데 도움을 주는 옵션들이 예전보다 많이 존재한다. 전문적인 지지 그룹, 동물의 죽음을 전문적으로 다루는 슬픔 카운슬러들이 이에 포함된다. 당신이 당신의 동물의 죽음을 애도하고 있을 때 당신을 이해해 주는 사람들로 둘러싸이는 것은 중요한 일이다. 충분히 슬퍼하고, 당신의 감정을 있는 그대로 느낄 수 있도록 하라. 당신의 슬픔은 죽음의 순간과 함께 진정될 것이다. 그리고 기억하라, 슬퍼하는 데는 옳은 법 그른 법이 없다. 당신이 하는 일이 당신을 돕는 데 가장 큰 도움이 되게 하라.

당신의 슬픔을 지나가는 작업에 필요한 시간을 가져라. 하지만 《신과의 대화 : 비범한 대화》에서 인용한 한 구절을 마음속에 새기도록 하라.

그들을 위해 애도하는 것은 그들이 우리에게 마지막으로 바라는 일이다. 만일 당신이 그들이 어디에 있는지 알고 있고 그들이 그들만이 가진 숭고한 선택에 의해 그곳에 있다는 것을 안다면 당신은 그들의 출발을 축하해야 한다. 만일 당신이 한순간만이라도 내세라고 부르는 것을 경험했다면, 당신 자신과 신에 대한 거대한 생각을 마침으로써 당신은 그들의 장례식에서 커다란 미소를 지을 것이고, 마음에 기쁨이 가득하게 될 것이다.

우리는 상실감 때문에 장례식에서 눈물을 흘린다. 우리의 슬픔은, 그들을 절대로 다시 볼 수 없고, 결코 안을 수도, 만질 수도, 우리가 사랑하는 존재와 물리적인 것을 함께할 수 없다는 사실을 아는 것에서 비롯된다. 그리고 그 의미로 눈물을 흘리는 것이다. 당신의 사랑과 당신이 사랑했던 이를 존중하는 것이다. 명확한 현실과 몸을 떠나가는 기쁨에 찬 영혼을 기다리는 멋진 경험들이 무엇인지 안다면 이런 애도 기간은 짧아질 것이다.

다른 반려동물 들이기

때때로 슬픔에 빠진 사람들은 외로움과 불편함을 견뎌내지 못하고 바로 다른 동물을 삶으로 데리고 들어와 그 빈 공간을 채우고 싶어 한다. 당신이 슬픔의 사이클을 완전히 끝낼 때까지 이런 충동을 저지하기 위해 최선을 다하라. 당신이 떠나보낸 동물을 위해 충분히 애도하도록 하라. 너무 빨리 다른 동물을 데려온다면, 당신은 새로 온 동물이 어떤 동물인지를 인지하지 않게 되는 위험을 떠안아야 하고, 떠나간 동물과 데려온 동물을 무의식적이든 의식적이든 비교하게 될 것이다. 그것은 새로운 환경에 들어온 된 동물을 불안하게 만들고 그 동물을 혼합된 감정의 대상으로 만들어 버린다.

다음의 멋진 인용구는 매리 몽고메리와 허브 몽고메리가 쓴 《안녕 내 친구: 애완동물의 죽음을 애도하기(Good-by My Friend: Grieving the Loss of a Pet)》에서 나온다.

슬픔은 우리가 가졌던 사랑에 대해 치러야 하는 값이다. 모든 눈물과 슬픔과 비탄의 고통을 통해 하나의 생각으로 다가오는데 그 생각은 우리를 다시 미소 짓게 만들 수 있다; 우리는 특정 동물을 끔찍이 사랑하는데 그 사랑은 몇 배로 돌아온다. 적당한 시간이 되면, 당신은 다른 동물과 사랑을 나눠야겠다는 느낌이 들 것이다. 당신이 가졌던 그 동물을 대신할 애완동물은 없지만 당신의 집과 당신의 마음에서 환영하는 다른 동물은 있다.

당신이 적당한 때가 되었다고 느끼고 다른 동물을 데려올 준비가 되었을 때, 새로운 개나 강아지에게 떠나간 동물과 같은 이름을 주는 것을 피하라. 그 이름은 당신에게 많은 감점을 담고 있고 추억들로 가득 차 있다. 잠재의식 속에 그 이름은 당신의 새로운 반려동물과 나눌 관계의 기대 또한 담고 있다.

당신의 애도 기간이 끝났을 때 다음 가족 구성원이 가족에 합류하도록 하여, 서로 느끼는 기쁜 감정과 새로운 시작과 관련되어 모든 것이 진짜가 될 수 있다. 저마다의 삶은 고유한 것이며, 결코 대신할 것이 있는 것이 아니다.

영혼계

많은 사람들이 그러하듯이, 나는 어떤 존재의 혼령은 사후에도 살아간다고 믿는다. 혼령이라는 단어는 영혼 또는 살아 있는 에너지로 표현되기도 한다. 에너지는 3장에서 당신의 두 손 사이에서 느껴지는 것을 말한다. 매우 미묘하고 손으로 만져지지 않지만 우리는 그것이 거기에 있다는 것을 안다. 당신의 동물의 혼령이나 영혼 또는 삶의 에너지와 소통하는 것을 탐구해 보고 싶다면, 나는 당신이 두려움 없이 전진해 나가고 당신의 직관적인 기술을 믿으라고 격려한다. 이제까지 우리의 훈련들을 통해 배운 것들이 동물의 세계의 다른 측면을 경험할 수 있도록 당신을 돕게 하라. 이에 대해 회의적인가? 그것 또한 정상적인 반응이다. 나의 경력 초기에 나 또한 회의적이었다.

한 여성이 자신의 죽은 개 찰리에 관해서 조언을 얻기 위해 내게 전화를 해 왔을 때 나는 의심을 품었다. 나는, 그녀를 대신하여 확실히 시도할 것이고 내가 성공적으로 하면 그녀가 내게 대가를 지불할 수 있을 것이라고 얘기했다. 그러나 안 된다면─나는 완전히 기대했던─우리는 실험에 대한 노력을 재고하려고 했다.

나는 그녀가 질문 목록과 함께 나타났을 때 놀랐다. 그 목록은 그녀의 개에게 내가 물어봐 주었으면 하는 것이었다. 그녀는 개의 전이가 편안했는지 알고 싶어 했다. 전이는 무엇과 비슷했는지? 어디에 있는지? 다른 누군가와 함께 있는지? 그녀에게 보낼 메시지가 있는지? 나는 그녀의 질문을 하나씩 해 나가기 시작했고 놀랍게도 응답을 받기 시작했다! 나는 접속해 냈다.

찰리는 내게, 어떤 살아 있는 존재보다도 명확하게, 자신의 전이는 편안했으며, 현재의 삶은 그녀와 함께 했던 때와 마찬가지라고 말했다. 그는 광활하여 끝없이 볼 수 있는 곳에 있었다. 그가 특히 내게 바랐던 것은 오리가 있는 호수를 보고 있음을 알려 주는 것이었다. 내가 그 여성에게 특이한 세부 사항을 얘기하자, 그녀는 호수 근처를 매일같이 함께 산책했는데 그 호수에서 찰리가 오리들을 쫓아다니는 것을 좋아했다고 말했다. 그 순간 나는 내가 실제로 혼령의 형태가 된 그 동물과 접속했다는 사실을 확신했다.

나는 찰리에게 내가 그 여성에게 전해 주기 바라는 메시지가 있는지 물었다. 부드럽고 사랑스러운 답이 돌아왔다. "나는 노래하는 새들에게 둘러싸여 있어요. 그녀가 마음속에서 그들의 노래를 들었다면, 내가 가까이 있다는 것을 알게 될 거예요." 내가 그 메시지를 전달해 주자 그녀의 눈물이 얼굴에 흘러내리기 시작했다. "오늘 찰리의 재를 받아서 유골 단지를 벽난로 선반에 두었어요. 그때 창문 너머에서 사랑스러운 새들의 노랫소리를 들었고, 찰리를 마음속에 느꼈어요. 나와 함께 있는 그의 존재를요." 내가 찰리와 함께했던 커뮤니케이션은 그녀의 경험으로 정당성이 입증되었고, 그것이 그저 희망에 불과하지만은 않다는 것을 증명했다.

나는 그녀에게 이런 확인을 제공할 수 있는 특권을 느꼈고, 그녀가 사랑하는 친구의 존재를 느낄 수 있게 해 주었다. 그것은 또한 내게는 훌륭한 계시가 되었다. 즉 사랑이 죽음과 함께 끝날 필요는 없다는 증거 말이다. 수년에 걸쳐 나는, 사후 그들의 영혼 상태나 환생한 형태의 동물들과 텔레파시로 계속 접촉해 왔고, 높은 성공률을 보였다. 이 커뮤니케이션은 소중한 고양이 티키로부터 왔는데, 25년간 함께한 친구 도로시에게 보내는 것이었다.

좀 다른 느낌이었어요. 나의 에너지는 너무 확장되었다고 느껴져서 놀라웠지요. 나는 신체에 존재하지 않는다는 것이 어떤 것인지 잊었어요. 당신의 마음에 커다란 구멍이 뚫린 것처럼 당신의 텅 빈 느낌을 받았어요. 나는 그들을 안정시키려고 했어요. 치료하는 데 시간이 좀 걸릴 거예요. 우리는 잘 접속되어 있었어요. 그것은 마치 우리의 탯줄이 잘리고 그 구멍이 회복을 필요로 하는 것 같았죠. 당신이 내게 너무나 많은 에너지를 공급했기 때문에, 당신의 팔에 안겨 있지 않았을 때만이 기회였지요. 당신의 팔 안에 있는 것은 정맥주사를 맞는 것과 같았어요. 지난 밤 당신의 팔을 떠났을 때 마침내 플러그를 뽑는 것 같았습니다. 내 안에는 더 이상의 기운이 남아 있지 않았어요. 오, 얼마나 우리가 서로 사랑했었는지, 그리고 우리가 서로 사랑하는 것을 얼마나 계속할지! 나는 당신이 항상 따뜻한 느낌을 갖기를 바라요. 당신이 내가 느낄 수 있도록 도와주었듯이 당신의 몸도 편하게 느끼기를 바라죠.

여기에 왔을 때는 마치 고향으로 돌아온 것 같았어요. 너무나 많은 사람들이 나에게 인사하기 위해 있었고, 나는 유명 인사처럼 느꼈죠: 모든 사람들이 많이 걱정했고 내 주변에는 꽃들과 장미꽃잎들이 색종이 조각처럼 뿌려져 있었어요. 마치 나만을 위한 응원단 같았어요. 여기는 너무나 아름다워요―하늘에서 바로 떨어지는 것 같은 폭포들, 굽이치는 구름들, 여기저기 있는 영광스런 천사들. 나는 당신이 여기에 있는 나를 볼 수 있다는 걸 알아요. 당신은 언제든 나를 방문할 수 있어요. 나는 당신이 나를 쓰다듬던 게 그립지만 언제나 그 느낌을 항상 기억할 거예요. 나는 멀리 있지 않아요, 도로시, 나는 숨결일 뿐이에요.

혼령이 된 동물에게 접촉하기

혼령이 된 동물들과 소통하는 것은 꿈꾸는 것만큼이나 쉬울 수도 있다. 당신은 꿈을 통해서 당신의 동물에게서 메시지를 받을 수도 있다. 꿈을 꿀 때가 가장 긴장이 풀린 편안한 시간이어서 소통이 이루어질 수 있기 때문이다. 당신은 집 안에서 당신의 동물의 존재를 느낄 수 있을지 모른다. 나의 고객은 벽난로 선반에 유골 단지를 놓았을 때 그랬다고 했다. 물론 당신은 텔레파시 대화를 가짐으로써 바로 소통할 수 있을 수도 있다.

여기에서는 당신의 동물의 에너지가 어떤 느낌인지를 아는 것이 중요하다. 그 느낌을 알고 있다면 그가 혼령의 형태로 방문했을 때 알아보기 더 쉬울 것이다.

혼령의 형태를 가진 동물과 소통하는 것은 3장에서 배웠던 원거리에 있는 동물과 소통하는 것과 비슷하다. 방법이 바뀌지는 않는다. 나를 포함한 몇몇 사람들에게는 소통이 더 쉬워 보인다. 동물이 더 이상 물리적인 신체에 한정되어 있지 않기 때문이다.

무지개 다리를 건너간 동물과 접속하기 위해서 당신은 살아 있는 동물과 텔레파시로 소통하기 위해 배웠던 단계 모두를 통과할 것이다. 여기에 요약되어 있다.

1. 집에서 조용한 공간을 찾아 자리 잡는다.
2. 호흡법이나 명상으로 몸과 마음의 긴장을 풀도록 한다. 어제, 오늘 그리고 내일의 생각들은 모두 흘려보내라.
3. 당신의 마음 중심을 열어서 수용적이 되게 한다.
4. 영적 세계에서 동물과 접속하려는 열망을 느껴라. 당신은 당신의 열망을 마음속으로 세 번 반복하여 당신의 집중력을 강하게 만든다.
5. 그 동물과 당신의 마음이 접촉해서 접속이 이루어질 수 있다는 것을 상상하라. 원한다면 광선을 시각화하거나 당신에게 소용이 될 이미지는 무엇이든 사용하라.
6. 그런 뒤에 그 동물이 커뮤니케이션을 시작하는 것이 가능한지 알기 위해 기다려라. 동물들이 바쁠 수도 있고 영적 세계에서 활동적일 수 있다는 사실을 알라. 그들은 전이 과정을 거치는 남들을 돕거나 여정 후에 긴장을 풀고 있을지도 모른다. 특정

한 날에 접속하기가 성공적이지 않았다면 다음 날 또는 그 뒤에 다시 해 보라.

접속은 동물이 물리적인 몸 안에 있을 때와 비슷하게 느껴질 가능성이 매우 높다. 아니면 더 강하게 느낄 수도 있는데, 그 이유는 그를 한정할 신체가 없기 때문이다. 접속 과정은 동물이 살아 있을 때와 같을 것이다; 당신은 아직도 생각, 느낌, 감상, 이미지들을 받을 수 있다. 이제 당신은 질문을 할 수 있고, 중요한 질문을 무엇이든 나눌 수 있다. 당신은 그의 죽음을 대하는 데 있어 당신이 바른 결정을 내린 것인지 묻고 싶을 수도 있고, 당신의 동물이 영혼의 세계에서 다른 친구, 동물 또는 사람과 같이 있는지 물어보고 싶을 수도 있다. 당신은 무엇이든 모든 것에 관해 자유롭게 이야기할 수 있다. 이것은 당신이 당신의 사랑, 고마움, 추억을 함께할 기회가 된다.

혼령의 형태로 된 동물들과 소통하는 것은 인사조차 할 기회 없이 갑자기 그들의 동물을 떠나보낸 사람들에게 특히 중요할 것이다. 중요하고 부드러운 느낌을 표현할 기회를 갖는 것은 잘 마무리했다는 느낌을 갖도록 돕는다.

순환의 여정

나는 혼령의 세계에 있는 동물들에게 그들의 환생에 대해 많은 질문을 했다. 다시 돌아올 수 있는가? 그렇다면 언제? 어떤 몸으로? 아직도 고양이나 개로 있는가 아니면 다른 형태로 돌아올 것인가? 그게 너인지 내가 어떻게 알 수 있을까?

환생을 진심으로 믿고 있음에도 불구하고, 나는 환생에 대해 한 가지 방법이나 다른 방법을 주장하지 못하겠지만 수천 마리의 동물들이 내게 말했던 것에 대해서 그냥 옮길 수는 있다. 어떤 동물들은 환생을 택하고 어떤 동물들은 하지 않는다. 그들은 물리적인 형태로 돌아올 필요를 느낀다면 돌아온다. 동물들의 환생 이유는 다양하다. 우정을 제공하기 위해서, 다른 동물이나 사람을 지지해 주기 위해서, 아직 끝내지 못한 일을 완성하기 위해, 그들만의 성장을 계속하기 위해, 깨달음을 얻거나 다른 사람들에게 깨달음을 주기 위해서 등등. 그들이 돌아올 것을 아는 사람들은 그들이 돌아올 몸이 무엇인지도 알 수 있을 것이다. 그들이 자신의 몸을 떠난 이후에 동물들에게 텔레파시로 접촉함으로써 우리는 그들의 영적인 여행에서 다음 단계는 무엇인지 물어볼 수 있고 그들이 혼령의 형태로 있는지 환생을 했는지 물어볼 수 있다.

동물들이 돌아올 준비가 되었을 때, 그들은 자신의 사람들이 알아볼 수 있을 만한 분명한 사인을 보낸다. 명확히 구분할 수 있도록 표식이 있거나 알아볼 만한 어떤 행동일 수 있다. 그들은 그들의 사람들에게 긴장을 풀고 이따금씩 들를 자신들을 알아보라고 말한다. 그들이 환생할 것인지 모를지라도 말이다. 영적인 세계에 있는 그들과 함께 소통하는 것에 대해 더 배우고 싶은 것이 있다면 이런 놀라운 주제에 대한 훌륭한 관점을 가진 제임스 반 프라그가 쓴 《천국에 대한 이야기(Talking to Heaven)》를 읽어 보라.

당신의 동물들과 소통할 때, 그가 다시 돌아올 것인지, 그리고 당신은 어떻게 그를 알아볼 수 있을는지 물어보라. 당신이 과거에 가졌던 접속, 친숙함, 같은 느낌의 에너지를 느낄 것이란 사실을 믿고 당신이 새로운 몸에 들어가 있는 그와 텔레파시 소통을 계속할 수 있을 것이라는 사실을 믿어라.

레 데라쿠아는 자신이 가장 좋아하는 말이 돌아올 수 있을지에 관해 내게 물어 왔다; 그녀는 자신의 말을 아주 많이 보고 싶어 했다. 그와 접촉했을 때, 그는 돌아올 수 있다고 말했지만 보더콜리종 개로 태어나기를 바랐다. 내가 그 이유를 물었을 때 그는 "그들은 영리하기 때문이에요."라고 대답했다. 레는 내게 꽤 오랫동안 그 종을 찾았으며, 이것은 자신이 그에 맞게 행동했다는 것을 입증한 것이라고 말했다.

다른 고객도 그녀의 말이 자신에게 돌아올 수 있는지 알고 싶어 했다. 접속을 하자, 말은 내게 새가 되려고 생각중이라고 했다. 그 이유는 그녀와 어디든 함께 가고 싶지 밤에 그녀 없이 마구간에 남겨지기 싫기 때문이라고 했다. 때마침 그녀는 다음에 데려올 동물로 새를 생각하고 있던 중이라고 말했다. 우연의 일치일까? 당신은 그렇게 여기고 싶을지도 모르지만, 우연의 일치란 없다.

이 부분은 당신이 생각하기에 어려울지도 모르겠다. 이것이 당신의 종교와 상충한다면 특히 더 그럴 것이다. 처음엔 나도 그렇지 못했지만 14년 간 이런 일들을 겪은 뒤로 나는 진심으로 믿는다. 나는 우리의 영혼의 목적을 따르는 몸으로 우리 모두 돌아올 수 있는 능력을 가지고 있다는 것을 발견해 가는 중이다.

이 책을 통해서, 당신은 나의 20살 된 고양이 스쿠터와 그의 삶, 2달 간의 실종, 지난 6년 간 암과의 용감한 싸움에 익숙해졌을 것이다. 이 책을 완성한 지 한 달 뒤에 스쿠터의 인생의 마지막 장이 막을 내렸다. 당신도 잘 알다시피, 사랑하는 동물의 죽음은 아름다운 만큼 고통스러운 과정이다. 혼령의 형태에서조차 스쿠터는 우리가 함께 해 온 20년 간 매일 그랬던 것처럼 여전히 온화하게 나를 사랑했다.

그는 워크숍이 시작되기 나흘 전에 떠났고, 사람들을 가르치는 나를 돕기 위해 머물러 있을 수 없어서 실망했다. 그는 특히 학생들의 무릎에 누워 있기를 좋아했고 자신만의 방식으로 학생들을 사랑했고 '차지'하고 있었다. 프로그램이 진행되는 동안, 그는 물리적인 형태로 우리와 함께하지 못했지만 영적으로 우리에게 가르침을 주고 있는 것이 분명했다. 모든 이들이 그의 존재를 느꼈고, 골똘하게 그의 말을 경청했고, 그의 내면과 지혜로 많은 것을 얻었다.

나는 내 마음 깊숙한 곳에서 우러나오는 마음으로, 매일 밤 나의 수면 파트너가 되어 준 것에 대해, 지칠 줄 모르고 나에게 인내심과 조화에 대해 가르쳐 준 것에 대해, 이 책을 쓰는 것을 도와주고 이 책을 마무리할 수 있게 도와준 데 대해 스쿠터에게 감사한다.

스쿠터, 조용하고 좋은 밤 되기를!

제시와 캐롤.
교습을 마친 때

자신감 넘치는 더들리.
13살 때 캐롤과 함께

ⓒ다이앤 몰러

제3장

마음의 교훈

11
사랑하는 법 배우기

이 장은 이 책에서 가장 중요한 메시지를 담고 있다. 그것은 바로 동물들에게는 우리 자신을 변모시키도록 도와주는 힘이 있다는 것이다. 동물들은 우리의 치유사가 될 수 있을 뿐만 아니라 우리의 스승이 되기도 한다. 만약 우리가 유념한다면, 동물과 소통하는 법을 배움으로써 엄청난 혜택을 얻을 수 있다.

사랑이 주는 교훈

사람들은 종종, "내 개처럼 나를 사랑해 줄 사람을 만나기만 한다면 천국에 있는 것 같을 거야."라고 말한다. "왜 동물들은 사람들보다 더 전적으로 우리에게 사랑을 주는 것처럼 보일까?" 사람들은 자기 자신에 대해서뿐만 아니라 다른 사람들에 대해서도 판단하고 조건을 다는 반면, 동물들은 우리가 어떤 직업을 가지고 있는지, 우리가 돈을 얼마나 많이 버는지 또는 우리가 어떻게 생겼는지에 관해서는 신경 쓰지 않는다. 그들은 그저 우리를 있는 그대로 사랑해 준다. 동물들은 우리에게 매일매일, 언제나 변함없이, 심지어는 학대를 받거나 등한시되는 경우에도 사랑하라는 가르침을 준다.

그 어떤 말로도 동물들이 보여 주는 사랑의 깊이나, 그들이 우리 눈을 들여다볼 때 우리가 마음속에서 느끼는 무한한 감정을 묘사할 수가 없다. 우리는 동물들을 통해서 사랑이라는 것이 무언가를 하는 행동이 아닌 존재 그 자체라는 것을 배운다. 우리가 동물과 함께함으로써 얻는 사랑은 순수하고도 단순한 것이다. 사랑을 받기 위해서 우리는 그저 거기에 있기만 하면 되는 것이다.

나의 말 더들리가 죽음과 맞닥뜨려 있을 때, 나는 어떻게 하면 그런 사랑을 줄 수 있고 또한 받을 수 있는지를 배웠다. 애리조나 주 피닉스 시에 사는 카렌 마틴은 1992년 《The Whole Person Calendar of Los Angeles》(월간지 더 홀 퍼슨 캘린더 LA판-역주)에 나의 이야기를 썼다. 그중 일부를 발췌한다.

그는 눈에 큰 상처를 입는 사고를 당해서 상처를 꿰매는 수술을 해야 했다. 그가 페니실린 주사를 맞기 전까지는 모든 일이 다 잘되어 갔지만, 페니실린에 심각한 알러지 반응을 보였다. 그는 간질병에 의한 발작 상태처럼 뒤로 넘어가며 몸부림쳤다. 그는 일어서고 싶어 했으나, 자신의 몸을 조절하지 못하는 것이 분명했다. 그는 언제나 마초적 성향을 보여 왔고, 자신을 완전히 통제할 수 있었다. 나는 눈앞에서 나의 말이 죽어 가는 것을 보고 있었다. 나는 그를 불렀다. "더들리, 더들리. 나와 함께 있어 줘, 더들리. 나와 함께 숨을 쉬어 봐." 나는 그가 내 숨소리를 들을 수 있도록 계속해서 큰 소리로 그와 함께 숨을 쉬었다. 동물들이 공포에 질리게 되면, 자신의 공포 속에서 어찌할 바를 모르고 그 어느 것에도 집중하지 못한다. 그들은 당신에게서 빠져나가 버린다. 다시 불러오기 위해서는 그들이 무언가에 집중할 수 있도록 해야 한다; 당신의 목소리라든가, 당신이 하는 말, 그들의 이름, 그들의 호흡 같은 것 말이다.

나는 그의 곁에 조용히 있으면서⋯ 눈을 감고⋯ 말했다. "더들리, 내가 너를 위해서 무엇을 해야 할지 모르겠어. 나는 지금 너무 감정이 격해져서 네가 나에게 말하고 싶어 할지 모르는 무언가를 명확히 들을 수 있을지조차 모르겠다⋯ 네가 어딘가가 아프다거나 하는 것 말이야. 내가 너를 위해서 지금 해야겠다고 느끼는 것은 오직 너를 사랑하는 것뿐이야." 바로 그 순간 모든 것이 정지했다. 그는 크게 숨을 내쉬고, 머리를 바닥에 내려뜨리고, 조용히 있을 뿐이었다.

그 순간은 우리 둘의 삶에 있어서, 우리 둘 모두를 위해 심오한 가르침을 주는 귀중한 설명의 순간이었다. 더들리에게 그 순간은 무방비 상태가 되는 법을 가르쳐 주었다. 그는 그때까지 한 번도 긴장을 늦추고 남의 도움을 요구해 본 적이 없었다. 그는 항상 다른 말이나 그의 이전 주인을 위해서 버텼었다. 다른 누군가에게 그의 존재는 항상 의지하고 기댈 수 있는 대상이었다. 그는 그때까지 단 한 번도 사람에게 의지해 본 적이 없었다. 나에게 그 순간은, 사랑이란 무엇이며 그것이 얼마나 강력할 수 있는가를 가르쳐 준 위대한 배움의 순간이었다.

사랑은 그저 그를 위해서 거기 있어 주는 것이었다; 내가 그를 위해서 해 주는 무언가가 아니었던 것이다. 다른 사람들과의 관계에 있어서, 우리는 우리가 그들을 사랑한다는 것을 보여 주기 위해서 무언가를 함으로써 우리의 사랑을 입증하려고 노력하곤 한다. 동물과에 관계에 있어서는, 우리가 그저 그들과 함께 있어 주는 것이 사랑의 본질이라는 것을 배우게 된다. 나는 더들리로 하여금 나와 함께 숨을 쉬게 함으로써 그에게 안심할 수 있는 분위기를 만들어 주었고, 그 사실은 그가 약해져도 괜찮다는 위안을 주었다.

종종 그 반대의 경우도 있다. 동물들은 대개의 경우 우리를 지켜 주고 안심시켜 준다. 그들의 애정은 변함이 없다. 어떤 동물들은 자신들의 보호자인 인간을 지키기 위해서 기꺼이 자신의 고통을 감수하고, 심지어 자신의 목숨을 포기하기도 한다. 뿐만 아니라 동물들은 때때로 우리의 스트레스를 감지하고 그로 인해 육체적인 질병을 갖게 되기도 한다.

당연히 자부심이 낮거나 자기 비판적인 사람들은 종종 동물에 둘러싸여 살려고 하기도 한다. 그들은 본능적으로 동물들의 사랑이 세상 속에서 안전하고 보호 받는 느낌을 줄 수 있다는 것을 알고, 사람들로부터 자신을 고립시켜 동물 쪽으로 이끌고 간다. 그들은 심지어 동물들의 사랑을 통해서 치유 받은 뒤에 자신의 인간관계를 다시 복

구시키기도 한다.

동물들은 순전히 자신들이 우리를 보는 방식으로 우리가 우리 자신을 보기를 원한다. 그들의 눈에 우리는 아름답고 훌륭한 존재인 것이다. 그들은 판단하고 비평하지 않기 때문에, 그들의 무조건적인 사랑은 우리에게 안도감을 준다. 그들은 안전한 환경을 만들어 주고 우리는 그 속에서 배우고 성장해 간다.

우리가 동물들에게 줄 수 있는 가장 큰 선물 가운데 하나는 그들에게 우리 마음을 여는 방법을 배워서 그 사랑을 바깥세상의 모든 존재에게로 넓혀 나가는 것이다―사람들, 다리가 넷인 동물, 다리가 둘인 동물, 날개가 달린 동물, 지느러미가 있는 동물들 그리고 모든 나무, 바위, 식물, 그리고 바다에게로 말이다. 우리가 이렇게 할 수 있을 때 우리는 동물들이 주는 메시지를 완전히 이해했음을 보여 주게 될 것이다. 그리고 두려움을 떨쳐 버리고, 있는 그대로의 우리 자신을 편안하게 받아들일 때, 그때 아마도 우리는 우리의 동물 친구들을 옹호하는 목소리를 낼 수 있을 것이다. 1994년 넬슨 만델라는 취임 연설에서 다음과 같이 웅변을 토해 냈다. "그리고 우리가 우리 자신의 빛을 발하고 있을 때, 우리는 무의식적으로 다른 사람들에게도 똑같이 빛을 발하도록 허락하는 것입니다. 우리가 우리 자신의 두려움에서 해방되면, 우리의 존재는 자동적으로 다른 사람을 해방시키게 되는 것입니다."

나의 개 제시는 동물이 얼마나 헌신적인 스승이 될 수 있는지에 관해 강력한 가르침을 주었다.

한 번은 동물과의 의사 소통 워크숍 세션에 자신의 개를 데리고 온 학생이 있었는데, 같이 온 개는 사람들 속에서 영 불편해 했다. 개를 보다 편안하게 해 주기 위해, 그 학생과 개는 그룹의 다른 사람들이 모여 있는 방의 중심부에서 벗어난 구석진 곳에 앉았다. 사람들은 제시와 함께 텔레파시 기술을 연습하기 시작했는데, 도중에 제시가 갑자기 의사 소통을 중단해 버렸다. 우리는 어리둥절해 하며, 제시가 따로 떨어진 곳에서 겁을 먹고 있는 그 개에게 총총 걸어가 머리 위에 자신의 턱을 부드럽게 얹어 놓는 것을 바라보기만 했다. 제시가 다시 빠른 걸음으로 돌아오자 나는 제시에게 방금 무슨 일이 일어났는지 물어보았다. 제시는 자신이 그 개에게 텔레파시로, "두려워할 건 하나도 없어. 그냥 나를 봐. 내가 가르쳐 줄게."라고 말했다고 했다.

제시는 사람들 가운데에 있는 자기 자리로 돌아와서는, 다리를 꼬고 엎드려 참을성 있게 기다렸다. 겁을 내고 있던 그 개가 갑자기 일어서서 방의 중심부로 과감히 다가왔다. 나는 그 개를 기쁘게 맞이했고, 안전하다는 것을 텔레파시로 확신시켜 주었다. 우리들에게로 다가오긴 했지만 두려움으로 다소 위축되어 있었다. 그 개는 우리에게 각각 다가와 마치 제시가 세션 초반부에 한 것처럼 자신의 턱을 우리 무릎에 갖다 대었다. 사람들은 말없이 제시가 보여 준 사랑이 가지고 있는 치유 능력의 생생한 증거에 감동 받고 경이로워했다.

동물들의 인식

사람들은 자주 자신들이 필요로 하는 것에 대해 자신의 반려동물들이 가지고 있는 민감성이나 사람들의 상황에 대한 그들의 초자연적인 자각에 대해서 이야기하곤 한다. 당신이 아프거나 슬퍼하고 있을 때 당신의 동물이 당신을 달래 주려고 할 때처럼, 당신은 아마도 그 동물이 당신에게 공감하고 있다는 것을 경험했을 것이다. 나는 동물들이 얼마나 민감하게 느낄 수 있는지 나의 말 더들리를 통해서 경험한 적이 있다.

집을 떠나 다른 곳에서 워크숍을 진행하고 난 뒤 집으로 돌아왔다. 그동안 더들리가 목초지를 박차고 나갔었는데 어떤 여인이 도로 데리고 돌아왔다는 사실을 집주인이 알려 주었다. 나는 무슨 일이 있었는지 궁금해서 더들리에게 물어보았다. 그는 울타리의 판자 하나가 떨어져 나간 것을 보았는데, 울타리 반대쪽 더 높이 자란 풀들이 보여 뛰어넘어가기로 마음먹었다고 했다. 그는 단지 풀을 뜯어먹고 싶었을 뿐이라고 확실히 말했다.

2주쯤 지난 뒤에, 나는 목장에서 일할 사람이 필요해서 한 여성을 면접하게 되었다. 그녀는 내 소유지 안으로 들어서자마자 말했다. "당신의 말을 데리고 돌아온 사람이 바로 저랍니다." 어디서 그를 발견했는지 묻자 그녀는, "그는 목초지에 있던 다른 말의 앞 큰길을 전속력으로 오르락 내리락 하고 있었지요."라고 말했다. 그녀는 자신의 스웨터를 목줄 삼아 말의 목에 걸고 집을 찾아주기 위해 주변을 헤매 다녔다고 했다.

　당신은 나의 반응을 상상할 수 있을 것이다. 나는 더들리에게 왜 사실대로 말하지 않았냐고 물어보았다. 그는 자신이 만약 사실대로 말했다면 내가 걱정했을 것이라고 했다. 그는 나에게 스트레스를 주지 않으려고 악의 없는 거짓말을 한 것이었다.

　나의 다른 말 탈라니는 자신의 필요에 의해서 종종 진실을 숨기곤 한다.

　어느 날, 나의 워크숍에 참석한 학생들이 탈라니 주변에 모여들어 탈라니가 몇 살인지 물어보았다. 탈라니는 모든 사람들에게 똑같이 대답했다, 다섯 살이라고. 사실상 그는 당시 스물세 살이었다. 나는 그가 사람들한테 다섯 살이라고 말한 사실에 상당히 놀랐다.

　그는 사실을 말하기 싫어하는 자신을 내게 이해시키기 위해서, 자신이 만약 스물세 살이라고 말했다면 사람들은 말의 수명은 얼마나 되는지 물어보았을 것이라고 했다. 말의 평균 수명이 이십년 후반대라는 것을 알게 되면 학생들은 탈라니의 수명이 거의 다해 간다고 생각하고 다소 우울해할 것이 아닌가. 워크숍의 전체적인 분위기와 에너지는 침체될 것이고, 그는 그것을 원하지 않았다. 그래서 사람들이 계속 그에 관해서 활기차고 긍정적일 수 있도록 하기 위해서 탈라니는 자신이 겨우 다섯 살이라고 말한 것이었다. 그 이야기를 다른 사람들에게 하면, 사람들은 그가 아직도 어린아이 같아 재미있고 사랑스럽고 활기찬 감정으로 그랬다고 생각한다. 그는 부정적인 것이 아닌 우호적인 반응을 얻고 싶어 했기 때문에 의도적으로 그렇게 말했던 것이다.

거울의 역할을 하는 동물들

우리의 내면의 자아에 대한 반영

우리의 기분에 대한 동물들의 예민한 감각은 행동으로 드러난다. 그들이 행동하는 방식은 매우 자주 우리의 감정을 반영한다고 할 수 있다. 당신의 동물들은 당신의 내적 동기나 모순된 감정을 당신이 느끼는 것보다도 훨씬 많이 느낀다. 당신에 대한 그들의 사랑이나 우정 때문에, 그들은 당신이 평온하고 행복하다고 느끼기를 원한다. 만약 당신의 감정이 숨겨져 있거나 갈등을 겪고 있는 상태라면, 그들은 종종 어떤 행동을 취해 그 감정을 드러냄으로써 당신에게 자신 스스로를 들여다볼 수 있는 기회를 줘서 보다 나은 방향으로 변화를 가져오게 할 것이다. 내가 처음으로 동물들과 대화를 나누기 시작했을 때 나는 이 가르침을 얻었다.

어느 날, 앨라배마 주에 사는 존이라는 사람이 자신의 개 호비가 사람들을 공격한다며 내게 연락을 취해 왔다. 너무나 이상하게도, 다른 누군가와 존 그리고 호비가 다 같이 한 방 안에 있을 때만 이런 일이 일어났다고 했다. 존이 방에서 나가면 호비는 괜찮았다. 존은 5년 동안 호비에게 입마개를 사용해 왔다.

그 개와 텔레파시로 이야기를 나누려고 했지만 개는 말이 없었다. 다시 여러 번 되물었지만, 그 개는 완전히 침묵을 지켰다. 처음 들었던 생각은 내가 실패했고, 내가 가진 능력을 잃은 게 아닐까 하는 것이었다. 이것은 동물 커뮤니케이터로서 일하던 초기의 일이었기 때문에 나는 즉각적으로 나 자신을 의심했던 것이다. 그러나 존과 이야기를 하면서 나는 보다 전체적인 상황을 파악하게 되었다.

존의 사교성에 관해서 이야기를 나누기 전까지, 처음에는 우리 둘 다 혼란스러워하고 있었다. 그의 삶을 곰곰이 되짚어 보면서, 존은 마침내 자신이 사람들과 함께 있을 때 얼마나 불편해 하는지를 내게 말해 주었다. 심지어 때로는 사람들이 자신을 어떤 방식으로든 다치게 하거나 공격할 거라고 느낀 적도 있다고 말했다. 그 얘기를 하면서 우리 둘 다 뭔가 깨닫기 시작했다.

이것은 그의 개에 관한 문제가 아니었던 것이다. 그건 바로 사람들에 대한 존 자신의 두려움이었다. 그가 너무나 두려워한 결과, 대신 호비가 존으로부터 사람들을 밀어 내는 반응을 보여 줬던 것이다. 호비는 존을 너무나 사랑했고, 존이 상처 받기를 원하지 않았으므로 이런 행동을 했던 것이다.

호비에게 재갈을 물리는 것은 일시적 방편이었을 뿐이다. 존은 자신의 두려움이 어디에 기인하는지 알아내야 했고, 그 다음에는 그 두려움에서 벗어나야 했다. 일단 그의 두려움이 사라지고 나자, 호비는 더 이상 사람들을 공격하지 않게 되었다.

이 이야기가 보여 주듯이, 우리는 종종 동물들에게서 보이는 잘못된 행동이 동물들의 문제라고 간주하고 그것을 고치고 싶어 한다. 실상 그렇게 하는 것이 우리 자신이 개입된 문제라고 생각하는 것보다는 훨씬 쉬울 것이다. 나의 고객은 자신의 감정을 인정하고 책임지는 용기를 보여 주었다. 비록 우리 자신의 문제를 직시하는 것이 고통스러울지라도, 우리는 그 문제들을 해결해야만 한다―그것이 우리가 성장할 수 있는 오직 하나의 방법인 것이다.

동물에게 할 말이 거의, 또는 전혀 없다는 사실은 대개의 경우 그가 속한 가족을 들여다봐야 한다는 것을 알려 주는 신호임을 나는 수년 간에 걸쳐 배워 왔다. 문제가 있는 감정들이 가족 내에서는 표현되지 않아서, 동물이 행동으로써 그 문제를 밖으로 드러내고 있다는 지시일 수 있는 것이다. 흥미롭게도, 대략 내가 하는 일의 75%선에서 나는 고객들에게 자신의 삶을 들여다보기를 요청한다. 그럴 경우 상당히 빈번하게, 사람들은 자신에 관해서 알아야 할 무언가가 있다는 것을 동물들의 행동을 통해서 깨닫게 된다. 동물들의 행동은 우리가 다듬고 지탱해 나가야 하는 우리의 여러 면모들을 보여 주는 거울 역할을 한다. 이러한 사실을 깨달음으로써, 우리는 우리 자신의 이익을 위해서뿐만 아니라 직접적으로 동물들에게 영향을 미친다는 사실을 깨닫게 되기 때문에 우리 자신이 변해야 한다는 동기를 갖게 된다.

크리스 그리스컴이 《감정의 치유》에서 다음과 같이 말했듯이 말이다.

우리가 외적으로 보여 주게 되는 행동 중에 우리 내면의 모습을 반영하지 않는 것이란 하나도 없다. … 우리의 감정을 치유하는 것은, 모든 인간의 감정적 수준을 가장 높은 지점까지 끌어올리는 일을 용이하게 한다. 우리가 주의를 집중해서, 사람을 넘어 나무나 개, 바다, 별 등이 우리 자신의 일부라고 느끼게 되면, '전체'라는 말은 완전히 새로운 의미로 받아들여지기 시작한다.

예전부터 전해 오는 우스갯소리 중에 동물들은 자신과 함께 사는 사람을 닮는다는 말이 있다. 보다 사실적으로 말하자면, 동물의 성향은 자신의 보호자의 성향을 반영한다는 것이다. 내향적인 동물과 함께하는 사람들은 상당수 그들 자신도 내성적인 사람들이다. 몸집이 크고, 활기찬 개들과 함께 사는 사람들은 대개의 경우 그들 자신도 목청이 크고 열정이 넘쳐흐르는 사람들이다. 만약 우리가 10마리의 동물을 키운다면, 각각의 그 동물들은 우리의 각기 다른 성향을 반영하고 있을 것이다. 양육의 역할, 어릿광대, 탐험가, 내성적인 성향 등등 말이다.

캘리포니아 주 셔먼 오크스에 사는 맥신 버거는 사랑스러운 황갈색의 코커 스패니얼종 개 미스터 팁스, 검정과 흰색이 뒤섞인 긴 털의 고양이 코디 그리고 회색빛 얼룩무늬 고양이 사만사 이렇게 세 마리의 동물을 키우고 있었다. 맥신의 사례는 나에게 동물들이 자신만의 독특한 개성을 가지고 있는 동시에 자신들을 키우는 사람의 성향을 보여 준다는 사실을 확인시켜 주었다. 맥신은 자신의 동물들이 모두 행동 양상이나 신체적인 면에서 일종의 격앙된 증상을 보이고 있을 때 나에게 연락을 해 왔다.

개개의 동물들과 이야기하는 과정에서, 나는 이 상황이 대표적인 '반영'이라는 것을 깨달았다. 동물들은 맥신에게 그녀가 어떤 내적 변화를 필요로 하는지 보여 주기로 결심하게 되었고, 그들은 맥신이 그렇게 할 수 있도록 기꺼이 돕고자 했다. 맥신이 자신들에게 헌신적인 것처럼 그들 또한 맥신에게 그러했다.

미스터 팁스는 미친 듯이 방에서 방으로 달리곤 했는데, 그것이 모두를 미치게 만들었다. 그는 단지 집 안의 모든 일들이 다 잘 돌아가고 있는지 확인해 보고 싶었을 뿐이라고 말했다. 그는 모두를 기쁘게 만들고 싶어 했고, 그들 모두가 행복한지 확인해 보고 싶었다. 맥신은 즉각적으로 이 성향이 자신과 동일함을 알아냈다. 그녀는 극단적으로 다른 사람을 기쁘게 만들어 주는 사람이었고, 자신이 원하는 바는 제일 나중으로 미루었다. 이러한 행동을 깨닫게 될수록 (미스터 팁스가 보여 주는 행동에 도움을 받아서), 맥신은 자기 자신에게 더욱더 신경을 썼고, 미스터 팁스는 맥신의 새로운 행동을 관찰하면서 자신이 더 이상 그렇게 열심히 일할 필요가 없다는 사실에 기뻐했다. 그는 이제 자신의 관리 임무에 집착하기보다는 주기적으로 모두루 둘러보는 정도가 되었다. 그는 맥신이 자신의 '지도' 능력에 잘 반응해 준 것에 대해 감사했다. 그녀는 습득이 빨랐던 것이다!

코디는 맥신의 신체적인 불균형과 감정적 혼란을 반영하고 있었다. 그는 감정적으로 '힘겨운' 또는 '중압감을 느끼는' 상황이었고, 부비강염을 자주 앓았다. 맥신은 코디에게서도 역시 자신의 모습을 발견할 수 있었다. 그녀는 지나치게 심각하게 고민함으로써 스스로에게 부담을 주는 자신의 성향을 보았다. 그녀 역시 빈번하게 부비강염에 감염되곤 했었다. 맥신은 내가 지금까지 만나 보았던 고객들 중에서 가장 기꺼이 협조하는 사람이었다. 그녀는 자신이 지니고 있는 면모 중에서 양성되고 치유되어야 하는 점들을 발견해 낼 수 있었을 뿐 아니라, 이 용기 있는 여성은 변화를 통해서 기꺼이 앞으로 나아갈 준비가 되어 있었다.

마지막으로 사만사는 집 안의 참견쟁이이자 '수다쟁이'였는데, 이 점에 있어서는 맥신 다음 간다고 할 수 있었다. 그녀는 동물에게서 보이는 가장 강한 특성을 가지고 있었고 대단히 독립적이었다. 일말의 주저도 없이, 그녀는 맥신이 진정돼야 한다고 말했다. 그녀는 지나치게 극성이라는 것이었다. 맥신은 이 점에 대해서 길게 생각할 필요도 없었다. 그녀는 자신이 강한 성향을 가지고 있다는 것을 알고 있었고, 그것이 다른 이들에게 어떻게 받아들여지는지 진심으로 알고 싶어 했다.

맥신은 자신의 동물들이 주는 모든 정보를 마음에 새겼다. 그녀는 자신을 진정시켰고 자신의 정지점을 찾는 법을 습득했다. 맥신이 침착해지자 곧 모든 동물들도 그녀 옆에서 조용하고 침착해졌다. 이제 그녀는 동물들의 행동을 바라봄으로써 그녀 자신 또한 얼마나 잘 행동할 수 있는지를 알고 있다. 그녀는 자신의 동물들을 하나의 척도로 간주했다. 이 가족은 손에 손을 잡고, 아니 손에 발을 잡고, 서로의 균형과 조화를 만들기 위해서 협력했다.

다른 이들과 우리와의 관계 반영

동물들은 우리 자신 안에서 무슨 일이 진행되고 있는지를 반영해 줄 수 있을 뿐만 아니라, 또한 우리와 다른 이들과의 관계에서 벌어지고 있는 일들 또한 보여 줄 수 있다. 그러나 그들이 '반영하는' 행동은 기능이나 상황을 변경시키지는 못한다. 오직 우리 자신만이, 기꺼이 변화를 만들어 내고자 하는 태도에 의해서 변화를 이루어 낼 수 있는 것이다.

텍사스 주 댈러스에 사는 고객 닉과 수는 암컷 고양이를 사납게 공격하는 두 마리 수컷 고양이 때문에 연락을 취해 왔다. 그들은 그 고양이들을 따로 떼어놓아야 했고, 가족은 거의 자포자기 상태였다. 내가 그 수컷 고양이들과 텔레파시로 대화를 나누었을 때, 그들은 자신들이 그녀를 공격하고픈 충동에 내몰렸다는 말은 했지만, 이유까지는 말해 주지 않았다. 내게는 이 한정된 반응이, 고양이의 행동 뒤에 보다 많은 이유가 있으리라는 단서로 느껴졌고 그것은 가족과 관련이 있으리라 추측되었다.

닉은 운동 시합 때문에 여행을 자주 했다. 닉이 여행 중에 있을 때, 수는 외로움을 느끼지 않으려고 새로운 친구들을 만들고, 또한 자신을 지지해 줄 다른 방안을 마련하기 시작했다.

우리가 계속 이야기해 나가는 도중, 닉은 수의 새로운 친구 관계에 대해서 자신이 얼마나 화가 났는지 깨닫게 되었다. 그전에는 수가 감정적인 지지를 위해서 자신에게 의존했는데, 이제는 그는 감정적으로 버려진 느낌을 받았다. 그는 자신이 그녀에게 얼마나 화가 났는지를 알고 놀랐다. 고양이들이 그 시나리오에 따라 행동을 취한 것은 당연한 일이었다. 닉은 그 상황을 변화시키고 자신의 감정에 대처하고 싶었으므로 그날 밤 수와 긴 이야기를 나누었다.

그 다음 날, 나는 도저히 믿을 수 없는 일이 일어났다고 말하는 닉의 전화를 받았다. 수와 모든 문제를 다 해결하고 나자, 고양이들이 그전의 친밀하고 정상적인 모습으로 되돌아갔다는 것이다. 그런 일은 그렇게 빨리 해결되기도 하는 것이다. 이 경우에는 닉이 변화를 일으키고자 하는 마음으로 기꺼이 자신의 감정을 들여다보고 대처하려 했기 때문이었다.

만약 당신의 동물들이 이상한 행동을 보인다면, 사실은 그것이 당신의 문제점이 아닌지 생각해 보라. 그 동물의 행동을 관찰하고, 상황을 고려해 보고, 그 상황으로부터 당신이 배우는 것은 무엇인지 돌이켜보고, 책임을 지고, 그에 맞춰 행동하라. 그 상황을 연결시켜 생각하는 데 어려움이 있다면, 신뢰할 만한 친구 또는 더 낫게는 당신의 동물에게 물어보라. 동물들을 관찰함으로써, 우리는 우리 자신의 행동을 향상시킬 수 있다. 그들의 사랑은 진정 우리가 배우고 성장할 수 있도록 도와준다.

치유자로서의 동물들

동물들은 또한 우리의 상처 받은 면들을 치료하는 데 도움을 준다. 사람들이 학대 받았던 동물들을 입양하게 되는 많은 경우에 나는 그들이 자신의 삶에 있어서 지대한 변화를 겪게 되는 것을 보아 왔다. 그들이 이 동물들을 돌봐주고 모든 사람들이 다 그렇게 잔인하고 악의에 차 있는 것은 아니라는 사실을 깨닫게 도와주면서, 사람들은 종종 그들 자신이 지니고 있던 두려움과 고통에 대한 장벽을 제거하게 된다. 모든 양육과 사랑은 반영된다. 우리가 그들을 치유할 때, 우리는 우리 자신 또한 치유하게 되는 것이다.

어떤 사람들은 처음에는 자신들이 동물을 '구한다'라고 느끼지만, 때가 되면 그들은 동물들이 자신을 구해 주었음을 느끼게 된다. 나의 고객들은, 자신들이 동물들을 치유하고 재활하게 만들었던 과정이 자신들로 하여금 자신들의 상처—육체적·감정적·성적으로 버려지고 학대 받았던—를 치유하게 만들어 주었다는 사실을 수많은 실례를 통해서 들려주었다. 그러한 동물들을 자신의 삶에 받아들였다는 사실이 그들에게 자신들의 문제와 부드럽게 대면하고 화해할 수 있는 기회를 만들어 주었던 것이다.

미네소타 주에 사는 제프라는 사람은 수지라는 이름의 셔틀랜드 조랑말을 구해 낸 뒤 나를 찾아왔다. 제프는 자신이 알코올 중독이었다는 사실을 밝히며, 그 병을 고치기 위해서 성인이 된 뒤 대부분의 시간을 보냈지만 아무 성과가 없었다고 말했다. 그의 가족들 또한 그가 힘든 과정을 거치는 동안 도움이 되어 왔지만, 이제는 그 혼자서 이 문제를 해결해야 한다고 결정했다.

제프는 수지를 입양하고 나서야 자신의 문제를 심각하게 고려하게 되었다고 말했다. 집으로 데려왔을 때, 수지는 발작을 시작했다. 제프는 수지를 위해 술을 마시지 않은 맑은 정신 상태로 있어야 했다. 수지를 돌볼 수 있어야 하고, 침착하고 안정된 모습을 보여 줘야 했기 때문이었다. 누군가가 자신에게 생명을 의지하고 나서야, 그는 자신의 삶을 전환할 수 있었던 것이다. 수지를 입양하면서, 그는 단지 동물 수용 시설에서 수지를 '구조한' 것뿐만 아니라 자신 또한 '구조'해 냈으며, 그들 모두를 조화와 건강의 상태로 끌어올렸던 것이다. 제프의 삶이 바뀌면서 수지의 발작도 멈췄다. 사랑을 통해서 그들은 서로를 치유한 것이다.

다음 이야기에서는, 충실한 두 마리의 고양이가 자신들을 키우는 사람들이 지니고 있던 그들 안의 가장 큰 두려움과 변화에 대한 거부를 극복해 낼 수 있도록 도와준 사실을 발견할 수 있다.

지난 수년 동안 나는, 좋아하던 고객인 캘리포니아 주 밸리 빌리지에 사는 메리 코다로와 스캇 데이비스 존스 그리고 그들의 특별한 고양이인 시슬리, 보스톤과 함께 즐겁게 일해 왔다. '래그돌(봉제 인형)'(히말라야 고양이 같아 보이는)이라고 불리는 종의 보스톤은 거의 메리의 고양이인 셈이었고, 젠(Zen)과 비슷한 아비시니아종인 시슬리는 스캇과 강한 교감을 가지고 있었다. 최근에 우리는, 시슬리와 보스톤이 차례대로 영혼계에 들게 되었을 때 다 함께 힘을 모아 그 과정을 버텨 냈다.

스캇의 삶에서 가장 큰 두려움 중 하나는 죽음이었다. 고양이들이 신부전으로 고통 받고 있을 때, 스캇(그는 재택 근무를 하는 시나리오 작가였다)은 매일매일―시슬리의 경우에는 8개월 동안, 그리고 뒤에 보스톤의 경우에는 2년 간―피하 유동액 투여를 관리했다. 보스톤이 이 치료를 받게 되었을 때, 비록 그 당시 스캇은 이 치료 과정에 상당히 익숙해져 있었음에도 불구하고 상당히 불편해했다. 보스톤은 너무 늙고 허약해져 있어서, 스캇은 자신이 그를 아프게 하지는 않을까 걱정했다. 그러나 보스톤은 치료 과정을 아무 불평 없이 받아들였고, 스캇은 자신이 그를 도와주려 한다는 것을 보스톤이 알고 있는 것 같았다고 말했다. 매일 반복되는 치료 과정이 그들을 특별한 유대감으로 맺어 주었다.

스캇은 자신의 실수를 관대히 보아 넘겨 주는 이 놀라운 생명체에 대해 자신이 책임을 지고 있다는 사실을 소중히 받아들였다. 그는 자신이 그들로부터 배운 것―그들의 민감한 감각과 수용하는 자세―을 받아들일 수 있었고, 그것을 자신이 가진 다른 관계들에 표본으로 삼았다. 스캇은 직관적으로 모든 존재는 서로 소통한다는 것을 깨달을 수 있었다. 그는 보스톤과 시슬리가 자신에게 그런 가르침을 준 것에 감사했다.

그런 치료법에도 불구하고 시슬리의 병이 점점 심해졌을 때, 스캇과 메리는 시슬리가 떠나야 할 시간이 다가오고 있음을 느끼고, 그가 세상을 떠날 수 있게 도와줄 수의사를 자신의 집으로 오도록 했다. 이것이 스캇이 죽음에 대면한 첫 번째 경험이었고, 그는 무슨 일이 일어날지 짐작할 수 없었다. 수의사가 도착했을 때, 그 고양이는 스캇의 무릎에서 펄쩍 뛰어내려 방으로 달려가 버렸다. 갑자기 터져 나온 이 에너지에 스캇은 당황했고, 상실감과 죄의식을 느꼈다. 시슬리가 그렇게 엄청난 에너지를 갑작스레 뿜어낼 수 있다면, 지금이 진정 그녀를 잠들게 해야 할 때란 말인가? 그는 종종 이런 일이 발생한다는 것을 모르고 있었다. 동물들이 세상을 떠날 때가 되었다는 것을 느끼면, 가끔은 자신들의 떠나감을 축하하는 의미에서 그리고 지금이 자신들 앞에 주어진 다음 단계로 넘어갈 시간임을 확신시켜 주려고, 불현듯 폭발적인 에너지를 보여 준다. 시슬리의 죽음은 오랫동안 스캇을 괴롭게 만들었고, 4년 뒤에 보스톤 역시 세상을 떠났을 때가 되어서야 사라졌다.

보스톤의 죽음은 스캇에게는 치유의 경험이 되었다. 과거에 보스톤은 수의사가 오기만 하면 두려움으로 떨었다. 하지만 그날 보스톤은 완전히 침착한 상태에서 대단히 위엄 있고 용기 있게 수의사를 맞이했다고 스캇은 말해 주었다. 보스턴은 자신의 머리를 메리의 손

위에 두고 평화롭게 영혼의 세계로 들어갔다. 스캇은 이런 방식으로 죽음이 펼쳐지는 것을 바라보면서 영감과 의미를 찾았고, 죽음으로의 여행이 이다지도 용기 있고 품위 있을 수 있다는 것을 깨달았다.

그런 일이 있은 지 얼마 지나지 않아, 스캇이 405번 고속도로를 운전하고 있을 때, 라디오에서 〈우주를 건너(Across the universe)〉라는 존 레넌의 노래가 흘러나왔다. 가사를 귀 기울여 듣다가 스캇은 시슬리의 존재를 느꼈고, 시슬러가 자기는 괜찮다고 말하는 것을 알았다. 그는 이 교감에 의해서 진정 평온함을 느꼈고, 그로 인해 시슬리의 죽음에 대해서 자신이 가지고 있던 고뇌에서 벗어나게 되었다. 그는 죽음이 두려움이나 심판 또는 위험과 같은 것들과 관련되어야 하는 건 아니라는 것을 깨닫기 시작했다. 죽음이란 단순히 하나의 여행이며, 아름다운 경험일 수도 있다. 시슬리와 보스톤은 둘 다, 스캇이 항상 느껴 왔던 인생에 있어서의 가장 큰 두려움로부터 그를 치유해 주었다. 이제 스캇의 희망은, 자신에게 죽음을 맞이하는 여행의 시간이 찾아왔을 때 보스톤이 보여 준 것과 같은 품위를 가지고 떠날 수 있었으면 하는 것이었다.

죽음을 맞이하는 두 마리 고양이에 대한 메리의 경험은, 그녀의 교훈이 보여 주듯이 이와는 다른 것이었다. '건축 생물학자' 또는 건강한 집 전문가'라는 자신의 직업 때문에, 메리는 현장에 나가서 일해야 했고, 때로는 상당히 많은 시간을 힘들게 일해야 했다. 고양이들은 그녀가 그렇게 과하게 일하는 것을 좋아하지 않았고, 자신들이 템포를 늦춰 주어야 한다고 생각했다. 특히 보스톤은 그녀의 '봉제

인형'이 되어 줌으로써 그녀를 도왔다. 비록 그는 다른 그 누구도 이런 방식으로 자신을 만지도록 허락하지 않았지만, 메리에게만은 자신을 손으로 주무를 수 있게 해 주었고 고양이가 아니라 개처럼 몸을 뒹굴리곤 했다. 그는 부드러운 태도를 취해서 메리가 여유를 갖게 했고, 계속해서 그녀가 자신과 놀 수 있게 해 줌으로써 그녀가 다시금 어린아이 같은 행동들을 할 수 있게 했다.

반면, 시슬리는 메리의 자각을 불러일으켰다. 시슬리가 가만히 앉아서 메리를 주시하면, 메리는 자신이 일을 멈추고, 안정을 찾고, 조용히 있어야 한다고 시슬리가 주장하고 있음을 알아차렸다. 그녀는 또한 이런 순간으로부터 배워야 할 무언가가 있다는 것을 깨달았고, 그 결과 일 중독인 자신의 성향을 극복해 냈다.

시슬리가 세상을 떠났을 때, 보스톤은 한동안 메리로부터 벗어나 스캇에게 위안을 주었다. 메리는 외롭다고 느끼기는 했지만, 보스톤이 스캇의 슬픔을 치유해 주고 있다는 것을 알고 있었다. 메리는 이 시간을, 불가피한 이별의 시간을 앞두고 있는 보스톤과 분리되게 도움을 주는 시기로 바라보자고 결심했다. 그들 둘은 항상 너무나 가까웠기 때문에, 결국은 이 시간이 그녀에게 도움이 되리라는 것을 알았다. 그리고 실상 그러했다. 보스톤이 마지막 숨을 내쉬었을 때, 메리는 그를 안고 먼 곳으로의 여행을 떠나는 그를 달래 주면서 좋은 마음을 가질 수 있었다.

보스톤과 시슬리 이 두 고양이는 스캇과 메리가 두려움과 자신들을 저해하는 요소를 극복하는 데 도움을 준 고마운 스승들이었다.

이 존경할 만한 고양이들이 그들의 보호자인 사람들을 치유한 것처럼, 마르코라는 이름을 가진 활기찬 작은 치와와 또한 그러했다. 만약 그의 주인이 그렇게 열린 마음을 가지고 있지 않았다면, 그리고 영적으로 명민한 사람이 아니었다면, 마르코가 보여 준 행동은 행복한 결말을 야기하지 못했을 것이다.

2년 전, 나는 바브라 스트레이전드나, 페이스 힐 그리고 루터 밴드로스 같은 세계적으로 유명한 아티스트들에게 곡을 써 준 성공한 작곡가 마샤 말라멧을 만날 수 있는 기쁨을 누렸다. 자신의 두 마리 치와와 중 한 마리인 마르코와 있었던 문제 때문에 그녀가 나에게 연락을 해 왔던 것이다.

내가 마샤의 집에 도착했을 때, 두 마리의 개 마르코와 몬테를 만나게 되었다. 몬테가 자신의 삶을 즐기는 행복한 개였던 반면, 마르코는 고통을 겪고 있는 것이 명백해 보였다. 마샤는 마르코가 마치 작은 인간인 것 같다고 말했다. 그는 얼굴에 그의 감정을 고스란히 드러냈다—그의 눈에서 그것을 알아차릴 수 있었다. 마르코는 마샤와 그녀의 모든 감정에 대단히 예민하게 반응했다. 마샤가 친구를 잃고 슬퍼했을 때, 마르코는 심지어 병들기까지 했다. 마르코는 마샤가 집을 떠날 때마다 크게 짖어 대며 우울해했고 미칠 지경이 되었다. 이제 그는 마샤를 물기 시작했고, 마샤는 마르코가 점점 더 걷잡을 수 없게 될까 봐 우려하고 있었다.

마샤는 상황을 잘 알고 있었고, 눈치가 빠르고, 영적으로 발달되어 있는 사람이었기 때문에, 겉으로 표현되어야 하고 또한 자신이 마르코로부터 알아내야 할 무슨 일인가가 진행되고 있다는 것을 알아챘다. 부모에게 해결되지 않은 문제가 있을 때, 때로는 아이들이 그 문제를 행동으로 드러낸다는 것을 마샤는 잘 알고 있었던 것이다. 동물들은 자신의 주인들이 제대로 깨닫지도 못한 채 가지고 있는 이슈에 대해서 이와 똑같은 역할을 한다고 마샤는 확신하고 있었다.

내가 마르코와 이야기했을 때, 마르코는 마샤가 애완동물 숍에서 자신을 데려오기 전에 자신의 삶이 얼마나 끔찍했는지를 말해 주었다. 그는 자신이 그곳에 상당히 오랫동안 있었는데, 그때 사람들은 가게에 들어와 자신을 들어올려 보고 나서는, 그곳에 자신을 그대로 내버려두고 가 버렸다고 말했다. 그는 그렇게 반복적으로 버려졌던 기억으로부터 너무나 많은 고통을 받고 있어서, 마샤가 집을 떠날 때면 항상 극도로 흥분하게 되었다고 말해 주었다. 그가 그녀를 공격했던 것은, 자신을 혼자 내버려두지 말라고 간청하는 자신만의 방식이었던 것이다. 내가 그녀에게 이 사실을 알려 주었을 때, 마샤는 어린 시절 버림받았던 기억을 떠올리고는 둘이 똑같은 트라우마를 마주하고 있다는 사실을 깨달았다. 마르코는 또한 마샤가 몬테를 그의 삶에 데리고 들어왔다는 사실에도 분노하고 있었다. 그는 마샤와만의 관계가 아닌 또 다른 개와 관계를 가지기 원하지 않았던 것이다.

마샤는 이제 그가 왜 그런 식으로 행동했는지 이해했고, 자신이 집을 떠날 때면 항상 마르코에게 얼마나 오랫동안 집을 비우게 될 것인지 알려 주고, 자신이 그를 너무나 보고 싶어 하면서 돌아오는 광경을 정신적 이미지로 보여 주었다. 그녀는 또한 이제 몬테에 대한 마르코의 마음이 진정 어떠한지를 알았기 때문에, 집에 돌아오면 마르코에게 제일 먼저 인사를 했다.

마샤가 마르코가 자신의 거울이라는 것을 깨닫고 진정으로 마르코와 교감하며 시간을 보내게 되자, 마르코의 무는 버릇은 사라졌다. 그러나 불행하게도 그는 그녀를 한 번 더 문 적이 있었는데, 그로부터 큰 교훈을 얻을 수 있었다.

어느 날 마르코가 그의 발을 물어뜯었다. 최근 꽤 자주 이런 행동을 보였기 때문에, 마샤는 무슨 문제가 있는지 알아보려고 했다. 그녀가 대단히 놀라고 실망스럽게도, 마르코는 그녀를 물었다. 그녀는 화가 났고 상처받았다. 난데없이, 그녀 앞에 어린 시절의 기억이 펼쳐졌다. 어렸을 때, 그녀는 병약한 어머니를 돌봐야 했는데, 그에 대해 그 어떤 감사도 받은 적이 없었다. 할 수 있는 한 최선을 다해서 마르코를 돌봐주려고 하고 있는 자신에게 어쩌면 마르코가 그런 행동을 할 수 있었는지 의아해 하는 순간, 마샤에게 그 모든 상황이 상당히 낯익게 느껴졌다.

마샤는 내게, 어린 시절 자신이 느꼈던 억압된 분노의 감정을 마주하기 위해서 2년 간 치료를 받았다고 말해 주었다. 마르코는 마샤 자신의 분노와 적의를 고스란히 비추어 주었던 것이다. 마르코는 분노를 표출했고, 마샤는 자신에게 반드시 치료가 필요하다는 것을 그의 행동이 입증하고 있음을 깨달을 수 있었던 것이다. 이제 마샤는 자신 스스로를 돌보기 위한 최상의 양육인이 되는 법을 배워야 했고, 과거와 자신의 분노에서 벗어나 자신의 앞에 펼쳐진 새로운 삶을 살아야 했다.

마샤는 지금 그 어느 때보다 더, 자신의 스승이자 치유자가 되어 준 마르코를 사랑하고 있다. 그녀는, 중요한 것은 마르코가 자신을 물었다는 사실이 아니라 그 뒤에 발생한 일들, 그리고 우리가 선택한 일들 때문이라고 말한다. 마르코를 다루기 힘든 나쁜 개라고 믿는 대신, 그녀는 자기 자신에 대해서 깨닫도록 만들어 준 기회라고 받아들이기로 한 것이다. 많은 사람들은 마르코를 포기했겠지만, 마샤는 마르코가 자신에게 축복이라고 생각했다. 그녀는 마르코의 결함을 인정했고, 그것이 그녀로 하여금 자신의 결함 또한 받아들일 수 있게 도와주었다. 자신의 결함을 사랑하는 것은 자기 자신을 사랑하는 것이다―그것이 바로 우리 모두에게 가장 큰 교훈이다.

동물들이 애정으로 보여 주는 그들 행동의 반영을 보게 될수록, 우리는 다른 이들뿐만 아니라 가장 중요한 우리 자신 역시 치유하게 된다. 랄프 왈도 에머슨이 "그 어떤 사람도 자기 자신을 돕지 않고는 진정으로 다른 사람을 도울 수 없다는 것은 삶이 우리에게 주는 가장 아름다운 보상이다" 라고 말했던 것처럼 말이다.

우리에게 스승의 역할을 해 주는 동물들

동물들이 속한 새로운 가정에 적응하도록 도와주고, 훈련시키고, 놀아 주고, 돌봐 주는 동안 당신은 혹시 동물이 당신에게 가르침을 준다는 생각을 해 본 적이 있는가? 동물들은 지금까지 당신이 알아 온 그 어떤 대상보다 더 부드럽고, 정다운 동시에, 현명한 스승이다. 당신이 전혀 기대하지 못하고 있는 순간에도, 그들은 당신에게 힘 있는 가르침을 준다. 그들이 가르침을 주는 방식은 미묘할 수도 있고, 뚜렷하게 표현될 수도 있으며, 재미있거나 또는 아주 심각할 수도, 행동으로 보여 줄 수도, 신체적으로 드러날 수도 있을만큼 범위가 다양하다—그것이 무엇이 됐든 당신의 관심을 끌고 당신에게 가르침을 줄 수 있도록.

마지막 순간까지 자신의 개를 사랑하고 소중히 여겼던 나의 삼촌 윌리엄 큐란이 쓴 다음 시 속에 그런 사실이 얼마나 간결하게 잘 드러나 있는지 한 번 보라.

내 아이에게 개가 있다면 좋겠어. 두 마리나 세 마리쯤.
나에게서 배울 수 있는 것보다 훨씬 더 많은 걸 그 개에게서 배울 수 있도록.
어떻게 하면 다른 이들을 사랑할 수 있고, 싫어하지 않을 수 있는지 배울 수 있겠지.
나는 잘 못하지만, 개들은 확실히 가르쳐 줄 수 있도록.

내 아이에게 단짝이나 친구가 될 개가 한 마리 있다면 좋겠어.
우정이란 마지막까지 신의를 지키는 것이라는 걸 배울 수 있도록.

배반할 줄 아는 개는 이 세상에 없어.
네가 좋을 때는 옆에 있고, 네가 길을 잃고 헤맬 때 떠나버리는 그런 개도 이 세상에 없지.

그들은 우리에게 매순간을 살라고 가르쳐 준다

캘리포니아 주 셔먼 오크스에 사는 마샤 번즈는 어느 날 아홉 살 된 자신의 개 매티를 걱정스러워하며 연락해 왔다. 6개월쯤 전, 매티는 암으로 왼쪽 다리와 어깨를 제거하는 수술을 받았다. 현재 암이 재발되어 종양이 매티의 심장과 목, 폐까지 전이되어 있었다. 수의사가 매티의 죽음을 준비해야 할 때라고 말했기 때문에, 마샤는 내가 매티를 만나 보고 나 역시 같은 의견인지 말해 주기를 바랐다.

마샤는 지금까지 끊임없이 일하며 항상 바쁜 생활을 해 왔다. "매티가 병으로 고생하던 지난 9년 동안, 나는 가끔씩 내가 매티와 함께 있는 게 아니라는 걸 깨달았지요. 내가 매티를 사랑하지 않은 건 아니지만, 나는 항상 바빴고, 너무나 예민해 있었으며, 항상 일에 쫓기고 있었지요. 나는 단지 어떻게 하면 매순간 속에 살 수 있는지 그 방법을 몰랐던 거지요." 매티의 병과 수술이 그 모든 걸 바꾸어 놓았다. 마샤는 매티와 더 좋은 시간을 보냈고, 그들 둘은 친밀한 유대

관계를 가지게 되었다.

내가 매티를 만났을 때, 매티는 아직 자신이 떠날 시간이 아니라고 말해 주었다. 자신은 죽는 걸 두려워하지 않지만, 자신이 죽는다는 사실을 마샤가 두려워하는 게 걱정이라고 마샤에게 전해 달라고 했다. 자신이 떠나고 나면 마샤를 위해 자신이 했던 것처럼 해 줄 수 있는 이가 누가 있을지 알 수 없었기 때문에, 그래서 마샤를 떠나고 싶지 않다고 말했다. 자신이 한 것처럼 마샤가 현재 그 순간에 집중하고 살 수 있도록 도와줄 수 있는 이가 누가 있겠는가?

그녀는 아직도 마샤와 산책하고 싶어 했고, 마샤와 동행한다는 사실을 사랑했다. 마샤가 울음을 터뜨린다고 해도 그런 건 마샤 스스로 감당할 수 있을 테니 괜찮았다. 매티는 자신과 마샤 둘 다에게 완전히 적절하다고 여겨지는 순간이 오기 전까지는 그녀를 떠나지 않을 것이고, 심지어 매티는 자신이 떠날 순간이 되었을 때 어떻게 마샤가 그것을 알게 될지에 대해 자세히 설명해 주었다.

마샤는 자기 자신을 위해서는 단 한 번도 여유를 가지고 살기로 마음먹은 적이 없었기 때문에, 이제는 매티를 위해서 매 순간 속에 살 수 있도록 템포를 늦추기로 마음먹었다. 매티가 점점 더 쇠약해졌기 때문에 마샤는 매티와 산책할 때, 보다 천천히 걸음으로써 신체적인 면에서도 템포를 늦추었다. 그들은 도로 가장자리에 함께 앉아 한층 더 조용한 시간을 보내고, 서로에 대한 애정을 느끼면서 예전보다 더 오랫동안 휴식을 취하곤 했다. 매티가 세상을 떠나야 했을 때, 매티는 마샤에게 자신이 약속했던 대로 그 사실을 알려 주었고, 마샤는 비록 슬프기는 했지만 준비되었다고 느낄 수 있었다.

매티는 마샤에게 말할 수 없이 큰 선물을 주었고, 마샤 또한 매티에게 자신의 인생에서 가장 큰 선물을 주었다. 마샤는 자신에게 매 순간순간을 느끼며 살게 해 주려고 매티가 왔었다는 가르침을 얻은 것이다.

우리가 동물들의 행동양식을 주의 깊게 관찰한다면—그들은 자신이 먹고 싶을 때 먹고, 자고 싶을 때 자며, 놀고 싶을 때 논다. 그리고 무조건적으로 사랑한다—그보다 더 훌륭한 롤 모델을 어디서 찾을 수 있을 것인가? 우리는 우리 자신의 삶에서도 이와 같은 방식을 따라야 할 필요가 있다. 동물들은 과거에 대해 걱정하지 않고 오직 매순간 속에 살고 있는 것이다.

동물들은 우리가 무엇을 놓치고 있는지 가르쳐 준다

동물들은 우리가 배움을 얻는 동안, 우리의 삶에서 또는 우리가 맺고 있는 다른 이들과의 관계 속에서 무슨 일이 진행되고 있는지를 반영한다. 그들은 또한 우리가 놓치고 있는 연결 고리, 즉 우리의 삶을 변화시켜야만 한다는 사실을 가르쳐 준다.

캘리포니아 주 버뱅크에 사는 펌 마크스는 자신의 블랙 스모크 페르시안종 고양이 멜리사가 신부전으로 심하게 아파 병원에 입원해 있다며 내게 연락을 취해 왔다. 그 고양이는 아무것도 먹지 않고, 그 어떤 반응도 보이지 않고 있었다. 편은 멜리사 이제 그만 이 세상을 떠나고 싶어 하는 건지 알기를 원했다. 그녀는 만약 고양이가 세상을 떠나기를 원한다면, 그녀를 억지로 붙잡아 두어서는 안 된다고 생각했다.

편은 최근에 자신의 개인 사업을 시작했는데, 그 일은 엄청나게 힘들었고 많은 시간을 필요로 했으며, 그로 인해 그녀는 엄청난 스트레스를 받았다. 멜리사는 다른 두 마리 수컷 고양이와 사이가 좋지 않았고, 편이 옆에 없으면 혼자서는 밥도 먹으려 들지 않았기 때문에 편은 늘 멜리사가 키우기 힘든 고양이라고 생각했다. 심지어 멜리사는 자신의 물그릇에서 물을 마시려고 하다가도, 다른 고양이가 그 쪽으로 다가오면 번개같이 다른 쪽으로 달아나 버리곤 했다. 편은 이제 자신의 생활에서 오는 스트레스 때문에 성미가 급해졌고, 멜리사에게 화를 냈으며, 멜리사의 두려워하는 습관을 '확 털어 버리고', 자기 자신을 스스로 돌봤으면 하고 바라게 되었다.

편과 이야기를 나누면서, 나는 그녀에게 동물들은 때때로 우리 자신에게 무슨 일이 일어나고 있는지를 반영해 준다는 말을 했다. 편은 잠시 생각해 보더니 멜리사에게서 자기 자신의 모습을 찾아냈다. 그녀는 자기 자신을 돌보고 있지 않다는 사실을 인정했다.

멜리사와도 이야기를 나누었는데, 멜리사가 말하기를, 자기는 이대로 머물고 싶지만 편이 자기 자신을 좀 사랑해 주면 좋겠다고 말했다. 그녀는 편의 사랑을 원했고, 다른 두 마리의 고양이들이 자신을 공격한다는 사실을 알아주기 바랐다. 편은 멜리사의 생각을 너무나 강하게 감지했기 때문에 자신의 사업을 접고 다른 일을 하기로 결심했다. 그녀는 자신의 어깨에서 무거운 짐이 내려지는 것을 느꼈고, 자기 자신과 사랑받고자 하는 멜리사의 갈망에 부응하게 되었다. 펀은 멜리사가 자신의 부정적 성향을 떠맡았고, 그것 때문에 병들어 아팠다는 사실을 깨달았던 것이다. 그로부터 그들 둘은 절대 깨지지 않는 강한 연대감을 갖게 되었다.

우리의 세션이 끝난 다음 날, 그 수의사가 펀에게 전화를 걸어와서는, 무슨 일이 어떻게 발생한 건지는 알 수 없지만, 멜리사가 퇴원해도 괜찮다는 사실을 알려 왔다. 그녀는 사랑해 주고 이해해 주는 펀의 품으로 돌아왔고, 태어나서 처음으로 뛰어놀기 시작했다.

다음 이야기는, 동물들이 어느 정도로 우리에게 삶에 관해, 우리 자신과의 관계에 대해, 다른 사람들과의 관계에 대해, 그리고 우리의 정신적인 관련에 대해서 가르쳐 주는지를 알려 준다. 이 글은 안젤리와 미엘이라는 존경할 만한 두 마리 고양이에 대해서, 그들을 자랑스러워하는 보호자 팸 푸치가 쓴 감동적인 이야기다.

지난 10월, 열네 살 된 나의 고양이 미엘에게 병의 징후가 보이기 시작했다. 그녀는 2년 전 흑색종으로 투병한 적이 있었다. 나는 동물들이 맞이하는 죽음의 과정을 겪어 본 적 없었기 때문에 누군가의 충고나 도움이 필요했다. 나는 캐롤 거니라는 동물 커뮤니케이터에 관해서 들어 본 적이 있었기 때문에, 미엘의 죽음을 준비하는 과정에서 그녀와의 세션을 원했다.

미엘은 대담했으며 활기와 매력과 애정으로 가득 차 있었고, 미엘보다 1년 어린 암컷 고양이 안젤리는 미엘과는 상반된 고양이로, 조그맣고, 섬세하며, 조용했다. 안젤리는 스스로를 부끄러워하는 모든 모습을 반영해 주는 고양이였던 반면, 미엘은 나 스스로 자랑스럽다고 여기는 모든 부분을 반영해 주는 고양이었다. 캐롤이 전화로 이야기하기 시작했을 때, 나는 즉각적으로 미엘과 교감하고 있음을 알 수 있었다. 그런 생각은 재미있기도 하고, 사실상 약간은 건방진 생각이기도 했다. 미엘은 자신의 아름다움과, 먹고 싶은 음식들에 관해서 이야기했고, 죽음의 과정에 대해서 질문을 할 때도 전적으로 침착해 보였다. 그녀는 자기 자신보다 나에 대해서 더 신경 쓰고 있었다. 이 작고 사랑스러운 생명체가 다가올 자신의 시련에 관해 나를 더 걱정해 주는 것을 보고 나는 다가올 죽음에 대한 두려움을 덜어낼 수 있었다.

2주가 지나자 미엘은 점점 더 힘들어하게 되었고, 나는 마지막 시간이 다가오고 있음을 감지했다. 캐롤은 미엘과 더 많은 이야기를 나누라고 나를 다독여 주었다. 흘러가는 시간 속에서 나는 미엘과 모든 이야기를 나누었다. 이 시기 동안, 나는 일하지 않는 모든 시간을 미엘과 함께하는 은둔자가 되었다. 그때까지 나는 모든 여유 시간을 나의 친구들, 식사나 각종 활동에 쏟아 붓는 타입이었기 때문에 그것은 큰 변화라고 할 수 있었다. 매일매일 우리의 치유 작업에서 오는 고독감은 내가 경험했던 명상과 비슷했다. 미엘과 나는 깊은 침묵 속에 사랑으로 충만한 교감을 나누었고, 나는 내게 남은 그녀와의 매순간을 소중하게 여겼다.

그 3개월 동안 나는 안젤리에게는 거의 신경을 쓰지 못했다. 훗날 미엘이 없는 안젤리와 나의 관계가 어떨지를 생각하면, 나는 몹시 미심쩍은 마음이 들었다. 가족 간의 기능이라는 것은 몹시 한정되어 있다. 미엘은 나의 고양이었으며, 안젤리는 미엘의 고양이었다. 지나고 나서 보니, 안젤리가 우리 둘 다를 사랑하는 마음으로 바라보고 있었다는 것을 알 수 있다. 비록 미엘은 점점 병약해져 갔지만, 안젤리는 단 한 번도 미엘의 밥그릇으로부터 아기 유동식을 뺏어먹으려고 한 적이 없었다. 미엘이 잠들고 싶어 하는 자리를 먼저 고르게 해 줬으며, 치유의 과정을 방해한 적도 없었다.

미엘의 고통을 덜어 줘야 할 시간이 다가왔을 때, 내가 도와줘야 한다는 사실을 알았다. 미엘이 이 세상을 떠나고 일주일이 지나자 안젤리는 음식을 거부했다. 이 행동은 4일간 지속되었고, 여러 다른 수의사를 거치며 동물병원에서 하룻밤을 보낸 뒤에도 여전히 확실한 진단은 내려지지 않았다. 나는 전통적인 수의학과 함께 대체의학도 시행하고 있는 로저 발렌타인 박사의 치료법을 시도했다. 나는 본능적으로 그가 도움을 줄 수 있는 사람이라는 것을 알았다. 안젤리의 회복을 위한 그의 헌신적 치료는 내가 그 어떤 수의사에게서도 본 적이 없는 것이었다. 문제점을 찾아내기 위한 우리의 노력에도 불구하고, 안젤리의 단식은 계속되었다. 나는 인위적인 영양 투여로는 안젤리를 오래 버티게 만들 수 없으리라는 것을 알고 있었고, 그녀가 매일 옷장 속에 들어가 앉아 있는 것을 바라보면서 최악의 상황을 두려워하게 되었다. 나는 다른 방식의 도움이 필요하다는 것을 깨닫고 캐롤에게 전화했다. 안젤리와의 대화는 내 두려움을 확인해 주었다. 안젤리는 미엘 없이 어떻게 '살아야 할지' 알지 못했다. 그녀는 버려졌다고 느꼈으며, 미엘과 함께 있기를 원했다. 그녀는 나보다 더 슬픔을 실감하고 있었던 것이다. 나는 한 번도 안젤리와 깊은 유대감을 느낀 적이 없었지만, 만약 안젤리가 진정으로 원한다면 아무리 가슴 아프더라도 안젤리를 떠나보내 주는 것이 옳다고 여겼다.

나는 눈물을 흘리면서 안젤리의 소망을 들어 주기로 결심했다. 이 과정의 일부로서, 캐롤은 내게 우리가 나누었던 모든 행복한 시간들에 대해서 안젤리와 이야기를 나누도록 용기를 북돋워 주었고, 안젤리가 나에게 주었다고 느끼는 것들을 이야기해 줌으로써 나에게 위안을 주었다. 안젤리의 선물은 '음악'이었다. 캐롤은 '음악'을 만들기 위해서, 내가 바이올린 연주자이고 안젤리가 내게 바이올린 활을 선사하는 모습을 그려서 보여 주었다. 그것은 보석 같은 마음에서 나온 아름다운 이미지였고, 나는 마음이 열리기 시작하는 것을 느낄 수 있었다. 나는 항상 안젤리에 대해서 느껴 왔던 것들을 안젤리에게 전해 달라고 캐롤에게 부탁했다. 안젤리는 내 마음속에서 부드럽고 조용한 곳을 찾아내라고 했다. 그녀는 은총이 내 안에 있음을 상기시켜 주었다. 캐롤은 이 사실을 안젤리에게 말해 주었다. 침묵의 순간이 지나가고, 캐롤은 내게 "와, 당신 고양이에게서 방금 축포가 터졌어요."라고 말했다. 안젤리는, "정말, 내가 그렇게 한 거예요?

내가 그녀를 위해 그렇게 큰 무언가를 할 수 있다니 믿을 수가 없군요."라고 말했다. 나는 심장이 뛰는 걸 느끼며, 그 말이 안젤리가 나와 함께 있기를 원한다는 말인지 물었다. 안젤리는 머뭇거리며 "한 번 생각해 볼게요." 하고 말했다. 이것은 안젤리와 나 사이에 있어서는 믿을 수 없을 만큼 감동적인 경험이었다. 그것은 마치 13년을 함께 살면서 단 한 번도 진심으로 서로를 사랑한다고 말해 본 적 없는 부부 같았다. 그 감정과 사랑은 집 안 전체에 울려 퍼졌다.

캐롤이 떠나고 10분쯤 뒤에, 안젤리는 자신의 음식 그릇으로 가서 4주 만에 처음으로 스스로 음식을 먹었다. 그때부터 우리 사이의 관계도 변했다. 우리는 오랫동안 서로의 눈을 바라보았고, 안젤리는 내가 자신을 계속해서 안고 있을 수 있게 해 주었다. 이런 일들은 이전의 관계에서는 한 번도 없던 일이었다. 며칠 뒤, 나는 안젤리가 나와 함께 머무르겠다고 결심한 것을 느꼈다. 그로부터 나는 그녀가 육체적으로 치유될 수 있도록 최선을 다했다.

그러나 한 달이 지나도록 안젤리는 계속해서 몸무게가 줄면서 기력을 상실하고 있었다. 나는 수의사가 이해할 수 있도록 질문 목록을 작성했다—대부분 그녀의 회복에 관한 상세한 표 같은 것 말이다. 캐롤이 집으로 찾아왔고, 우리는 안젤리와 함께 커다란 옷장 속에 들어가 앉았다. 내가 질문을 시작하려고 했을 때 캐롤이 나를 중단시켰다. "안젤리는 우리가 자신의 쇠약해지는 몸에 관심을 집중하는 건 그다지 원하지 않는군요. 그녀는 자신이 정신적인 면으로 대단히 성장하고 있다고 느끼고 있어요." 간결하면서도 심오한 그 생각이 나를 놀라게 했다. 나는 지금까지 그녀의 육체적 건강에만 집중한 나머지 가장 중요한 것은 놓치고 있다는 것을 깨달았다; 내가 지난 13년 간 알아 온 내성적이고 겁 많은 고양이가 영적인 거인이 되어 있다는 것을 말이다.

캐롤은 계속해서 말했다. "안젤리는 당신이 이곳에 머무를 수 있는 용기를 주었다는 걸 알아주기 원해요. 그리고 어느 순간 더 이상 당신 곁에 육체적으로 머무를 수 없게 된다고 하더라도, 그녀는 여전히 당신과 교감하게 될 거라는 것도요. 안젤리가 '나는 계속해서 여기 있을 거예요.'라고 말하네요." 나는 이 부분에서 압도당했다. 이 생명체의 사랑은 완전히 무조건적이었다. 나는 지난 6개월이 죽음과 관련된 것이 아닌 사랑에 관련된 것이라는 걸 알았다. 안젤리를 포기하는 건 내게도 힘든 일이지만, 내가 그녀의 육신을 위해서 할 수 있는 일은 이제 다했음을 느꼈다. 나는 이제 내가 할 수 있는 한 가장 가득한 사랑으로서 나의 에너지를 우리에게 남아 있는 순간으로 돌렸다.

안젤리의 마지막 5개월 동안, 나는 끊임없이 안젤리에게 이야기했다. 캐롤의 말에 따르면, 안젤리가 이름을 불러 주기를 원한다고 했으므로 나는 끝없이 그녀의 이름을 불러 주었다. 내가 할 수 있는 최대한의 방법으로, 안젤리가 내게 어떤 의미였고, 내 무엇을 해 주었는지 말해 주었다. 나는 또한 내가 어떻게 그녀의 본질을 볼 수 있는지 말해 주었다; 봄꽃과 태양의 빛과 바이올린 선율과 은총 속에서. 이런 모든 순간들이 나의 영혼을 고양시키고, 다가올 시련의 슬픔을 덜어 주었다. 나는 감정에 충만한 그녀의 시선이 얼마나 나의 가슴을 가득 채워 주었는지 결코 잊지 못할 것이다.

미엘과 안젤리 모두가 떠나고 난 지금도, 나는 내 안에서 그들을 느낀다. 미엘은 내 어깨 위에 앉아 있고, 안젤리는 내 마음 곁에 누워 있다. 그 사랑은 그들의 육신이 더 이상 이곳에 있지 않다고 하더라도 내게 힘을 주고, 나를 지탱해 주며, 항상 지속되고 있다. 그리고 내 삶에서는 계속해서 변화가 일어나고 있다. 바이올린 음악은 내게 있어 그 어느 때보다 더 아름답게 들린다. 그 전의 나에게는 텅 빈 두려움이었던 침묵과 고독의 순간들이 이제는 가득하게 느껴지고, 나는 그 시간들을 갈구한다.

캐롤이 우리 집을 마지막으로 방문했을 때, 그녀는 안젤리와 내가 항상 어떤 식으로 연결되어 있을 건지 설명해 주기 위해서 탯줄 또는 연의 이미지를 들어 주었다. 나는 연을 두 개 만드는 중이다. 그 연은 아주 커다란 하트 모양인데, 하나에는 안젤리의 얼굴을 다른 하나에는 미엘의 얼굴을 그려 넣을 것이다. 나는 그 연들을 해변가로 가지고 가서 우리들의 특별한 관계를 축하하는 의미로 띄우려고 한다.

만약 팸에게 솔직함이나 민감성, 삶과 삶이 주는 교훈을 명예롭게 여기고 기꺼이 존중하려는 마음이 없었다면, 그녀와 미엘 그리고 안젤리에는 그 어떤 배움도 얻지 못했을 것이라는 점에서 이 이야기는 매우 특별하다. 나는 기꺼이 마음과 마음으로의 교감을 받아들이려는 사람에게 극도의 존경을 보내며, 자신이 돌보는 동물들의 내면의 지혜에 기꺼이 귀를 기울이고 사랑이 주는 가르침을 실천한 팸에게 박수를 보낸다.

동물들은 있는 그대로의 자신을 인정하고 존중하라고 가르친다
사람들처럼 동물들도 뚜렷한 개성과 욕망을 가지고 있다. 어떤 개들은 집을 지키고 싶어 할 것이고, 어떤 개는 도그쇼에 나가고 싶어 하는 반면, 어떤 동물들은 단순히 보호자의 역할을 하고 싶어 할 수도 있다. 어떤 동물들은 대가족 속에서 즐거워할 것이고, 어떤 동물들은 그 집안의 유일한 동물이 되기를 원한다. 그들로 하여금 그 어떤 제한도 없이 자신이 어떤 동물인지 정확하게 표현할 수 있게 해 주는 것은 중요한 일이다.

앨리스 압둘라는 5개월 된 자신의 암컷 도베르만종 개 채닝을 시합에 대비해 훈련 받을 수 있도록, 전국에서 가장 실력이 좋은 트레이너에게 맡겼다. 채닝은 오랫동안 챔피언 자리를 지켜 왔고, 앨리스는 그녀가 다른 세 마리의 쇼도그 도베르만들과 문제없이 잘 지낼 수 있으리라 믿었다. 채닝이 돌아왔을 때 앨리스는 채닝을 시합에 출전시켰지만, 채닝은 심사의원들이 자신을 만지지 못하게 했다. 앨리스가 보기에는 마치 채닝이, "나는 이런 걸 하고 싶지 않아요."라고 말하는 것 같았다고 했다. 앨리스는 왜 그녀가 이렇게 행동하는지 이해할 수 없었다.

내가 그곳에 도착했을 때, 채닝은 마음을 닫아둔 채 나를 보고 으르렁거렸고 공격적인 태도를 보였다. 내가 왜 그렇게 행동하느냐고 묻자, 채닝은 자신의 가족들이 있는 그대로의 자신을 받아들여 주지 않았기 때문에 좌절감을 느꼈다고 말했다. 그녀는 쇼도그가 되기를 원하지 않았고, 가족 내의 다른 쇼도그에게 맞추려고 노력하는 것이 너무나 힘들다고 했다.

앨리스는 이 사실을 알고 나서, 자신의 태도를 바꾸고 채닝이 원하는 대로 해 주기로 했다. 채닝은 행동에 변화를 보였고 진정되었다. 그러나 앨리스는 마음속으로 만약 채닝이 가족 중 유일한 개라면 지금보다 훨씬 더 나아질 것이라는 걸 알고 있었다. 비록 앨리스는 채닝을 계속해서 데리고 있기로 결심했고, 동물은 평생 돌봐야 한다고 강하게 믿고 있었지만, 채닝의 욕망을 인정해 주는 것이 얼마나 큰 변화를 가져올지 알 수 있었기 때문에, 결국 그녀는 채닝이 진정으로 만족할 수 있는 다른 집으로 보내 주겠다고 용기를 내게 되었다.

우리는 보통 우리가 키우는 동물과 평생을 같이해야 한다고 생각하지만, 때로는 그게 아닐 수도 있다. 가끔 우리의 동물들은 단순한 방문객일 수도 있다. 그들은 당신 가정에 꼭 맞는 존재가 아닐 수도 있다. 만약 그렇다면 그들을 떠나보내 주는 방식으로 사랑을 주어야 한다. 나의 말인 더들리가 다른 삶을 원했을 때, 내가 만약 그를 계속 데리고 있으면서 내가 원하는 방식으로 그가 따라 주기를 바랐다면 그것은 이기적인 결정이었을 것이다. 앨리스가 채닝을 떠나보낸 것은 그녀가 직면해야 했던 가장 힘든 일 가운데 하나였지만, 그녀는 옳은 결정을 한 것이다. 그녀는 이제 채닝이 새로운 가정 속에서 얼마나 행복해 하는지 소식을 전해 듣곤 한다.

동물들은 우리 자신을 신뢰하라고 가르친다

이 책 전체와 내가 여러분들에게 들려주는 이야기 속에서 신뢰라는 것은 본질적인 교훈이다. 동물들은 핵심 단계에서 우리 자신에 대한 신념을 가짐으로써 우리 자신을 믿으라고 가르친다. 맥신, 편, 제프 그리고 다른 이들의 경험에서 볼 수 있듯이, 그들 각자는 그들의 동물들과 가지고 있는 관계에 믿음이 있었고, 그들의 지도를 신뢰했다. 그러나 그들은 거기서 한 발씩을 더 나아갔다. 그들은 삶에서 중요한 변화—자기 회의로부터 자기 신뢰로—를 일으키게 하는 내면의 지혜를 믿었다.

동물들은 삶 속에서 기쁨을 찾으라고 가르친다

동물들은 매일매일 자신들의 끝없는 열정과 무조건적인 사랑으로 우리에게 보답한다. 그들은 우리가 지치고, 힘없고, 아플 때, 마법처럼 우리 옆에 나타난다. 우리를 위로해 주는 그들의 온기와 확신을 주는 그들의 존재는 치유의 힘과 기운을 준다. 아마도 당신이 외롭고, 슬프고, 낙담해 있을 때, 동물의 부드럽지만 끈기 있는 권고가 자기자신을 포기하지 않도록 해 주었던 기억을 가지고 있을 것이다.

우리는 자기 자신과 어떻게 놀아야 하고 어떻게 하면 스스로를 기쁘게 만들 수 있을지 잊어버리곤 한다. 우리는 일이나 책임감에 너무나 매달려 있기 때문에, 인생을 즐기기 위해 시간을 내야 한다는 것을 잊고 산다. 동물들과 놀기 위한 시간을 마련하는 것은 놀랄 만한 해독제가 될 것이다.

동물들은 우리의 삶에 다시금 웃음을 가져다준다. 많은 사람들이 말하기를, 자신들이 논쟁을 벌이고 있으면 그들의 동물 중 하나가 끼어들어서, 사람들에게 웃음을 불러일으키고 다시 대화하는 분위기로 돌아가도록 익살맞은 행동을 보여 준다고 한다.

우리의 동물 친구들은 우리에게 그런 기쁨과 즐거움을 선사한다. 나는 그들이 이곳에서 우리와 함께 있는 목적이 그것임을 진정으로 믿어 의심치 않는다.

플로리다 주 탐파에 사는 바바라는 테리어종 개 제니와 관련하여 나에게 전화를 했다. 둘 다 오랫동안 건강에 문제가 있었기에 집에 틀어박혀 외톨이처럼 생활하고 있었다. 바바라는 제니가 자신의 건강 문제와 전반적인 상황에 대해서 어떻게 느끼는지, 그리고 자신의 개를 위해 뭔가 해 줄 수는 없는지 알고 싶어 했다.

제니가 내게 한 첫 번째 이야기는 바바라가 걱정하지 않기를 바란다는 것이었다. 바바라는 이미 삶에서 너무 많은 스트레스를 받아왔기에 지금보다 더 많은 걱정을 해서는 안 된다고 느꼈다. 제니는 바바라가 스스로를 위해 어떻게 해야 하는지에 관해 많은 조언을 했다. 즉 자기를 더욱 자주 산책시켜 줌으로써 그들 둘 다 많은 운동을 할 수 있게 할 것, 집 안에 꽃을 꽂아 둘 것, 그리고 음악을 들을 것 등등 말이다. 이런 일들은 바바라가 예전에는 스스로를 위해서 했으나 최근 한동안은 하지 않았음이 분명했다. 제니는 바바라가 삶에서 다시 기쁨과 웃음을 찾기를 간절히 원하고 있었다.(제니는 이 점에 대해서 매우 단호했다.)

바바라는 제니의 제안에 따라 행동하기 시작했다. 공원으로 산책을 나가면 제니를 쓰다듬기 원하는 사람들에 둘러싸이게 된다는 것을 알게 됐고, 자연스럽게 그들과 이야기를 하게 되었다. 그녀는 자신이 언제나 원해 왔지만 잊고 살았던 일, 공원에서 뛰어노는 아이들을 바라보는 것을 즐겼다. 오랜 외톨이의 시간이 지나고, 그녀는 마침내 다시 세상 속으로 들어갔다.

동물들은 자연의 세계 속에 있는 우리와 다시 교류하라고 가르친다

많은 사람들이 기계와 사람 사이에도 언어가 존재할 수 있다는 것을 믿는 반면, 동물과 사람 사이에 언어(텔레파시를 통한 교류의 형태로써)가 존재한다는 것은 인정하기 힘들어한다. 무생물과 소통하기 위해서 컴퓨터와 수업 그리고 상담가들에게 이루 말할 수 없이 많은 시간과 돈을 쏟아 붓고 있지만, 대부분의 사람들은 여전히 이 자연스럽고도 적절한 언어를 배우기를 꺼린다. 그러나 여러분 덕분에, 우리가 속해 있는 사회에서는 변화가 일어나고 있다. 우리는 마침내 우리가 직관이 있는 존재라는 것을 깨닫고 있으며, 우리 내부의 직관을 인정한다면 동물에게 있는 직관도 인정할 수 있다.

우리는 삶을 자연의 세계와는 분리된 것으로 보는 경향이 있다. 우리는 물질세계 속에 너무나 푹 빠져 살고 있어서 우리의 원천이 되는 장소를 잊어버리고 있는 것이다. 토착민들은 자연의 리듬에 보다 잘 조화되어 살고 있고, 사람들이 어떻게 하면 보다 잘 환경을 보전할 수 있는가에 대해서 고민하는 것도 그러하다. 이른바 '문명화된' 사회 속에서, 우리는 그러한 것들을 잃어버리고 있다. 우리와 살고 있는 동물들조차 우리보다는 그 사실을 뚜렷이 알고 있다. 우리는 동물과 함께 생활함으로써 우리가 잊고 살아 왔던 본연의 원시와 본능을 만날 수 있다.

나는 이 메시지를 죽음을 바로 눈앞에 두고 있는 한 동물로부터 전해들었다. 그는 자신의 보호자인 사람들에게 이 사실을 아주 확실하게 그리고 구체적으로 전해야만 한다고 느끼고 있었다.

그들은 집을 벗어나 자연을 거닐어야 합니다. 그들은 일상에서 벗어나 강가로, 정원으로, 사고가 필요 없고 그저 '존재'만이 전부일 수 있는 곳으로 가야 합니다. 일상의 반복되는 일에는 음악도 없고 마술도 없습니다. 자연이 주는 마법과 함께하겠다고 약속해 주세요―벌과 나비의 소리를 듣고, 의미 있는 모든 것을 가지고 있는 삶 속이 아주 작은 것들에 둘러싸여 살겠다고 말이에요.

크리스 그리스콤은 《감정의 치유》에서 이 점을 강조했다.

결국 우리를 둘러싼 세계는 우리로부터 떨어져 있거나 분리되어 있는 것이 아니다. 우리가 길거리에서 보게 되는 모든 존재들, 우리가 감지하는 우리 외부의 모든 삶의 상황들은 우리 내부에 있는 것이다. 이 사실을 거부하는 대신, 우리는 단순히 우리의 의식을 펼쳐 이러한 방식으로 사물을 바라보는 연습을 해야 한다. 그 힘은 내적 에너지를 치유하고, 이 세상에 반영되어 있는 그들의 변형된 모습을 바라보는 데 놓여 있다.

자연은 우리가 없어도 존재하지만, 우리는 자연 없이 살수 없다. 사람들은 자연과의 교류를 원하며 정신적으로 점점 더 교외나 언덕, 숲과 같은 대상에 끌리고 있다. 나는 왜 이런 일이 일어나는가에 관한 이론을 가지고 있다. 사람들은 우리가 사는 방식을 변화시키기 원하지만 우리의 삶이 우리를 위해서 그렇게 해 주지는 않는다는 것을 마침내 깨닫기 시작하는 지점에 우리가 와 있다고 나는 생각한다. 자연 속으로 들어감으로써, 우리는 침묵할 수 있고 자연의 소리를 들을 수 있다. 우리는 새들과 바람 그리고 개울물 소리에 귀 기울이는 것으로 시작할 수 있다. 이러한 사실이 우리의 몸과 마음을 달래 주어서, 우리가 이 세계 속에 있는 우리의 근본적 자리로 돌아감으로써 우리의 정신적인 자아와 다시 교류할 수 있게 된다.

다른 사람들이나 그 밖의 존재들을 인식하고 존중하기 위해서는 우리 자신의 모든 면들을 인정하고, 감사히 받아들이며, 존중해야 할 필요가 있다. 우리 자신과 솔직히 터놓고 교류함으로써, 우리는 있는 그대로의 우리 자신을—감정적·영적·육체적·정신적 존재로서—바라볼 수 있고 양성할 수 있게 된다. 우리가 느끼기를 그토록 간절히 추구하던, 우리 안에 있는 전적으로 풍요로운 조화를 평화롭게 다시금 얻을 수 있게 된다. 그 교류는 우리를 다시 우리의 중심으로 돌려놓고, 우리 자신이 '집'으로 돌아갈 수 있게 해 주는 신성함에 대한 감각과 다시 접할 수 있게 해 준다.

놀랍게도, 나는 이제 내 인생에 있어서 가장 힘든 시기를 통해 집으로 돌아가는 길을 찾으려고 한다. 2000년 6월 내가 책의 집필을 끝냈을 때, 아버지가 돌아가셨을 뿐만 아니라 내 평생의 동반자였던 두 마리 고양이도 차례차례 세상을 떠났다. 처음에는 21살이 된 스쿠터, 그 다음에는 14년 간 내 인생의 기쁨이었던 조이보이까지. 엄청난 상실의 해였지만, 우리가 알고 있듯이 상실은 변화와 축복도 함께 가지고 온다.

조이 보이와의 이별은 나로 하여금 그 고요함 속에서 나 자신을 보다 깊이 들여다볼 용기를 주었다. 나는 살아 있는 육신으로 내 옆에 있던 조이보이를 그리워했기 때문에, 스쿠터나 조이보이와 다시 교류하기 위해서 그 고요한 시간을 나 자신과 보낼 수밖에 없었다. 조이보이가 떠난 이후 그러한 교류를 갖기 위해서 말없이 자리에 앉지 않고는 단 하루도 그냥 보낸 적이 없었다. 비록 나는 항상 다른 사람들이 이렇게 할 수 있도록 시간을 내 왔지만, 너무나 이상하게도, 만약 조이보이가 여전히 내 옆에 살아 있었다면 나는 나 자신과 이러한 시간을 가질 수 없었을 것이다. 두 마리의 고양이가 나를 중심으로 돌아갈 수 있도록 안내하고, 나의 마음 깊은 곳에 있는 진정한 집으로 돌아갈 수 있도록 해 주고 있는 것이다.

나는 조이보이가 나에게 진정으로 나 자신을 돌보라는 가르침을 주기 위해서 떠나야 할 때가 되었음을 알고 있었다고 믿는다. 당신이 당신의 동물들과 함께하는 여행이 당신을 신뢰라고 불리는 곳으로 데려가 주기를 진심으로 바란다. 우리 모두는 숨김없이 솔직하게 대화함으로써 인간의 마음이 계속 살아 있을 수 있도록 하기 위해 애쓰고 있다. 당신의 동물이 당신에게 그런 교류를 할 수 있는 용기를 주도록 허락하라.

이제 마무리를 하면서, 나는 나의 트레이닝 프로그램에서 학생들과 함께하는 명상법을 당신과도 나누어 보고 싶다. 그것은 우리가 마음과 마음으로 교류할 수 있게 도와주는 명상법이다. 다른 사람과, 또는 그룹 전체가 다 같이 이 명상을 해 보라. 우선 의자나 바닥에 앉으라. 당신의 파트너에게 손을 뻗치고(만약 원형으로 둘러앉아 있다면 당신 양쪽의 사람들에게로), 그리고 왼손 바닥은 위를 향해, 오른손 바닥은 아래를 향해 서로의 손을 잡으라. 당신의 왼쪽은 당신에게 있는 여성적 에너지를 (수용성) 상징하므로 당신의 손바닥을 위로 하게 되면 당신 왼쪽에 있는 파트너 사람으로부터 에너지를 받아들이게 된다. 당신의 오른쪽은 당신의 남성적 에너지(행동/분출)을 뜻하므로 당신의 손바닥을 아래쪽으로 향하게 하면 당신은 오른쪽에 있는 파트너에게 에너지를 보내 주게 된다. 일단 이 자세를 잡게 되면 명상을 시작하라.

♥ 눈을 감고, 당신을 움켜쥐고 있는 긴장감이 있는지 당신의 몸을 스캔하면서 숨을 깊이 들이마시라. 그쪽 부분으로 숨을 들이마시고, 내쉴 때는 모든 긴장이 풀리도록 하라.

♥ 아주 현명하고 오래된 나무의 뿌리가 당신의 발바닥에서 자라나 땅속 깊이 뻗어 내려 간다고 상상하라. 이 뿌리들이 당신이 버티고 서 있도록 도와 줄 것이며, 하루 종일 당신과 땅을 연결시켜 줄 것이다.

♥ 이제 당신의 머리 위에 두 개의 문이 있고 머리 위에는 영적으로 가장 높은 지점으로부터 당신에게로 뻗쳐 있는 경이로운 빛이 있다고 상상하라. 이 문을 부드럽게 그리고 천천히 열고 그 빛이 아무 저항 없이 당신의 몸 전체로 들어오게 하라. 당신의 모든 면이 다 이완되도록 하라. 당신이 쉬는 매 숨마다 당신의 몸은 더 편안해질 것이고, 당신의 마음은 점점 더 조용해질 것이다. 평화를 느끼면서 당신 자신이 이 빛 속으로 들어가도록 하라. 어제와 오늘 그리고 내일에 대한 모든 생각들은 그저 흘러가도록 하라.

♥ 당신 몸속의 모든 원자와 분자, 그리고 세포들이 이 빛으로 가득 채워져 자라나도록 하고, 그 빛이 당신 몸의 모든 부분을 채우도록 하라.

♥ 일단 편안함을 느끼게 되면, 당신의 에너지를 모아서 마음의 중심부에 집중시키고 아름다운 분홍색 빛이 뿜어져 나와 그 부분을 감

싸도록 하라. 당신 자신이 양육되고 또한 평화 속에 있다고 느끼도록 하라. 가장 중요하게는 당신이 자신을 위해서 가지고 있는 모든 사랑과 열정을 느껴라—당신이 얼마나 아름다운지 깨닫고 인정할 수 있도록 말이다. 당신이 얼마나 아름답고 훌륭한 존재인지 느낄 수 있게 하기 위해서 이 분홍빛 에너지가 당신의 거울이 되도록 하라. 기억하라, 당신이 가지고 있는 이 충실한 점들이 바로 당신 동물들이 언제나 바라보는 당신의 모습이라는 것을.

♥ 이제 그 분홍빛 에너지가 그룹 전체의 에너지와 만나게 하기 위해, 당신의 몸으로부터 소용돌이치면서 원의 중심부로 흘러 들어가도록 하라. 그 다음에는 지금 도움을 필요로 하는 동물이나 사람들에게로 그 에너지가 흘러가도록 하라. 그들의 심장이 감동을 느끼고 당신의 마음처럼 개방되어 있게 하라. 그렇게 함으로써 모든 사람들이 자신의 마음속에 있는 아름다움을 발견할 수 있게, 또한 동물들이 우리의 진정한 형제자매라는 것을 깨달을 수 있도록 말이다.

♥ 몇 분이 지나면, 그 분홍색 빛을 당신의 마음속에서부터 당신 오른쪽에 있는 사람의 마음 중심부로 보내라. 당신들은 마음과 마음으로 연결되는 것이다. 이곳이 바로 서로 간에 또는 동물들과 함께 이야기하고 상대방의 이야기를 들을 수 있는 곳임을 기억하라. 서로간의 교감과 당신들이 함께 만들어낸 이 멋지고도 충실한 에너지를 잠시 느껴라. 그리고 천천히 깊게 숨을 들이마시라. 당신이 숨을 쉴 때마다 점점 더 강하게 당신의 육체와 주변 환경을 느끼게 될 것이다. 완료되었다고 느끼면 눈을 뜨라.

이 빛이 우리가 인생이라고 부르는 이 멋진 여행에서 당신을 인도하고, 위로하고, 지켜 주도록 하라. 그리고 이 빛이 당신 동물들이 당신을 사랑하는 방식으로—무조건적으로—당신 자신을 사랑하는 데 도움을 주도록 하라. 나는 레이텔 하스나스가 쓴 〈다리(The Bridge)〉라는 시를 내 책을 읽은 당신들 모두에게 바친다. 당신이 누구인지, 그리고 당신의 동물이 누구인지 깨달을 용기를 가진 당신에게, 또한 인간과 동물 사이에 다리를 놓을 용기를 가진 당신에게 감사를 보낸다.

〈다리〉

나는 모든 것에 대해 끊임없이 알려고 하는 속에서
끊임없이 추구하는 것을 탐구해 왔다.
보이는 것과는 다르다.
마음 속의 지혜, 자유로워지기 위한 열망은
저쪽에 다른 하나의 삶을 위해 나를 잠들게 하지 않을 것이다.
그 마음의 소리는 더 이상 고요하지 않을 것이다.
그 시간의 시작 이후 나의 영혼이 알았던 것을 듣고
나의 최후의 시간이 다가왔기 때문이다.

나는 마침내 집으로 돌아가는 그 길을 선택했다;
나는 더 이상 목적 없이 돌아다니지 않는다.

나의 발자취에는 목적이 있다.

그 빛이 다가와 나를 그 빛의 사랑과 천사의 느낌으로 나를 채우기 때문이다.

모든 공포는 물러간다.

내가 신이라는 것을 앎으로써

나는 나의 힘을 즐겁게 다시 찾는다.

내가 이해하는 동안 잠깐 머뭇거렸음에도 불구하고

그것과 함께하는 진실에게 책임은 찾아온다.

나는 내가 진짜 내가 될 준비가 되었는가?

아직, 나는 내가 생각하는 나로 남기 위한

선택권을 더 이상 가질 수 없는 것인가?

어제의 꿈이 빠르게 사라졌기 때문에

내가 내일의 가장자리 끝에 서 있다.

그것이 이제 내게 다가오고 있다. 너무도 강하고 너무도 확실하게.

나는 이전의 나로부터 이후의 나까지로 건너가는 다리이다.

옛것으로부터 새것으로 가는 길.

선택은 이미 되었다.

돌아올 수 있는 길은 없다.

자유 속에서 나는 빛으로 자랑스럽게 걸어간다.

참고 문헌 & 추천 도서

애니멀 커뮤니케이션과 영혼의 양식이 되는 도서

Boone, J. Allen. Kinship with All Life. New York: HarperCollins Publications, 1954.

Gallegos, Eligio Stephen. The Personal TotemPole: Animal Imagery, the Chakras and Psychotherapy. Santa Fe: Moon Bear Press, 1990.

Griscom, Chris. The Healing of Emotion: Awakening the Fearless Self. Galisteo, NM: Light Institute Press, 1999.

Masson, Jeffrey Moussaieff, and McCarthy, Susan. When Elephants Weep: The Emotional Lives of Animals. New York: Delacorte Press, 1995.

McElroy, Susan Chernak. Animals as Teachers & Healers: True Stories & Reflections. Troutdale, OR: New Sage Press 1996.

Morgan, Marlo. Mutant Message Down Under. Lees Summit, MO: NM Co., 1991.

Myeres, Arthur: Communicating with Animals: Unleashing The Spiritual Connections Between People and Animals. Chicago: Contemporary Books, 1997.

Randour, Mary Lou. Animal Grace: Entering a Spiritual Relationship with Our Fellow Creatures. Novato, CA: New World Library, 2000.

Roads, Michael J. Talking with Nature, Tiburon, CA: H. J. Kramer Inc.,1987

Smith, Penelope. Animal Talk Interspecies Telepathic Communication, Second Edition. Hillsboro, OR: Beyond Words Publishing, Inc., 1999

Walsch, Neale Donald. Conversations with God: An Uncommon Dialoge, Book 3. Charlottesville, VA: Hampton Roads Publishing Company, Inc.,1998

죽음과 임종

Kübler-Ross, Elisabeth. On Death and Dying. New York: Macmillan Publishing Co., Inc., 1969.

Montgomery, Mary and Herb. A Final Act of Caring: Ending the Life of an Animal Friend. Minneapolis: Montgomery Press, 1993

Sibblit, Sally. "Oh, Where Has My Pet Gone?" A Pet Loss Memory Book, Ages 3-103. Wayzata, MN: Libby Press, 1991.

Van Praagh, James. Talking to Heaven: A Medium's Message of Life After Death. New

York: Signet, 1999.

대체의학 건강 관리

Billinghurst, Dr. Ian. Give Your Dog a Bone: The Practical Common sense Way to Feed Dogs For a Long Healthy Life. N.S.W. Australisa: Ian Billinghurst, 1996.

Brennan, Barbara Ann. Hands of Light: A Guide to Healing Through the Human Enere Field. New York: Bantam Books, 1987.

Fox, Dr. Michaeel W. The Healing Touch. New York: Newmarket Press, 1990.

Frazier, Anitra, with Eckroate, Norma. The New Natural Cat: A Complete Guide for Finichy Owners. New York: Pulme Books, 1990.

Goldstein, Martin, D.V.M. The Nature of Animal Healing. New York: Alfred A. Knooph, 1999.

McKay, Pat. Reigning Cats and Dogs: Good Nutrition, Healthy Happy Animals. South Pasadena, CA: Oscar Publicaions, 1992.

Pitcairn, Richard H., D.V.M., and Pitcairn, Susan Hubble. Dr. Pitcairn's Complete Guide to Natural Health for Dogs & Cats. Emmaus, PA: Rodale Press, 1995.

Schoen, Allen, D.V.M., and Proctor, Pam. Love, Miracles and Animal Healing. New York: Simon & Schuster, 1995.

Stein, Diane. Natural Healing for Dogs & Cats. Freedom, CA: The Crossing Press, 1993.

Tellington-Jones, Linda, wih Taylo, Sybil. The Tellington TTouch: A Breakthrough Technique to Train and Care for Your Favorite Animal. New York: Viking Press, 1992

"개 고양이 자연주의 육아백과" 리처드 H. 피케른,수전 허블 피케른 저 / 양현국,양창윤 역 / 책공장더불어, 2010.

Animals' Understanding of Time

Feuerstein, Georg. Structures of Consciousness: The Genius of Jean Gebser. Lower Lak, CA: Integral Publishing, 1987.

Sheldrake, Rupert. Dogs That Know When Their Owners Are Coming Home and Other Unexplained Powers of Animals: An Investigation. New York: Crown Publishing, 1999.

리소스 Resources

대체의학 치료

Nelson Bach USA Ltd.
Wilmington Technology Park
100 Research Drive
Wilmington, MA01887
978-988-3833
Fax: 978-988-0233
Bach Flower Remedies
※바하 플라워 요법
※반려동물을 위한 바하 플라워 에센스

Tellington Ttouch
Linda Tellinton-Jones
P.O. Box 3793
Santa Fe, NM 87501-0793
800-854-8326
www.Lindatellingtonjones.com

죽음과 임종

제품
Elaine Seamans for AT-CHOO
577 N. Kenmore, #2
Los Angeles, CA 90004
323-644-2745
※동물 기념품

서비스와 단체
AVMA(American Veterinary Medical Association : 미국 수의학협회)
1931 N. Meacham Road
Suite 100
Schaumburg, IL 60173-4360
800-248-AVMA
www.avma.org
Information on pet-loss support groups, allied groups, on-line grief and loss brochures
※ 반려동물의 사망을 겪은 사람들을 위한 지지 그룹, 결연 그루, 온라인 슬픔과 사망에 관한 브로서에 관한 정보가 있음

IAPC(International Association of Pet Cemeteries and Crematories)
5055 Route 11
P.O. Box 163
Ellenburg Depot, NT 12935
800-952-5541
※미국과 캐나다의 동물 묘지와 화장 시설 목록이 있음

Delta Society
289 Perimeter Road East
Renton, WA 98055-1329
800-869-6898
425-226-7357
www.deltasociety.org
※사람과 동물의 유대 관계에 대해 알리는 정보가 있음

Nikki Hospice Foundation for Pets(동물을 위한 니키 호스피스 재단)
Rosemoor House
400 New Bedford Drive
Vallejo, CA 94591
707-557-8595
www.csum.edu/pethospice/
※ 호스피스 일에 관해 흥미가 있는 수의사들의 데이터베이스가 있음

Pet Loss Hotline
Department of Family Practice
c/o School of Veterinary Medicine
University of California

Davis, CA 95616
530-752-1011

반려동물 사망 관련 웹사이트

www.petloss.com
www.dogheaven.com

동물 돌봄

AAHABV(American Association of Human/Animal Bond Veterinarians)
Dr. Sally Walshaw
4550 Comanche Drive
Okemos, MI 48864
www.members.aol.com/guyh7/aahabv.htm

AAHV(American Association of House-Call Veterinarians)
www.avma.org
800-248-AVMA

AHVMA(American Holistic Veterinary Medical Association)
2214 Old Emmorton Road
Bel Air, MD 21014
410-569-0795
AHVMA@cs.com

Dr. Tina Ellenbogen
425-485-PETS
P.O. Box 1744
Bothell, WA 90841
Dr.TinaVet@aol.com

실종과 구조

AKC(American Kennel Club)
800-252-7894
www.akc.org
※순수 혈통 되찾기

Animal Recovery
www.pmia.com
※무료 목록 제공

The Humane Society Animal Rescue Team
H.A.R.T. Rescue Line
P.O.Box 920
Fillmore, CA 93016
805-524-5738
www.hartrescuelines.org

National Pet Recovery
800-984-8638
www.petrecovery.com

Pet Finders
800-274-2556
www.petfindersalert.com

Sherlock Bones
800-942-6637
www.sherlockbones.com
※ 실종된 반려 동물을 추적하는 사람들

여러 가지 종류의 제품과 서비스

Animal Portraits
Custom Oil Paintings
By Karrel Christopher
19 Fairbanks Street, #11
Brookline, MA 02446
www.Karrelart@cs.com

Cat Fence-In
P.O. Box 795
Sparks, NV 88432
888-738-9099
www.catfencein.com

국내 애견 장례업체 목록

강아지넷
www.kangaji.net (09:00~20:00)
080-988-4444, 031-296-4441
경기도 화성시 매송면 야목리 588
※ 반려동물 장례, 화장장, 납골당

아롱이천국
www.arong.co.kr (AM 9:00 ~ PM 7:00)
031-766-1122
경기도 광주시 오포읍 매산리 139
※ 반려동물 장례, 화장장, 납골당

애니멀천국
www.any1004.net
053-753-4564
경북 대구광역시 수성구 범어동 7-19
※ 반려동물 장례, 화장장, 장례 요청 전화를 하면 집으로 방문 가능

엔젤스톤
www.angelstone.co.kr
031-981-0271 (상담 전화 24시간 가능)
경기도 김포시 하성면 양리 251-6
※ 반려동물 장례, 화장장, 납골당, 유골분을 엔젤 스톤으로 가공 가능
※ 엔젤스톤 : 유골분을 초고온으로 용융하여 만든 자갈 및 구슬 결정체

월드팻
www.iworldpet.co.kr
1588-2888, 031-984-9922
경기도 김포시 월곶면 개곡리 810-1
※ 반려동물 장례, 화장장, 납골당, 장례 요청 전화를 하면 집으로 방문 가능

페트나라
www.petnara.co.kr
(평일 9:00~18:00, 주말 9:00~17:00)
02-2672-8366, 031-997-4445 (전화 상담 24시간 가능)
경기도 김포시 통진읍 귀전리 167번지
※ 반려동물 장례, 화장장, 납골당

파트라슈
www.mypatrasche.co.kr
051-723-2201 (부산 지역)
051-723-2202 (타 지역)
경남 부산광역시 기장군 장안읍 좌동리 49-1
※ 반려동물 장례, 화장장, 납골당, 장례 요청 전화를 하면 집으로 방문 가능